A … NERÓW

CW01637792

Thomas J. Stanley, William D. Danko

Sekrety Amerykańskich Milionerów
czyli Krezusi z sąsiedztwa

z nową przedmową autora na XXI wiek

Przekład:
Jan M. Fijor

FijoR Publishing

Tytuł oryginału: *The Millionaire Next Door. The Suprising Secrets of America's Wealthy*

Tłumaczenie: Jan M. Fijor

Projekt okładki: Dorota Ałaszewska

Korekta: Jan Bereta

Redakcja techniczna: Anna Szarko

First published in the United States by Taylor Trade Publishing, Lanham, Maryland U.S.A. Reprinted by permission. All rights reserved.

Po raz pierwszy wydana w Stanach Zjednoczonych przez Taylor Trade Publishing, Lanham, Maryland U.S.A.

Copyright © 1996 by Thomas J. Stanley and William D. Danko

Copyright for the Polish edition by Fijorr Publishing Company © 2013

Wszystkie prawa zastrzeżone. Żadna część tej książki nie może być reprodukowana jakimkolwiek sposobem – mechanicznie, elektronicznie, drogą fotokopii czy tp. – bez pisemnego zezwolenia wydawcy, z wyjątkiem recenzji i referatów, kiedy to osoba recenzująca lub referująca ma prawo przytaczać krótkie wyjątki z książki, z podaniem źródła pochodzenia.

ISBN: 978-83-89812-79-4

Dystrybucja wysyłkowa za pośrednictwem Internetu:
wydawnictwo@fijorr.com lub **www.fijor.com**

Wydanie trzecie – Warszawa 2013

Spis treści

Przedmowa do Wydania na XXI wiek 7
Wstęp do Wydania drugiego 15
Wstęp do Wydania pierwszego 25
Wprowadzenie 31

1. Poznaj swojego sąsiada, milionera 37
2. Gospodarność, gospodarność i jeszcze raz gospodarność 59
3. Czas, energia i pieniądze 111
4. Mój samochód nie świadczy o mnie 155
5. Ambulatorium 189
6. Wyrównywanie szans w rodzinnym stylu 229
7. Znajdź szansę dla siebie 263
8. Pracować dla milionerów czy ich spadkobierców 279

W jaki sposób szukaliśmy milionerów 299

Przedmowa do Wydania na XXI wiek[1]

Spytała mnie niedawno pewna reporterka, czy dostrzegam jakąś zmianę w zachowaniu się populacji amerykańskich milionerów zwłaszcza w kontekście trwającego od kilku lat załamania gospodarczego. Chciała wiedzieć, czy w warunkach ostatniego kryzysu gospodarczego, odbijającego się na spadku cen akcji i nieruchomości[2], rynek milionerów również uległ swego rodzaju załamaniu. Odpowiedziałem jej zgodnie z prawdą, że „milionerzy z sąsiedztwa"

---

1 Niniejsza publikacja przygotowana została tak, aby rzetelnie i dokładnie przedstawić informacje dotyczące poruszanego tematu. Jednakże książka ta jest sprzedawana z zastrzeżeniem, że ani jej Autor, ani Wydawca nie są zaangażowani w prowadzenie zawodowej działalności doradczej, czy to prawnej, inwestycyjnej, księgowej, czy jakiejkolwiek innej łączącej się z poruszanym tematem. Jeżeli Czytelnik uważa, że taka działalność doradcza jest mu niezbędna, proszony jest o kontakt z odpowiednim specjalistą zajmującym się poradnictwem w omawianej dziedzinie.
Wszystkie nazwiska przedstawiane w omawianych w książce przykładach są pseudonimami.
Wszelkie uwagi i przypisy, jeśli nie zostały opatrzone odnośnym komentarzem, pochodzą od tłumacza.

2 Niniejsza przedmowa pisana była w 2010 roku, a więc w trakcie trwającego od 2008 roku załamania na rynku nieruchomości i papierów wartościowych. Obecnie (marzec 2013) notowania indeksów giełdowych, po kilku latach spadku, zwyżkują, rosną także ceny nieruchomości, jednakże z makroekonomicznego punktu widzenia sytuacja wiele się nie zmieniła i wielu światłych ekonomistów przepowiada w niedalekiej przyszłości kolejny krach – przyp. red.

wciąż mają się dobrze i nawet w warunkach recesji stanowią silną i znaczącą grupę obywateli. Począwszy od 1980 roku zauważam, że większość milionerów nie lokuje całego swojego majątku w portfelach akcji czy w nieruchomościach. Jednym z powodów tego, że milionerzy osiągają wciąż sukcesy finansowe i materialne jest ich odmienny sposób myślenia i działania. Wielu z nich wyznało mi, że dla nich dywersyfikacja, a więc prawdziwe zróżnicowanie wehikułów inwestycyjnych polega głównie na kontrolowaniu tego, co posiadają, tego w co sami inwestują, tymczasem rynku papierów wartościowych czy nieruchomości kontrolować samemu nie sposób. Można natomiast posiadać dużą kontrolę nad własnym interesem, nad własną firmą, nad prywatnymi inwestycjami, czy pieniędzmi pożyczonymi prywatnym dłużnikom. W omawianym czasie nie spotkałem ani jednego typowego milionera, który zainwestowałby więcej niż 30 procent swego majątku w akcje spółek posiadanych publicznie, czyli na giełdzie. Najczęściej udział tego typu inwestycji nie przekracza u nich 20 procent. Zgadza się to z badaniami prowadzonymi przez *Internal Revenue Service*[3], instytucję która najlepiej wie, co dzieje się w świecie ludzi zamożnych.

Rozważmy przypadek małżeństwa T., pani T. i jej małżonka, typowych przedstawicieli z grupy „milionerów z sąsiedztwa".

Dla większości ludzi z zewnątrz, styl życia Państwa T. jest mało ciekawy, żeby nie powiedzieć nudny i pospolity. Ulubioną marką zegarka pani T. jest Timex; jej męża zaś Seiko (ulubiony zegarek milionerów)[4]. Ubrania kupują w sieciach Dillarda, J.C. Penney, albo w TJ Maxx[5]. Państwo T. w ciągu minionych 10 lat kupili tylko dwa samochody, na dodatek obydwa to pojazdy marki Ford. Aktualna wartość ich domu oscyluje w granicach 275 tysięcy dolarów. Pani T. za swoją ostatnią wizytę u fryzjera zapłaciła zaledwie 18 dolarów[6]. Dla kogoś, kto jest

---

[3] Amerykański, federalny urząd podatkowy.

[4] Cena rynkowa zegarków obu tych marek nie przekracza ekwiwalentu 250 zł. za sztukę

[5] Popularne, stosunkowo niedrogie sieci sklepowe dla niższej klasy średniej.

[6] Ze względy na spójność z wydaniem sprzed siedemnastu lat, a także powszechne stosowanie przelicznika dolarowego, ceny w tekście głównym podajemy w oryginale, czyli w walucie amerykańskiej.

niezależny finansowo nie jest to przejaw ekstrawagancji, czy nawet lekkiej rozrzutności.

Kiedykolwiek opowiadam komuś o ludziach takich jak Państwo T., niezmiennie spotykam się z pytaniem: „Czy ci ludzie są aby szczęśliwi?"[7] Moje badania dowodzą, że aż 90 procent milionerów mieszkających w domach wartości 300 tysięcy dolarów lub tańszych, to ludzie wyjątkowo zadowoleni z życia. W jednej z moich najnowszych prac piszę, że pośród gospodarstw domowych posiadających inwestycje wartości 1 miliona dolarów lub więcej, aż trzykrotnie więcej zamieszkuje domy o wartości 300 tysięcy dolarów lub mniej[8], niż domy w cenie 1 miliona dolarów lub wyższej. Innymi słowy, trzykrotnie więcej milionerów mieszka w domach tańszych.

Nawet amerykańscy multimilionerzy nie mieszkają w drogich domach. Analizowałem dane dotyczące mas spadkowych, pochodzące z archiwum IRS za 2007 rok (nowszych danych jeszcze nie było), obejmujące osoby zmarłe, których majątek przekraczał 3,5 miliona dolarów. Wynikało z nich, że mediana wartości rynkowej domu, w którym zamieszkiwali wynosiła około 469 tysięcy dolarów i była niższa niż 10 procent wartości masy spadkowej, jaką po sobie zmarli pozostawili. Przeciętny analizowany zainwestował w nieruchomościach dochodowych, co najmniej, dwa i pół razy tyle, ile warta była ich własna rezydencja.

Tworzenie sylwetki przedstawicieli grupy należącej do tzw. „milionerów z sąsiedztwa" jest procesem trwającym od ponad trzydziestu lat nieustannie. Początkowo do opisu tej grupy używałem innego określenia. Nazwałem wtedy populację milionerów z sąsiedztwa „bogaczami w błękitnych kołnierzykach"[9]. Takiego właśnie określenia użyłem w pracy zatytułowanej *Segmentacja rynkowa: wykorzystanie determinanty inwestycyjnej*, którą wygłosiłem 10 października 1979 roku

[7] To było również najczęściej zadawane pytanie Czytelników I i II wydania *Sekretów amerykańskich milionerów*. Większość pytających była wręcz oburzona ich sknerstwem i brakiem fantazji.

[8] Średnia (mediana) cena domu w Stanach Zjednoczonych – w zależności od stanu – wynosi od 240 – 350 tys. dolarów.

[9] Jest to analogia do koloru koszuli, w jakiej najczęściej pracują ludzie niższych szczebli. Ludzie szczebla najwyższego, nazywani są per analogia „białymi kołnierzykami".

na konferencji Stowarzyszenia Instytucji Rynku Papierów Wartościowych[10] w Nowym Jorku. Cytowany artykuł był później publikowany przez *American Marketing Association*. Jednakże wcześniej, w maju tego samego roku, giełda nowojorska, *New York Stock Exchange*, zwróciła się do mnie z prośbą o sporządzenie zestawu implikacji marketingowych i rekomendacji dotyczących wzorców inwestycyjnych oraz zachowań związanych z posiadaniem pieniędzy, opartych na wynikach badań 2741 gospodarstw domowych. Właśnie te badania były podstawą wyżej wspomnianej pracy naukowej. Oto kilka kluczowych wniosków do jakich udało mi się w niej dojść:

> *okazja do zarobienia pieniędzy istnieje także w segmencie, który był przez wiele lat, przez sektor inwestycyjny, ignorowany... [Przedstawiciele] tego dużego segmentu, ludzie bogaci z grupy „błękitnych kołnierzyków", nie mają potrzeby kupowania drogich produktów, które są obiektem pożądania ludzi należących do grupy pracujących z segmentu „białych kołnierzyków"...*

W czasie prezentacji zdałem sobie sprawę z tego, że istnieje segment, na który składają się milionerzy, przedstawiciele grupy „błękitnych kołnierzyków", i to segment o stosunkowo dużych rozmiarach. Wkrótce po tym, jak udało mi się ten segment zlokalizować odkryłem, jak wielki jest on w rzeczywistości.

W czerwcu 1980 roku poproszony zostałem przez duże centrum finansowe jednego z banków, abym przeprowadził obszerne badania naukowe nad populacją amerykańskich milionerów. W trakcie stadium przygotowawczego do badań wydarzyło się coś, co miało na ich późniejszy przebieg ogromny wpływ. W czasie jednego z porannych spotkań z moim klientem, a zarazem kolegą i przyjacielem, Jonem Robbinem, odkryłem istotę tego, co nazwałem później segmentem „milionerów z sąsiedztwa"[11].

---

[10] Zobacz: *Securities Industry Association*. Z braku odpowiedników na polskim rynku, trudno tę nazwę o zgrabnie przełożyć na język polski.

[11] Termin ten stał się oryginalnym tytułem niniejszej książki, który w wydaniu polskim zmieniliśmy na (niezbyt fortunny, przyznaję) *Sekrety*

Jon jest matematykiem, absolwentem Harvardu, specjalizującym się wtedy w tworzeniu dla nas modeli charakterystyk majątkowych dla mieszkańców około 200 tysięcy wybranych dzielnic amerykańskich miast. Właśnie tego dnia powiedział z entuzjazmem w głosie: „Prawie połowa amerykańskich milionerów nie mieszka w dzielnicach uchodzących za prestiżowe". I wtedy w mojej głowie zabłysła idea. I wcale nie chodziło w niej o populację milionerów. Tym, co było w niej interesującego był fakt istnienia milionerów nie rzucających się w oczy, takich którzy zamieszkiwali skromne domy w dzielnicach dla klasy średniej, czy nawet robotniczych[12]. Od tego momentu zacząłem intensywnie poszukiwać danych, studiować i pisać o przedstawicielach grupy „milionerów z sąsiedztwa". Badania, które prowadziłem ponad trzydzieści lat temu, właśnie w 1980 roku, były pierwszymi tego typu poważnymi studiami na temat rozmiarów, lokalizacji geograficznej, a także stylu życia milionerów. Kluczowe wnioski, jakie z nich wtedy wyciągnąłem, zgadzały się w całości z kolejnymi studiami, jakie odtąd nad tym zjawiskiem zacząłem prowadzić.

Byłem autorem badań, prowadzonych na zlecenie konsorcjum złożonego z pięćdziesięciu instytucji finansowych Ameryki, a zatytułowanych *Studia Poświęcone Ludziom Zamożnym 1981–1982*. Nie tylko zaprojektowałem te badania, również je prowadziłem, przemierzając Stany Zjednoczone wzdłuż i wszerz, skupiając się na milionerach – ankietując ich, i rozmawiając z nimi. Później, wiele z tych instytucji finansowych, wliczając w to siedem z dziesięciu największych firm powierniczych Ameryki, zwracało się do mnie z prośbą o przeprowadzenie na ich potrzeby, na wybranej próbce badawczej, serii wywiadów, rozmów, czy innych form ankietowania ludzi zamożnych. W rezultacie miałem okazję zetknąć się twarzą w twarz z co najmniej pół tysiącem milionerów. Książka *Sekrety amerykańskich milionerów*[13]

---

amerykańskich milionerów. Problem w tym, że w 1998 roku, kiedy publikowaliśmy I wydanie książki, termin sąsiedztwo w języku polskim nie istniał. Ludzie mieszkali w bloku, w kamienicy, albo – rzadziej, w willi, zaś milionerów było jeszcze jak na lekarstwo.

12 Zwanych w USA *neighborhood* czyli właśnie: sąsiedztwo.

13 Pierwsze wydanie: Thomas J. Stanley *The Millionaire Next Door. The Surprising Secrets of American Wealthy*. The Rowman and Littlefield Publishing Group, Inc. (1996).

była owocem tych studiów; była to interpretacja przeprowadzonych w trakcie badań wielu rozmów z milionerami.

Interesujące było w nich np. to, że milionerzy których ankietowałem w Oklahomie i Teksasie reprezentowali ten sam zestaw tradycyjnych wartości amerykańskich, co ci z którymi rozmawiałem w Chicago czy w Nowym Jorku. Ogromna ich większość pragnęła osiągnąć niezależność finansową. I właśnie dlatego żyli poniżej swoich możliwości finansowych.

Przed napisaniem *Sekretów amerykańskich milionerów* spędziłem niemal pełny rok na przeglądaniu zawartości przeprowadzonych przeze mnie ankiet oraz zapisu rozmów, jakie nagrywałem w latach 1982–1996. Ta ogromna praca, wysiłek włożony w badanie i analizę sprawiły, że *Sekrety amerykańskich milionerów* stały się tak długotrwałym sukcesem wydawniczym i niekwestionowanym bestsellerem[14]. Za cenę normalnej książki, Czytelnik praktycznie kupuje ekwiwalent wartego więcej niż milion dolarów materiału badawczego i poradnika.

Dlaczego w dalszym ciągu piszę na temat ludzi bogatych? Przecież nie czynię tego wcale dla tych ostatnich. To, o czym piszę przeznaczone jest w celu uświadomienia tym, których na temat ludzkiego bogactwa wprowadzają w błąd i dezinformują tzw. prawdy obiegowe. Większość Amerykanów[15] nie ma pojęcia o tym, jak wygląda prawda na temat powstawania i istnienia zamożnych gospodarstw domowych. Agencje reklamowe oraz „hollywoodzka Fabryka Snów" zrobiły im niedźwiedzią przysługę popularyzując przekonanie, że bycie bogatym oraz nadmierna konsumpcją idą zwykle w parze. Tymczasem prawda jest inna, jak wielokrotnie w książce wspominam, ogromna większość ludzi bogatych żyje znacznie poniżej poziomu, na jaki ich stać.

---

[14] Nieprzerwanie, od roku 1996 roku, tytuł ten cieszy się w USA niesłabnącą popularnością. Książkę wymienia się w pierwszej dziesiątce pozycji, które zmieniły Amerykę! Stąd m.in. pojawienie się jej na półkach księgarskich po raz kolejny w 2010 roku i później.

[15] Z rozmów z polskimi Czytelnikami wynika, że i u nas sprawa wygląda bardzo podobnie. W Polsce również funkcjonują fałszywe stereotypy na temat ludzi bogatych. Kilkanaście tysięcy tych, którzy przeczytali nasze pierwsze wydania *Sekretów...* przyznaje, że po lekturze książki zmienili opinię o ludziach bogatych, nabierając przy okazji przekonania co do tego, że status milionera znajduje się w ich zasięgu.

Na swoje nieszczęście, większość Amerykanów uważa, że konsumując wszystko, co zarabiają, a nawet żyjąc ponad stan naśladują zachowania ludzi bogatych.

Zwracam jednak uwagę, że ludzie z grupy „milionerów z sąsiedztwa" żyją całkiem inaczej. Oto, co na ten temat powiedziała pewna pani inżynier, kobieta–milioner: „Po ukończeniu przez nas studiów inżynierskich, zarówno ja, jak i mój mąż mieliśmy bardzo dobrą pracę. Żyliśmy jednak tylko z jednej pensji, oszczędzając w całości drugą. Ilekroć otrzymaliśmy podwyżkę, oszczędzaliśmy jeszcze więcej. Przez dwadzieścia lat mieszkaliśmy w skromnym domku o powierzchni 170 m^2. Dzieci często nas pytały, czy jesteśmy aż tacy biedni, że musimy w restauracji zamawiać z karty najtańszych dań".

Ameryka jest wciąż ziemią obiecaną. W ciągu minionych trzydziestu lat miałem wielokrotnie okazję weryfikować niepopularny fakt, że 80 – 85 procent milionerów to ludzie, którzy do dużych pieniędzy doszli własną pracą. Budowa własnej fortuny to dla każdego człowieka źródło satysfakcji, radości i dumy. Bardzo wielu milionerów zapewniało mnie, że droga do bogactwa jest znacznie przyjemniejsza niż osiągnięty na niej cel. Za każdym razem, gdy sięgają pamięcią do początków swej przygody z zamożnością, wspominają jak krok za krokiem – na drodze do bogactwa – stawiali sobie cele do osiągnięcia, a zwłaszcza, jaką radość sprawiała im ich realizacja. Bo droga do sukcesu materialnego jest właśnie taką podróżą do zamierzonego celu, jakim jest niezależność finansowa, o której milioner z sąsiedztwa właśnie marzy.

Thomas J. Stanley, Ph.D.
Czerwiec 2010
Atlanta, Georgia

WSTĘP DO WYDANIA DRUGIEGO

Oddajemy w Państwa ręce drugie już wydanie tej naprawdę wybitnej i mądrej książki. Mimo iż napisana została 14 lat temu nie straciła ani joty ze swej atrakcyjności. Powiem więcej, w 12 lat od swego pierwszego wydania, zwłaszcza dla polskiego Czytelnika, wręcz zyskała. Stała się wreszcie aktualna i naprawdę potrzebna.

Kiedy w 1999 roku ukazała się na polskim rynku pies z kulawą nogą się nią nie zainteresował. Zainteresowani *milionerstwem* Polacy czytali wtedy biografie Trumpa, Iacoci, Rodmana i innych krezusów z pierwszych stron gazet. Wprawdzie tytuł – „Sekrety amerykańskich milionerów" – brzmiał frapująco, to jednak po przeglądnięciu zawartości książkę odkładali na bok. Mało kogo interesowała praca socjologiczna dwóch uczonych z Georgia University opisujących wyniki swych badań nad źródłami zamożności anonimowych milionerów z prowincjonalnych miasteczek w USA. I trudno się dziwić. Kogo może interesować życie właściciela domów pogrzebowych, założyciela firmy budowlanej czy niewielkiego warsztatu produkcyjnego? Skutkiem tego, książka ta przez prawie trzy lata nie sprzedawała się w ogóle. Miałem nawet zamiar przeznaczyć ją na przemiał. Wyrzucałem sobie, że być może przyczyną braku zainteresowania jest źle dobrany tytuł. Że w pogoni za atrakcyjnością posunąłem się zbyt daleko. Nie wiedziałem, co prawda, czy rygorystyczne trzymanie się oryginału amerykańskiego,

„The Millionaire Next Door", a więc „Milioner z sąsiedztwa", albo „Twój sąsiad milioner" gwarantowałoby lepszą sprzedaż, ale czułem, że Polaków sekrety zwykłych milionerów z USA nie interesują[1]. Tym bardziej, że w owych latach, na przełomie wieku XX i XXI, Stany Zjednoczone i ich problemy gospodarcze zaczęły tracić w Polsce dobrą prasę, podobnie jak tworząca się dopiero klasa ludzi zamożnych[2].

Przypadek jednak sprawił, że w owym czasie zostałem zaproszony w charakterze prelegenta na konferencję liderów jednej z czołowych polskich firm finansowych. W trakcie zajęć okazało się, że największym problemem zgromadzonych jest kompletny brak wiedzy na temat ludzi zamożnych, czego konsekwencją był brak umiejętności, czy może metody dotarcia do tych, którzy mają nie tylko pieniądze, ale i potrzebę posiadania doradcy finansowego.

Mieszkałem wtedy w USA, czułem intuicyjnie, że poglądy i zachowania ludzi bogatych, tak w Ameryce, jak i w Polsce muszą być podobne. Ludzie są tacy sami pod każdą szerokością geograficzną, tym co ich ewentualnie różni, to system, czyli warunki w jakich żyją. Jednym ułatwiają one ekspresję, innym nie. W każdym razie pod koniec konferencji wygłosiłem mini-referat na temat tego, „skąd się biorą ludzie bogaci", który oparłem na wiedzy zaczerpniętej właśnie z „Sekretów amerykańskich milionerów". Przywiozłem też ze sobą kilka egzemplarzy książki. Uczestnicy przyjęli moje wystąpienie z niedowierzaniem, książkę kupiły dwie może trzy osoby. Od jednej z nich dostałem później obiecującego „mejla" takiej oto treści: „książka intersująca, czuję że muszę nie tylko zmienić swój sposób życia, ale i pracy." Tylko tyle. Dla mnie była to jednak wskazówka, że badania Stanleya i Danko są nie tylko interesujące, lecz przede wszystkim mogą być

---

[1] Dla czystego sumienia wróciłem do korzeni, dodając w Wydaniu drugim podtytuł: czyli *Krezusi z sąsiedztwa.*

[2] Dla nikogo nie jest tajemnicą, że pochodzenie pierwszych fortun, a zwłaszcza pierwsze listy najbogatszych tygodnika *Wprost* miały posmak aferalny, żeby nie powiedzieć kryminalny. Ludzi bogatych oskarżano o nieuczciwość, kradzieże i inne podłości, czego owocem było słynne, choć co tu ukrywać, wyjątkowo niezdarne powiedzenie Jana K. Bieleckiego, że „pierwszy milion trzeba ukraść".

przydatne, także w warunkach polskich. Opowiedziałem o książce na kolejnej konferencji, zamieściłem jej recenzję w prasie fachowej i obserwowałem, jak sprzedaż zaczyna rosnąć. Wzrost był jednak bardzo powolny. Dopiero po 7 – 8 latach od chwili wydania, sprzedaż przekroczyła 20 egzemplarzy...miesięcznie.

Mimo iż od tego momentu książka zaczęła być zauważalna, gros jej Czytelników stanowili ludzie z sektora finansów; maklerzy, brokerzy, doradcy, analitycy. Ci, których biznes polegał na odnajdywaniu ludzi z pieniędzmi, a więc z potrzebami inwestycyjnymi. Masowy Czytelnik nadal omijał „Sekrety..." szerokim łukiem. Nie zauważyły książki także media, które zresztą nie zauważyły jej do tej pory, ani tym bardziej przedsiębiorcy, czyli największa grupa ludzi bogatych. Sytuacja uległa zmianie dopiero w 2009 roku, po jednym z seminariów zorganizowanych przez szkołę ASBIRO z cyklu „Myśleć jak milionerzy" (www.asbiro.pl) – średnia wieku uczestników: poniżej 18 lat. To właśnie oni okazali się naturalnym adresatem książki. Energiczni, spragnieni sukcesu pomysłowi młodzi ludzie dosłownie uczynili sobie z dzieła Stanleya i Danko „katechizm" racjonalnego postępowania, instrukcję i sposób na osiągnięcie sukcesu materialnego i życiowego. Skoro tak wyglądają i zachowują się milionerzy w USA; skoro opisane przez autorów wzorce behawioralne prowadzą do sukcesu, podobne zachowania w Polsce powinny doprowadzić do zbliżonych rezultatów. W ciągu niespełna 2 lat cały nakład rozszedł się. Na prośbę księgarzy i Czytelników zdecydowałem się na wydanie drugie, to, które właśnie macie Państwo w swoich rękach.

Odkrycie, że naturalnym *targetem* książki są ludzie młodzi, często jeszcze uczniowie szkół średnich, a szczególnie to, że jest pośród nich wielu ludzi przedsiębiorczych[3] było budującym doświadczeniem, zwłaszcza wobec coraz silniejszej etatyzacji polskiego życia gospodarczego i odradzania się postawy roszczeniowej, szczególnie po wejściu

[3] Najmłodszy słuchacz seminarium miał 13 lat. Najmłodszy biznesmen pośród słuchaczy był o rok starszy. Spośród 120 uczestników pierwszego z serii seminariów aż połowa miała własne firmy, albo posiadała doświadczenie w prowadzeniu biznesu.

Polski do Unii Europejskiej. W obliczu słabnącej prywatyzacji, nasilającego się konsumpcjonizmu i interwencji gospodarczych ze strony państwa pocieszające jest to, że przynajmniej młode pokolenia myślą inaczej i zamiast liczyć na unijne dotacje i inne formy jałmużny od państwa, chcą brać życie w swoje ręce. Niestety, większość Polaków takiego pomysłu nie ma, czego dowodem jest chociażby kolosalne zainteresowanie ostatnią, rekordową kumulacją w totolotku. [Od początku września 2011, przez kilka kolejnych tygodni nie padła w totolotku główna wygrana. Uzbierało się w puli ponad 56 milionów]. Marzeniem o tych pieniądzach żyły miliony Polaków. Przed kolekturami totalizatora ustawiały się kilkusetmetrowe kolejki starych, młodych, profesorów uniwersytetów, kiboli, emerytów, wszystkich tych, którzy dostrzegli nagle szansę zdobycia upragnionego bogactwa. Prasa, radio, telewizja pobudzały wyobraźnię, nie widząc niczego irracjonalnego w tym, że taka masa ludzi uważa, iż jedyną drogą do zdobycia fortuny jest w tym kraju wygrana w toto-lotku.

Polska nie jest tu żadnym wyjątkiem. We współczesnym świecie grant, dotacja, darmowe transfery z kasy publicznej czy wygrana na loterii stały się gwarantem szczęścia i sprawiedliwości, zaś bogactwo zdobyte ciężką pracą to przeżytek, niekiedy wręcz przekleństwo. Czy trudno się dziwić, że na skraju bankructwa znalazła się nie tylko Grecja i Portugalia, ale i takie potęgi gospodarcze, jak Wielka Brytania, Belgia, Włochy, a bezrobocie – w, znajdujących się od 4 latach w zapaści gospodarczej, Stanach Zjednoczonych – jest dwucyfrowe. Zamiast powrócić do starego, sprawdzonego modelu: przedsiębiorczości, odpowiedzialności, oszczędzania i solidnej pracy, którego owocem było zawsze bogactwo narodów, przywódcy polityczni i związkowi odgrażają się, że kapitalizm ukrócą a bogatym utrą nosa. Jaskrawym przykładem takiej filozofii jest ogłoszony przez prezydenta Stanów Zjednoczonych, program odbudowy gospodarki, który ma polegać m.in. na nałożeniu na najlepiej zarabiających Amerykanów, tych których dochód przekracza milion dolarów rocznie, dotkliwego podatku; mówi się nawet o przedziale marginalnym na wysokości 80 procent.

W USA opresyjne podatki (do 95 procent) od najlepiej zarabiających to żadna nowość. Zaskakujące jest jednak to, że tym razem autorem pomysłu opodatkowania najbogatszych nie jest lewicowy intelektualista czy ambitny populista, lecz jeden z najbogatszych ludzi świata, finansista, multimiliarder, Warren Buffett. Otóż, giełdowy Prorok z Omahy, uznawszy że zanosi do urzędu skarbowego mniej (17,7 proc.) podatku dochodowego niż jego sekretarka (30 proc.), uderzył się w piersi i zaproponował – zresztą nie on jeden, podobnego zdania są inni amerykańscy nababowie m.in. George Soros czy Bill Gates – by kongres, w imię sprawiedliwości społecznej, obciążył jego i innych najbogatszych super podatkiem.

Tymczasem, „podatek Buffetta", bo tak go ochrzciły media, nie tylko nie ma nic wspólnego ze sprawiedliwością społeczną, on co gorsza opiera się na błędnych przesłankach. Po pierwsze, nieprawdą jest że Buffett płaci mniej niż jego sekretarka. Dziecko jest w stanie wyliczyć, że 17,7 od 1 miliarda (bo tyle niekiedy zarabia Buffett) to 177 milionów dolarów, podczas gdy 30 procent od dochodu sekretarki, czyli od 50 tysięcy dolarów, to zaledwie 15 tysięcy dolarów. Różnica kolosalna. Po drugie, to że sekretarka pracuje jest możliwe dzięki temu, że Warren Buffett stworzył jej miejsce pracy. Zresztą Buffett płaci sekretarce znacznie więcej. Będąc jej pracodawcą pokrywa za nią połowę składek ubezpieczenia socjalnego (ok. 8 proc. dochodu sekretarki), ponosi koszty jej urlopu, choroby, ubezpieczenia lekarskiego i wiele innych wydatków. Pomijam już fakt, że z danych amerykańskiego fiskusa (IRS) wynika, iż osoby zarabiające w przedziale od 34–50 tysięcy dolarów płacą efektywnie zaledwie 10 procent podatku, a nie jak wyliczył Buffett, 30 procent. A także to, że 5 procent najlepiej zarabiających Amerykanów płaci blisko 30 procent wolumenu podatków, połowa Amerykanów płaci 90 procent podatków, zaś druga połowa nie płaci ich w ogóle.

W umysłach laika pojawia się pytanie: czy to możliwe, żeby Buffett się pomylił? Żeby lekką ręką chciał oddać kilkaset milionów dolarów rocznie? *Qui bono*? Wszak Ludwig von Mises pisał, że człowiek działa racjonalnie, a więc tak, aby było mu lepiej. Być może Buffett ma wyrzuty sumienia i w ten sposób chce je zmazać? To bardzo prawdopodobne, jednakże zbyt proste wytłumaczenie. A może obawia się o swoje życie? W Stanach Zjednoczonych narasta wrogość wobec najbogatszych, więc guru nie chce podzielić losu krezusów, którzy zginęli na szafotach Paryża czy w kazamatach St. Petersburga. Zwłaszcza, że Buffett nie jest człowiekiem rozrzutnym, wystarczy mu te kilkaset milionów, które ma na książeczce. To też możliwe, choć mało prawdopodobne. A może ten wybitny inwestor nie zna podstaw ekonomii? To niemożliwe. On dobrze wie, że wysokie podatki nie są warunkiem efektywności gospodarczej, skuteczności działania państwa, czy nawet sprawiedliwości społecznej, cokolwiek pod tym terminem rozumieć. Wręcz przeciwnie. Buffett nieraz mówił, że wysokie podatki są źródłem marnotrawstwa, błędnej alokacji zasobów, obniżają motywację do pracy i demoralizują. Wie dobrze, że w krajach mniej liberalnych, gdzie ludzi bogatych traktuje się znacznie gorzej niż w Stanach Zjednoczonych, gdzie państwo jest „solidarne" i „pochyla się nad ubogimi", obciążenia podatkowe niżej zarabiających są wyższe niż w USA; biedni płacą całą masę podatków pośrednich (VAT, akcyza itp.), które nakładane są na bogatych w celach redystrybucyjnych po to tylko, aby wystarczyło na wyrównywanie szans ludziom „mniej uprzywilejowanym". Jednakże samo zabieranie bogatym i dawanie biednym – pisze Bertrand de Jouvenel[4] – nie wystarcza. Trzeba też zabierać biednym, żeby wystarczyło dla mniej biednych.

Lektura „Sekretów...." dowodzi ponadto, że ludzie zarabiający 1 milion dolarów rocznie rzadko kiedy są milionerami. Tylko co ósmy z tej grupy posiada majątek wart milion dolarów lub więcej. Reszta – piszą Stanley i Danko – płaci rachunki i podatki. Dlaczego mimo wysokich dochodów nie są w stanie dorobić się miliona? Przyczyny takiego stanu rzeczy – wyjaśnia Thomas J. Stanley w swej najnowszej książce – są właściwie dwie: ludzie ci nadmiernie konsumują[5], płacąc przy tym horrendalne podatki. Niemal połowę ich dochodu

---

[4] Bertrand de Jouvenel, *Redystrybucja, grabież czy ignorancja*, tłum. J. Bereta, Fijorr Publishing 2011.

[5] Konsumpcja, zdaniem większości polityków, po obu stronach Atlantyku, ma rzekomo stymulować rozwój gospodarczy. Niestety, są oni w błędzie, który jest powtarzany od blisko 75 lat, czyli od chwili pojawienia się wiekopomnej, choć niestety błędnej, teorii Johna M. Keynesa (Zobacz: *Ogólna teoria zatrudnienia, procentu i pieniądza*).

pochłania fiskus, stąd nie są w stanie zgromadzić majątku trwałego o wartości przekraczającej 1 milion dolarów. Jeśli zapłacą ponadto „podatek Buffetta" znajdą się – to nie żadna przesada – w sytuacji naprawdę trudnej. Pamiętajmy też, że 1 milion dolarów rocznie nie zarabia się przypadkowo. Takie dochody osiągają wysokiej klasy specjaliści; lekarze, architekci, pisarze, inni twórcy kultury, menadżerowie korporacji – słowem ludzie posiadający unikalną wiedzę, talenty i doświadczenie. Uderzenie ich po kieszeni odbierze im motywację do intensywnej pracy, albo zmusi do wyjazdu w bardziej przyjazne rejony świata. Takie zjawisko miało miejsce w Wielkiej Brytanii, mniej więcej 60 lat temu. Dotkliwe opodatkowanie elity intelektualnej i gospodarczej kraju doprowadziło jej część do zmiany zawodu, wielu Anglię opuściło, kierując się na drugi brzeg Atlantyku, reszta po prostu wybrała status rentiera. Od tego czasu gospodarka (i kultura) Wielkiej Brytanii stacza się po równi pochyłej.

Aby poznać prawdziwą przyczynę masochizmu fiskalnego Warrena Buffetta wystarczy sięgnąć po liczydło. Gdyby miliarder naprawdę nie chciał dużych pieniędzy mógłby w każdej chwili przeznaczyć wszystko co posiada na cele dobroczynne[6]. On jednak wie, że duża kasa gwarantuje dużą władzę, tym bardziej, gdy ma się życzliwość rządzących. Trudno żeby jej nie miał, skoro głośno domaga się podwyżki podatku. Politycy to kochają. Buffett, jak każdy normalny człowiek i biznesmen nie cierpi konkurencji. Wie dobrze, że jeśli on od zarobionego 1 miliarda dolarów zapłaci 80 procent podatku, to na rękę zostanie mu nieco ponad 200 milionów, gdy tymczasem Smithowi czy Wilsonowi, którzy zarabiają 1 milion rocznie „tylko" niewiele powyżej 200 tysięcy dolarów. Niby podatek „taki sam", a jednak różnica ogromna. Przy takiej przewadze, ani Smith ani Wilson nie są w stanie zrobić Buffettowi konkurencji, a jeśli już, będzie im bardzo trudno. I to jest podstawowy powód, dla którego ludzie bogaci nie boją się podatków. Tym bardziej,

6 Z całym szacunkiem dla dotychczasowej działalności filantropijnej Buffetta, który przeznaczył na potrzeby fundacji Państwa Gatesów miliardy dolarów, każda darowizna daje w USA prawo odpisu jej od dochodu do opodatkowania.

że mają możliwość pokrywania większości swoich wydatków z przychodów firm, których są właścicielami. Państwo dba o to, aby firmom tym nie stała się krzywda ze strony konkurentów. A jeśli nie daj Boże przydarzy im się kryzys, jak obecny, są na tyle duże, że rząd nie pozwoli im upaść. Super podatek zapłacony od dochodu okaże się wówczas dochodową inwestycją. Dlatego, rację ma Herman Cain, kandydat na prezydenta w nadchodzących wyborach, mówiąc, że „Okupujący Wall Street" powinni przenieść swoje demonstracje na 1600 Pennsylvania Avenue, pod Biały Dom, bo to tam jest jaskinia zła.

Pisałem, że w ciągu 14 lat od jej wydania książka Stanleya i Danko nie straciła na aktualności. I to jest prawda, gdy chodzi o jej warstwę filozoficzną. Zmieniły się niektóre realia finansowe i demograficzne. Zastanawialiśmy się nad specjalnymi przypisami aktualizującymi dane sprzed 15 lat, ale i tutaj doszliśmy do wniosku, że jest to właściwie zbyteczne. Po pierwsze, odsetek ludzi z majątkiem powyżej 1 miliona dolarów, po chwilowym wzroście w początkach XXI wieku do ok. 4 proc., po 2008 roku, kiedy Stany Zjednoczone wpadły w spiralę kryzysu, wrócił do swego normalnego poziomu 3,5 procent, jaki notuje praktycznie od przełomu wieku XIX i XX. W okresie dekady od momentu pierwszego wydania, do końca 2007 roku, zmieniły się drastycznie ceny domów, w niektórych rejonach wzrosły one aż o 80 proc. i więcej. Jednakże obserwowana od 3 lat korekta rynku nieruchomości sprowadza je do normy, a nawet poniżej. Odnosi się to także do relacji dochodu do wartości nieruchomości, która powróciła do proporcji z połowy lat 90. ubiegłego stulecia. Wzrosła natomiast liczba ludzi biednych. Przyczyn takiego stanu rzeczy jest kilka. Primo, kryzys, secundo, polityka rządu stymulująca konsumpcję, tertio, fatalne błędy banku centralnego FED, które niemal kompletnie zniechęciły Amerykanów do oszczędzania. Wreszcie, inflacja, z wszystkimi swoimi konsekwencjami, jak wzrost cen bez wzrostu wartości, czyli spadek siły nabywczej pieniądza rodzący bańki inwestycyjne czy to na rynku surowców czy na Wall Street.

Co prawda, nie do końca udała się autorom prognoza gospodarcza sięgająca roku 2005, nie przewidzieli też głębokiego kryzysu, jaki owładnął Stanami Zjednoczonymi i światem w ogóle, mimo to ludzie, którzy *żyją* po milionersku, a więc gospodarni, ciężko pracujący, rzetelni, dobrzy ojcowie i mężowie nadal mają się znacznie lepiej i są szczęśliwsi, od uganiających się w ferrari utracjuszy w garniturach od Armaniego z rolexami na przegubach, a więc tych, którzy po milionersku *wyglądają*. Temu właśnie zagadnieniu poświęcona jest najnowsza książka Thomasa J. Stanleya, „Przestań zgrywać milionera, lepiej nim zostań"[7].

Jan M Fijor
Gremi, Gruzja, październik 2011

[7] Thomas J. Stanley *Przestań zgrywać milionera*, tłum. R. Rudowski, Fijorr Publishing Warszawa 2010.

Wstęp do wydania pierwszego

Oddajemy w ręce Państwa książkę, która tylko z pozoru nie dotyczy spraw polskich. Wprawdzie milionerzy to temat typowo amerykański, jednakże ludzi bogatych spotykamy pod każdą szerokością geograficzną. W Polsce ostatnio również.

Pieniądze, a właściwie ich posiadanie, stanowią – obok miłości i polityki – jeden z najatrakcyjniejszych i najczęstszych tematów naszych rozmów. Mimo to bardzo mało na ich temat wiemy. Wykazuje to niniejsza książka.

Trudno się dziwić Polakom, Urugwajczykom czy mieszkańcom Zairu, że mają na temat bogatych Amerykanów czyli „milionerów" zupełnie biedne mniemanie. Okazuje się, że i sami obywatele USA niewiele na temat swoich najbogatszych współobywateli wiedzą. Jest to tym dziwniejsze, że podobno właśnie w Ameryce kult pieniądza i bogactwa osiągnęły swoje szczyty. Napisałem: podobno, bowiem sami się Państwo przekonają, że to co rozumiemy pod pojęciem „milioner" różni się od rzeczywistości, jak noc różni się od dnia.

Milionerzy generalnie nie mają dobrej prasy. Wystarczy pójść na dowolny amerykański film, aby się o tym przekonać. Kwintesencję obowiązującego stereotypu człowieka zamożnego wyłożyli twórcy ostatniego przeboju kasowego, filmu „Titanic", którzy zastosowali wytarty stereotyp: biedny – dobry, bogaty – łotr. Nie oni zresztą jedni...

Również większości Polaków duże pieniądze kojarzą się źle. Po 50 latach biedy i podejrzanych karier pieniądze, i to często bardzo słusznie, kojarzą się z oszustwem, z przestępstwem, w najlepszym wypadku z kolaboracją. Podejście to ma poniekąd uzasadnienie; wielu współczesnych krezusów dorobiło się majątku w sposób cwaniacki, nieuczciwy, poprzez układy stare i nowe. Nie bez znaczenia jest też stanowisko Kościoła Katolickiego, który – co tu ukrywać – ludziom bogatym nie sprzyja. Mam na myśli porównanie bliblijne o „wielbłądzie przechodzącym przez ucho igielne". Wprawdzie chodziło w nim o potępienie chciwości i zachłanności, to jednak stereotyp złego bogacza i uczciwego nędzarza, przynajmniej w świadomości przeciętnego polskiego katolika, wciąż funkcjonuje. Mówienie o łaskawości Bożej przejawiającej się w dostatku i zamożności jest w Polsce niemalże herezją. Nie tylko zresztą w Polsce...

Większość tzw. zwykłych śmiertelników zakłada za Balzakiem, że za każdą fortuną, za dużym majątkiem kryje się krzywda ludzka, wyzysk czyli niesprawiedliwość. Innymi słowy, że ludzie bogaci dorabiają się majątku w sposób nie do końca uczciwy. Społeczeństwo potępia – i całkiem słusznie – takie metody, dopatrując się w zdobywaniu majątku nieuczciwą drogą (np. bez żadnych zasług) znamion przestępstwa. Ludzie twierdzą, że nie są przeciwni czyjemuś bogactwu, lecz co najwyżej sposobom jego zdobywania. Nie widzą niczego zdrożnego w majątku zdobytym pracą, myślą czy wysiłkiem. Nie rażą ich więc miliony zarabiane przez wybitnego sportowca, muzyka czy aktora filmowego (bo im się pieniądze należą, właśnie za pracę, za wysiłek); z trudnością jednak tolerują bogatego przemysłowca czy handlowca, podejrzewając ich o działania podstępne, machlojki i ciemne sprawki.

Podobnie jest w Stanach Zjednoczonych. Nikt nie ma za złe Michaelowi Jordanowi 100 milonów dolarów rocznie otrzymywanych za to, że potrafi celnie wrzucać piłkę do kosza, wielu natomiast ma pretensje do Billa Gates'a, prezesa spółki „Microsoft", najbogatszego człowieka świata za to, że dorobił się majątku produkując jakiś tam software.

Generalnie jednak zwykli ludzie nie lubią ludzi bogatych, oskarżając ich o chciwość, pazerność i bezduszność. Tak przynajmniej tę swoją niechęć usprawiedliwiają. Byłoby to zrozumiałe, gdyby bogaczami byli wyłącznie ludzie źli i nieuczciwi, czy leniwi rentierzy i dziedzice fortun zawłaszczonych w podejrzany sposób przez przodków. Tak jednak nie jest...

Jak wynika z książki, którą biorą Państwo właśnie do rąk, znakomita większość (prawie 83%) „tych najgorszych", czyli amerykańskich milionerów (a przecież to właśnie oni są bohaterami obowiązującego w świecie stereotypu bogacza; tęgiego mężczyzny z cygarem w ustach i cynicznym uśmieszkiem na twarzy) to ludzie, którzy dorobili się majątku SAMI! Nikt im go nie podarował, nikt nie zapisał w testamencie. Ludzie ci wychowali się często w nędzy, a pieniędzy dorobili się wyłącznie własną pracą, wysiłkiem i wyrzeczeniami. Mało tego, dzięki swojej pracowitości i przedsiębiorczości dają miejsca pracy milionom innych, mniej zaradnych, mniej przedsiębiorczych, czy – co tu ukrywać – bardziej leniwych ludzi. Dzielą się swoim bogactwem, swoją pracą z innymi, a mimo to trudno dostrzec, by ta ich dobroczynność spotykała się z wdzięcznością. Wciąż zarzuca im się chciwość i żądzę bogacenia się.

Dlaczego Jordan, Stallone czy Spielberg, którzy dają zatrudnienie zaledwie paru setkom ludzi cieszą się sympatią społeczeństw, zaś Gates czy Harry Huizenga (założyciel potężnych firm: Waste Management, Blockbuster a ostatnio Carmax), którzy stworzyli kilkaset tysięcy miejsc pracy są postrzegani jako krwiopijcy?

Pomijam rozrywkową stronę zagadnienia; wszak Jordan czy Spielberg dają ludziom rozrywkę, a Gates nie, choć i tu bym się spierał. Każdy, kto choć raz zetknął się z internetem i Explorerem firmy Microsoft nie wyobraża sobie bardziej pasjonującej rozrywki...

Przeciętny zjadacz chleba nie potrafi, a właściwie nie chce zrozumieć, że bogactwo może być (albo wręcz musi być) efektem żmudnej, ciężkiej pracy. Zakładając, że majątek jest wyłącznie rezultatem oszustw, matactw, a w najlepszym razie dobrego urodzenia, wrodzonego talentu czy szczęścia na loterii, usprawiedliwia on w ten sposób swoją bylejakość, lenistwo i brak inicjatywy.

Dlaczego jestem biedny?

Bo nie odziedziczyłem spadku, nie wygrałem na loterii, nie mam talentu Placido Domingo, czy skoczności Michaela Jordana. Nie dopuszcza się nawet do głowy myśli, że można zostać człowiekiem bogatym dzięki ciężkiej pracy, wyrzeczeniom, dzięki samodyscyplinie. A w taki właśnie sposób zdobywa majątek znakomita większość milionerów. Krytykujemy ludzi bogatych, bo są dla nas wyrzutem sumienia. Bo uświadamiają nam, że są od nas lepsi...

Nie twierdzę, że każdy człowiek chce czy musi być bogaty, lecz uważam, że zamożność leży w zasięgu – jeśli nie każdego z nas – to na pewno znacznie większej liczby ludzi, niż nam się wydaje.

I to jest główne przesłanie niniejszej książki.

Stany Zjednoczone istnieją ponad 235 lat; statystycznie jest to więc około 8 pokoleń. W kraju, w którym najłatwiej zostać milionerem, w którym wszyscy milionerami zostać pragną, tylko mniej niż jeden na sześciu ludzi majętnych otrzymało swoje zasoby (wartości 1 milona dolarów lub większe) w spadku „z dziada pradziada". Innymi słowy, pięciu na sześciu milionerów dorobiło się pieniędzy od zera, z niczego. Można się więc spodziewać, że pośród niegdysiejszych milionerów wielu swój majątek straciło.

I to jest drugie główne przesłanie tej książki; że człowiekiem bogatym nie jest się na zawsze, że nie ma monopolu na bogactwo, bo majątek można łatwo stracić.

Zasługą niniejszej książki jest nie tylko opis istniejącego stanu rzeczy, lecz przede wszystkim pokazanie sposobów prowadzących do zamożności. Książka pisana była wprawdzie z myślą o czytelniku amerykańskim (o jej odkrywczym charakterze świadczy m.in. fakt, iż w chwili gdy piszę te słowa znajduje się ona już ponad 10 lat na liście bestsellerów dziennika „The New York Times"); nie znaczy to wcale, że wyłącznie dla Amerykanów. Większość z podanych w niej recept na sukces w biznesie i osiągniecie niezależności materialnej leży w zasięgu możliwości wielu Polaków. W Polsce kapitalizm, a może należałoby powiedzieć, „wolny rynek" znajduje się wciąż w fazie początkowej. Socjalizm, a wraz z nim przekonanie o słabości jednostki i niemożności odniesienia sukcesu, dominuje nadal. Wszechogarniające państwo stara się wmówić obywatelom, że bez urzędników i biurokracji nie są w stanie do niczego dojść. To nieprawda! Bogactwo Ameryki wzięło się właśnie ze słabości państwa jako instytucji; z wolności jaką dano pojedynczym ludziom. To, co w Stanach Zjednoczonych kojarzy się źle – przestępczość, miliony dzieci urodzonych z nieprawego łoża, narkomania – to właśnie skutek wyrównywania szans, „pochylania się nad człowiekiem" i innych zabiegów pseudoopiekuńczych, na których żerują leniwi urzędnicy i sprytni politycy.

Nie wystarczy uwierzyć, że sukces leży w naszym zasięgu, potrzebna jest jeszcze świadomość polityczna, obywatelska, która pozwoli zmieść z drogi przeszkody w postaci represyjnego systemu podatkowego, panoszącej się i utrudniającej ludziom pracę biurokracji oraz socjalizmu, który odbiera człowiekowi inicjatywę i wiarę w siebie.

Polakom potrzebna jest teraz wiara w siebie! Czy sama wiara wystarczy? Najprawdopodobniej nie. Trzeba również chcieć wziąć swoje życie we własne ręce. Żeby to było możliwe, potrzebne są odpowiednie warunki: niskie podatki, szacunek dla ludzkiej pracy, większa swoboda oraz niezależność od biurokracji państwowej.

Ufamy, że „Sekrety amerykańskich milionerów" pomogą Państwu nabrać tej wiary więcej, a politykom dadzą okazję do zastanowienia się, jak bardzo nadmierna ingerencja państwa, egoizm oraz głupota urzędników marnują potencjał intelektualny i ekonomiczny Polaków. Wierzymy też, że książka ta stanie się zachętą do działania także dla tych, którym wydawało się, że milionerem można zostać tylko w Ameryce. Z niniejszej lektury widać, iż jest to przekonanie z gruntu błędne...

Mieliśmy nieco trudności tłumacząc te książkę. Staraliśmy się maksymalnie dopasować jej terminologię i słownictwo do warunków polskich. W wielu przypadkach okazywało się to niemożliwe. Mimo ogromnego skoku ekonomicznego, w polskim języku brakuje nadal wielu wyrażeń i terminów ze światowego słownika ekonomii. Stąd być może, razić mogą niekiedy określenia zbyt rozwlekłe, zbyt opisowe. Chodziło nam jednak nie tylko o właściwie zrozumienie tekstu, lecz również przedstawienie nowoczesnych terminów z dziedziny finansów czy marketingu. Zrezygnowaliśmy z niektórych tabel i porównań, uznawszy iż nie będą one miały dla Czytelnika polskiego żadnego zastosowania, czy wartości poznawczej. Spośród analiz i porównań podkreślaliśmy natomiast te, których wnioski mogą zostać zastosowane w Polsce lub przez Polaków. Marzyłoby się nam np. gdyby, po przeczytaniu tej książki, kilku polskich biznesmenów skorzystało z zawartych w niej rad i „zaatakowało" rynek amerykański w sugerowanych przez autorów dziedzinach, a jeszcze bardziej – gdyby zwykli, normalni ludzie zrozumieli i uwierzyli, że duże pieniądze nie są wcale przywilejem, że leżą one w zasięgu niemal każdego z nas. Wystarczy tylko chcieć...

Jan M. Fijor
Cancun, Mexico – marzec 1998

Wprowadzenie

Studia nad sposobami bogacenia się ludzi rozpoczęliśmy dwadzieścia lat temu. Początkowo, co było dla nas wtedy całkiem naturalne, polegały one na ankietowaniu ludzi zamieszkujących najbardziej prestiżowe i uchodzące za siedliska elity finansowej dzielnice miast i osiedla. Po pewnym czasie odkryliśmy jednak coś zaskakującego, a mianowicie, że wiele osób zamieszkujących te luksusowe osiedla i dzielnice oraz poruszających się drogimi samochodami w rzeczywistości nie posiada wcale jakiegoś większego majątku. Jeszcze bardziej zaskoczył nas odkryty w późniejszej fazie badań fakt, iż wielu naprawdę zamożnych ludzi w ogóle w luksusowych dzielnicach nie mieszka.

Spostrzeżenia te zmieniły nasze życie. Jeden z nas, Tom Stanley, porzucił karierę akademicką i zajął się pisaniem książek; napisał trzy prace z dziedziny „marketingu ludzi bogatych", co go uczyniło doradcą firm specjalizujących się w produkcji towarów i usług związanych z potrzebami najzamożniejszej grupy obywateli. Ponadto kierował on – na zlecenie siedmiu z dziesiątki największych firm finansowych Ameryki – badaniami na temat ludzkiej zamożności. W ciągu tych dwudziestu lat przeprowadziliśmy wspólnie setki seminariów i prelekcji na tematy związane z życiem i obyczajami ludzi bogatych.

Dlaczego nasze badania interesują tak wielu ludzi? Ponieważ to właśnie my odkryliśmy, kto naprawdę w tym kraju jest człowiekiem bogatym, a kto nim nie jest. Co więcej, udało nam się równocześnie odkryć w jaki sposób dochodzą do pieniędzy zwykli, przeciętni obywatele.

Cóż w tym takiego wyjątkowego? Ano to, że większość ludzi ma o bogactwie całkowicie fałszywe pojecie. Bogactwo nie oznacza bowiem – jak się powszechnie mniema – wysokich pensji czy zarobków. Jeśli nawet zarobiłeś dużo pieniędzy, lecz wszystko co zarobiłeś wydałeś, nie staniesz się ani odrobinę bogatszy. Co najwyżej możesz powiedzieć, że żyjesz na wysokim poziomie. Pamiętaj jednak, że majątkiem jest tylko to, co udało ci się zgromadzić, a nie to co wydałeś. W jaki sposób ludzie stają się bogaci? W tej kwestii również panuje zamęt i niewiedza. Pokaźny spadek, szczęście w interesach, dyplom prominentnej uczelni czy nawet inteligencja są stosunkowo rzadko źródłem powstawania fortun. Bogactwo i majątek są najczęściej owocem ciężkiej pracy, uporu, systematyczności, a w jeszcze większym stopniu, samodyscypliny.

Jak to się stało, że nie jestem bogaty?

Mnóstwo ludzi zadaje sobie nieustannie to pytanie. Wielu z nich to ludzie pracowici, posiadający znakomite wykształcenie i zarabiający krocie, a mimo to tylko niewielu z nich udaje się znaleźć w gronie najzamożniejszych. Dlaczego?

Milionerzy i Ty

Mimo iż nigdy dotąd Amerykanie nie zgromadzili tak wielkiego majątku (w 1996 roku jego wartość wynosiła ok. 22 biliony dolarów), trudno o większości obywateli tego kraju powiedzieć, iż są bogaci. Blisko połowa dóbr znajdujących się w prywatnych rękach Amerykanów jest w posiadaniu zaledwie 3,5% obywateli. Większość pozostałych rodzin nie jest nawet w stanie porównywać się z tą grupą. Przez „pozostałe rodziny" nie rozumiemy wcale jakichś wyjątkowych nieudaczników czy kloszardów. Składają się na nie gospodarstwa domowe o dochodach średnich, a niekiedy nawet i wysokich. Ponad 25 mln amerykańskich rodzin zarabia powyżej 50 000 dolarów rocznie; ponad 7 mln z nich zarabia powyżej 100 000 dolarów rocznie.

Pomimo tak wysokich dochodów, większość z tych ludzi legitymuje się bardzo niewielkim majątkiem osobistym; żyją przeważnie od wypłaty do wypłaty. Tym właśnie ludziom poświecona jest ta książka.

Typowe, średnie gospodarstwo rodzinne w USA, nie licząc wartości spłaconego udziału we własnym domu, a także wartości mebli, samochodu czy sprzętu gospodarstwa domowego, posiada majątek netto[1] w wysokości ok. 15 000 dolarów. Wartość posiadanych przez nie papierów wartościowych, takich jak akcje czy obligacje równa się najczęściej... zero.

Jak długo statystyczna rodzina amerykańska jest w stanie przeżyć bez bieżących dochodów z pracy? Co najwyżej miesiąc lub dwa. Bogatymi nie są nawet obywatele znajdujący się na najwyższych szczeblach drabiny zarobkowej (górne 5%), których średni dochód wynosi ok. 150 000 dolarów rocznie. Wyłączając spłaconą wartość domu[2] statystyczna wartość ich majątku nie przekracza 60 000 dolarów.

A nasi emeryci?

Pozbawienie połowy obywateli USA w wieku powyżej 65 lat państwowych świadczeń socjalnych przesunęłoby ich do grupy nędzarzy.

Tylko nieliczna grupa Amerykanów lokuje swoje zasoby w „tradycyjnych" instrumentach inwestycyjnych. Zaledwie 15% rodzin posiada krótkoterminowe bankowe lokaty terminowe, zaś 22% lokaty długoterminowe; 4,2% inwestuje w krótkoterminowe bezpieczne obligacje; 3,4% posiada wydajniejsze, bo bardziej ryzykowne obligacje; mniej niż 25% rodzin posiada akcje lub fundusze powiernicze; 8,4% posiada kamienice czynszowe i inne rodzaje nieruchomości dochodowych; 18,1% posiada obligacje Skarbu Państwa, a tylko 2,3% ma własne, prywatne konta emerytalne.

Z drugiej strony, ponad 65% obywateli posiada własny dom, a ponad 85% jeden lub dwa samochody. O ile „inwestycje" zyskują z czasem na wartości, o tyle samochody mają silną tendencję do spadku wartości.

Ankietowani przez nas milionerzy są ludźmi finansowo niezależnymi. Mogliby żyć bez pracy, utrzymując swój dotychczasowy standard

1 Wartość rynkowa pomniejszona o zobowiązania i długi – przyp. tłum.

2 Wartość rynkowa minus dług w banku – przyp. tłum.

życia, przez wiele, wiele lat. Nie są to wcale spadkobiercy fortun Rockefellerów czy Vanderbiltów; ponad 80% amerykańskich milionerów to zwykli ludzie, którzy dorobili się swego majątku sami. Wzbogacali się powoli, systematycznie; nie zdobyli swych milionów na loterii, nie mieli okazji (jak zawodnicy klubu Yankees) podpisywać wielomilionowych kontraktów, czy zostać następnymi Mickami Jaggerami.

Wielomilionowe kontrakty i tantiemy to wdzięczny temat dla prasy; chętnie piszą o nich gazety, i to na pierwszych stronach. Ale takie fortuny należą do rzadkości. Prawdopodobieństwo wzbogacenia się poprzez kontrakt w sporcie zawodowym, wygraną na loterii czy sukces w show-biznesie jest bardzo niewielkie; w taki sposób dochodzi do pieniędzy zaledwie jeden na cztery tysiące milionerów. Jakże to niewiele w porównaniu z 3,5% Amerykanów, należących do kategorii ludzi posiadających milion dolarów lub więcej.

Siedem czynników

Jacy ludzie dochodzą do majątku?

Są to przeważnie właściciele biznesów, spędzający całe swoje dorosłe życie w jednej i tej samej miejscowości. Ludzie ci to przeważnie właściciele niewielkich fabryczek, sieci sklepowych lub zakładów usługowych. W związek małżeński wstępują raz na całe życie. Mieszkają przeważnie w sąsiedztwie ludzi posiadających ułamek tego co oni. Potrafią oszczędzać, i robią to. Inwestują. Pieniędzy dorabiają się sami, bez niczyjej pomocy. Ponad 80% bogatych ludzi w Ameryce to pierwsze pokolenie milionerów; pochodzą z rodzin, w których nigdy wcześniej nie było takich pieniędzy.

Ludzie zamożni wiodą styl życia sprzyjający akumulacji kapitału. W trakcie naszych badań odkryliśmy siedem wspólnych czynników charakteryzujących ludzi, posiadających umiejętność bogacenia się.

1. **Żyją znacznie poniżej swoich finansowych możliwości,**
2. **Swój czas, energię i pieniądze użytkują w sposób sprzyjający akumulacji majątku,**

3. **Uważają, że niezależność finansowa jest ważniejsza niż życie na pokaz,**
4. **Rodzice nigdy nie pomagali im finansowo,**
5. **Ich własne dzieci, gdy dorosną, są z reguły materialnie niezależne,**
6. **Mają talent do wyszukiwania okazji i wykorzystywania ich do zrobienia interesu,**
7. **Wybrali dla siebie właściwe zajęcie.**

W dalszych rozdziałach „Sekretów amerykańskich milionerów" zajmiemy się analizą tych siedmiu czynników. Mamy nadzieje, że pomoże nam ona w rozwinięciu tych umiejętności w nas samych.

Badania naukowe

Przeprowadzone na potrzeby tej książki badania naukowe najbogatszych ludzi Ameryki oraz sposobów zdobywania przez nich majątku nie mają jak dotąd precedensu. Większość analiz to rezultat najnowszych badań ankietowych, opartych na wynikach studiów trwających przez ostatnie dwadzieścia lat. Objęły one swym zasięgiem ponad 500 milionerów, z którymi przeprowadzono wywiady indywidualne i grupowe, a także ponad 11 tysięcy osób należących do grupy ludzi wyjątkowo zamożnych lub dobrze zarabiających.

Na naszą ostatnią ankietę, przeprowadzoną pomiędzy majem 1995 a styczniem 1996 odpowiedziało ponad tysiąc respondentów. Pytania dotyczyły zagadnień bogactwa oraz sposobów osiągania zamożności. Każdy uczestnik ankiety odpowiedział na 249 pytań. Obejmowały one szerokie spektrum problemów – od planowania wydatków domowych do kwestii bezpieczeństwa finansowego; od sposobów targowania się podczas transakcji kupna samochodu, po rodzaj prezentów (oraz darowizn) ofiarowywanych ich własnym, dorosłym dzieciom. Wiele z pytań zadawanych respondentom dotyczyło liczb; ile kosztował ich najdroższy samochód w życiu; ile najwięcej wydali na zegarek, wakacje, garnitur itp. Nigdy wcześniej nie prowadziliśmy równie ambitnych analiz. Żadna inna ankieta nie skupiała się w takim stopniu na czynnikach, które pozwalają zrozumieć istotę procesu bogacenia się, i to w ciągu jednego pokolenia. Żadne inne badania nie były też w stanie wyjaśnić, dlaczego tak wielu ludzi, nawet należących do grupy najwyżej uposażonych, nie zgromadziło nawet skromnego majątku.

Pokaźny zasób danych na temat życia i obyczajów milionerów zdobyliśmy dzięki badaniom i ankietom uzupełniającym. Spędziliśmy setki godzin, przeprowadzając wywiady z milionerami, którzy dorobili się majątku sami, i analizując ich odpowiedzi. Ankietowaliśmy także doradców finansowych i księgowych pracujących dla tych ludzi. Okazali *się* niezwykle bogatym źródłem informacji o sposobach zdobywania i metodach akumulacji majątku.

Do jakiego wniosku prowadzą te badania? Przede wszystkim do tego, że dorabianie się majątku wymaga bezwzględnej dyscypliny, poświecenia i ciężkiej pracy.

Czy naprawdę chcemy być finansowo niezależni?

Czy potrafimy, dla realizacji tego celu zmienić nasz dotychczasowy sposób życia?

Najprawdopodobniej, wielu z nas odpowie przecząco na powyższe pytania. Nic straconego. Jeśli potrafimy dokonać nieodzownych korekt, jeśli stać nas na zmianę dotychczasowych obyczajów konsumpcyjnych oraz na większy wysiłek – możemy zacząć budowę własnego dobrobytu i niezależności materialnej od zaraz. Wierzymy, że w osiągnięciu tego celu pomogą nam ***Sekrety amerykańskich milionerów...***

I

Poznaj swojego sąsiada, milionera

Ci ludzie nie mogą być milionerami! Ani na milionerów nie wyglądają, ani nie ubierają się jak milionerzy, nie jedzą jak milionerzy, nie zachowują się jak milionerzy – nie noszą nawet milionerskich nazwisk. Gdzież są ci wszyscy milionerzy, którzy na milionerów wyglądają?

Osobą, od której pochodzi powyższy cytat był wiceprezes departamentu trustów jednego z dużych banków. Uwagę tę wypowiedział w czasie spotkania z grupką dziesięciu ankietowanych przez nas milionerów „pierwszej generacji". Dla niego, podobnie jak i dla większości ludzi, którym nie dane było dorobić się majątku, zaproszeni przez nas goście nie pasowali do stereotypu milionera.

Panuje powszechne przekonanie, że milionerzy noszą na sobie wyłącznie drogie ubrania, posiadają kosztowne zegarki czy innego rodzaju cacka, mające podkreślić ich status majątkowy. W trakcie badań zauważyliśmy, że taki pogląd ma niewiele wspólnego z prawdą.

Jeśli chodzi o ścisłość, garnitur naszego wiceprezesa kosztował więcej niż wydaje na garnitur przeciętny amerykański milioner. Na ręce miał zegarek, który kosztował 5 000 dolarów. Od naszych ankietowanych wiemy, że większość milionerów nie wydaje na swoje zegarki nawet 10% z tej sumy. Zaprzyjaźniony wiceprezes poruszał się najnowszym modelem luksusowego samochodu z importu. Większość milionerów korzysta z samochodów używanych. Tylko niewielka ich grupka jeździ wozami z importu, rzadko są to samochody luksusowe. Nasz wiceprezes nabył swój samochód w leasingu, w przeciwieństwie do znakomitej większości milionerów, którzy z leasingu nie korzystają nigdy.

Spytajmy teraz przeciętnego Amerykanina, kto jego zdaniem bardziej wygląda na milionera: nasz wiceprezes departamentu trustów, czy może jeden z uczestników ankiety? Jesteśmy gotowi się założyć, że znakomita większość wybierze... wiceprezesa. Pozory bywają mylące.

Najlepiej koncept ten ujął pewien mądry i bogaty Teksańczyk, który o ludziach pokroju naszego wiceprezesa powiedział:

***Kupiłby wieś, lecz pieniądze gdzieś*[1].**

Określenia tego użył po raz pierwszy pewien trzydziestopięcioletni mieszkaniec Teksasu, właściciel doskonale prosperującego warsztatu zajmującego się regeneracją silników dieslowskich dużej mocy. Poruszał się dziesięcioletnim samochodem, nosił na sobie dżinsy i bluzę z koziej skóry. Mieszkał w skromnym domu, w dzielnicy całkiem przeciętnej[2]. Jego sąsiadami byli: listonosz, strażak i mechanik.

Po przedstawieniu nam stanu swego portfela powiedział:

> *[Mój] biznes nie wygląda imponująco. Wiem o tym. Wcale nie udaję, że jest inaczej... Moi brytyjscy kontrahenci, widząc mnie po raz pierwszy myśleli, że jestem jednym z kierowców ciężarówek... Rozglądali się po całym biurze, przyglądali każdemu... tylko nie mnie. W końcu najstarszy z grupy powiedział: „Hej, zapomnieliśmy zupełnie, że* ***to przecież*** *Teksas!" Wprawdzie* ***wsi nie*** *kupuje, ale w razie czego pieniądze na jej zakup mam pod ręką.*

---

[1] W oryg. – *Big Hat No Cattle* (Wielki kapelusz, ale ani sztuki bydła). Polski odpowiednik równie ironiczny – przyp. tłum.

[2] W USA wpływ dzielnicy na wartość domu jest ogromny; istnieje powiedzenie, że na cenę domu najmocniej wpływają trzy czynniki: lokalizacja, lokalizacja i... lokalizacja – przyp. tłum.

Portret milionera

Kim jest statystyczny amerykański milioner? Co ma do powiedzenia na swój temat?

- ◊ Mam 57 lat, jestem żonaty, mam troje dzieci. Blisko 70% z nas dostarcza swoim rodzinom ponad 80% ich dochodów.

- ◊ Prawie jedna piąta z nas przeszła już na emeryturę. Około dwie trzecie pracuje we własnych interesach. Chociaż osoby „samozatrudniające się" stanowią mniej niż 20% amerykańskiej siły roboczej, to z grupy tej wywodzi się aż dwie trzecie milionerów. Trzech na czterech pracujących „u siebie" uważa się za przedsiębiorców, resztę tej grupy stanowią profesjonaliści, tacy jak lekarze czy księgowi.

- ◊ Większość z prowadzonych przez nas biznesów można z powodzeniem zaliczyć do kategorii „nieciekawych". Prowadzimy firmy spawalnicze i zakłady zajmujące się tępieniem insektów, sklepy filatelistyczne, uprawiamy ryż, posiadamy pola kempingowe i zajmujemy się wykonywaniem betonowych schodów lub chodników.

- ◊ Żony ponad połowy z nas zajmują się wyłącznie domem. Pośród tych, które pracują zawodowo, najczęściej spotyka się nauczycielki.

- ◊ Nasz statystyczny dochód podlegający opodatkowaniu wynosi 131 000 dolarów na rodzinę rocznie, podczas gdy nasz średni przychód wynosi ok. 247 000 dolarów. Ci z nas, którzy zarabiają w granicach między 500 000 a 999 999 dolarów (stanowią oni 8%) oraz ci powyżej 1 mln dolarów rocznie (5% z nas) wyraźnie *tę* średnią zawyżają.

◊ Uśredniona wartość naszego majątku rodzinnego wynosi 3,7 mln dolarów. Rzecz jasna, część z nas dorobiła się majątku znacznie większego. Prawie 6% posiada majątek wartości 10 mln dolarów i więcej, i ta grupa wyraźnie zawyża nam średnią. Typowy milioner posiada bowiem majątek o wartości netto – 1,6 mln dolarów

◊ Przeciętnie zarabiamy rocznie nieco poniżej *7%* tego co jesteśmy warci. Innymi słowy, żyjemy za ok. 7% tego co posiadamy.

◊ Znakomita większość z nas (97%) posiada własny dom. Mieszkamy w domu, którego statystyczna wartość wynosi 320 000 dolarów. Ponad połowa z nas mieszka w swoim domu dłużej niż 20 lat. Właśnie czas (a właściwie, inflacja) miał najsilniejszy wpływ na wzrost wartości naszych domów.

◊ Znakomita większość z nas nie czuje się nigdy pokrzywdzona tym, że nie odziedziczyliśmy majątku. Ponad 80% z nas dorobiło się milionów za swego żywota.

◊ Żyjemy znacznie poniżej swoich finansowych możliwości. Nosimy tanie garnitury, jeździmy amerykańskimi samochodami. Tylko niewielki procent z nas porusza się samochodami nowymi. Zaledwie niewielki odsetek (mniej niż 1%) wzięło kiedykolwiek swój samochód w leasing.

◊ Nasze żony, to na ogół kobiety zapobiegliwe i oszczędne. W rzeczywistości tylko 18% nie zgadza się z twierdzeniem, że „dobroczynność zaczyna się we własnym domu". Większość z nas przyznaje, że do wydawania pieniędzy mamy znacznie lżejszą rękę niż nasze żony.

◊ Pieniędzy mamy w bród. Innymi słowy, zgromadziliśmy majątek umożliwiający nam przeżycie bez pracy przez dziesięć lat, a pewnie i dłużej. Ci z nas, którzy posiadają zasoby w wysokości

1,6 mln dolarów mogliby przeżyć bez pracy 12 lat, a właściwie znacznie więcej, ponieważ i tak nauczyliśmy się oszczędzać co najmniej 15% swych zarobków.

◊ Majątek, który posiadamy jest sześć i pół razy większy, niż majątek posiadany przez naszego sąsiada, nie-milionera. Takich sąsiadów jest w naszej dzielnicy trzy razy więcej niż milionerów. Czy to możliwe, że zrezygnowali oni z bogactwa w zamian za życie na „wysokiej stopie"?

◊ Jako grupa, jesteśmy stosunkowo dobrze wykształceni. Tylko jedna piąta z nas nie ukończyła studiów. Wielu z nas posiada stopnie uniwersyteckie; 18% magisterskie, 8% adwokackie, 6% lekarskie oraz 6% doktorskie.

◊ Tylko 17% z nas (wliczając w to współmałżonków) uczęszczało kiedykolwiek do prywatnych szkół podstawowych lub do prywatnych liceów. Do takich szkół natomiast uczęszczało lub uczęszcza 55% naszych dzieci.

◊ Jako grupa wierzymy, iż wykształcenie jest niezwykle ważnym czynnikiem dla nas, dla naszych dzieci oraz wnuków. Na dobre wykształcenie naszych pociech nie wahamy się wydać nawet fortuny.

◊ Ponad dwie trzecie z nas pracuje od 45 do 55 godzin tygodniowo.

◊ Jesteśmy zagorzałymi inwestorami. Statystycznie, inwestujemy każdego roku blisko 20% naszego dochodu brutto. Większość z nas inwestuje 15% swoich zarobków. Ponad 75% z nas posiada przynajmniej jedno konto w firmie maklerskiej. Decyzje inwestycyjne podejmujemy z reguły sami.

◊ Podlegające obrotowi rynkowemu papiery wartościowe (akcje i fundusze powiernicze) stanowią blisko 20% naszego majątku.

Bardzo rzadko się ich pozbywamy. Jeszcze więcej pieniędzy inwestujemy we własne fundusze emerytalne. Średnio, wartość naszego biznesu stanowi 21% wartości naszego majątku.

◊ Jako grupa uważamy, że nasze córki znajdują się w gorszej sytuacji finansowej niż synowie. Uważamy, że mężczyźni mimo wszystko zarabiają (na podobnych stanowiskach, w podobnych warunkach) więcej niż kobiety. Stąd nie zawahalibyśmy się oddać części naszego majątku córkom. Nasi synowie, mężczyźni w ogóle, znajdują się zwykle w sytuacji uprzywilejowanej, więc nie potrzebują takiego wsparcia finansowego ze strony rodziców.

◊ Jakie zajęcie uważamy za idealne, dla naszych synów i córek? Takich rodzin jak nasze jest w Stanach Zjednoczonych ponad 3,5 mln. Pieniądze w naszych rękach mnożą się szybciej niż w rękach jakiejkolwiek innej grupy społecznej. Nasze dzieci powinny się zatem zająć świadczeniem usług na rzecz najzamożniejszej grupy obywateli. Naszymi najbardziej zaufanymi doradcami są księgowi. Niezwykle ważni są dla nas adwokaci. Z tego właśnie względu doradzamy naszym dzieciom studia prawnicze i księgowość. Uważamy, że zarówno doradca podatkowy, jak i planista finansowy należeć będą (co najmniej przez najbliższe 15 lat) do zawodów najbardziej poszukiwanych.

◊ Jesteśmy z reguły ciułaczami i z tego właśnie powodu, „za marnego dolara", zdecydowaliśmy się na wypełnienie długiego formularza tej ankiety. Czymże, jeśli nie chciwością wytłumaczyć można to, że zgodziliśmy się poświęcić na ten wywiad dwie, czasem trzy godziny? Zapłacono nam 100, 200 czy nawet 250 dolarów. Gdy proponowano abyśmy te pieniądze przeznaczyli na dowolny cel dobroczynny, odmówiliśmy. Wiadomo, przecież, że naszym ulubionym celem dobroczynnym jesteśmy my sami.

DEFINICJA „ZAMOŻNOŚCI"

Zapytajcie przeciętnego Amerykanina co rozumie pod pojęciem „zamożność"? Z reguły usłyszymy w odpowiedzi definicje ze słownika Webstera, z której wynika, że ludźmi zamożnymi są ci, którzy posiadają pod dostatkiem dóbr materialnych.

My zdefiniujemy zamożność inaczej, bowiem dla nas określenie – bogactwo, majątek czy zamożność nie odnosi się do posiadania dóbr. Mnóstwo osób, które żyją na wysokim poziomie konsumpcyjnym nie posiada w ogóle inwestycji (a więc zasobów, przynoszących dywidendy, których wartość rośnie z upływem czasu, takich jak akcje, obligacje, prawa do eksploatacji złóż ropy naftowej czy gazu, grunty rolne lub leśne itp.), lub posiada bardzo niewiele. I przeciwnie, ludziom bogatym, zamożnym posiadanie takich zasobów sprawia większą przyjemność niż ekstrawagancka konsumpcja czy życie na wysokiej stopie.

NOMINALNA DEFINICJA ZAMOŻNOŚCI

Miarą tego, czy ktoś jest czy nie jest bogaty, może być wyłącznie „wartość netto" – a więc to czy „stać go na tę wieś, czy nie". Wartość netto to nic innego, jak wartość rynkowa pomniejszona o długi i zobowiązania. Na potrzeby tej książki, człowiekiem bogatym nazywać będziemy każdego, kto zgromadził majątek wartości (netto) co najmniej 1 mln dolarów. Bazując na takiej definicji stwierdzamy, że tylko 3,5 mln ze 100 mln wszystkich gospodarstw rodzinnych w Ameryce uznać można za bogate. Około 95% amerykańskich milionerów posiada majątek wartości netto od 1 do 10 mln dolarów. Tej grupie właśnie poświęcamy w książce gros uwagi.

Dlaczego właśnie tej grupie? Ponieważ uważamy, że taki poziom bogactwa możliwy jest do osiągnięcia w ciągu jednego pokolenia, a zatem leży on w zasięgu możliwości większości obywateli tego kraju.

Spodziewany poziom zamożności

Innym sposobem określania czyjejś zamożności może być spodziewany poziom wartości jej (jego) majątku. Dochody danej osoby, jej zarobki i wiek determinują możliwy (czy właśnie spodziewany) do osiągnięcia przez nią poziom bogactwa. Innymi słowy, im ktoś więcej zarabia, tym więcej majątku powinien zgromadzić (zakładamy, że mowa o osobie pracującej, a nie o emerycie). Podobnie, im okres akumulacji majątku jest dłuższy, tym więcej majątku (teoretycznie) jesteśmy w stanie zgromadzić. Stąd, ludzie starsi, zarabiający dużo powinni zgromadzić więcej majątku niż ludzie młodzi, mniej zarabiający.

W przypadku większości Amerykanów w wieku od 25 do 65 lat, zarabiających powyżej 50 000 dolarów rocznie istnieje dość prosta korelacja pomiędzy wiekiem, wysokością dochodów a spodziewanym poziomem zamożności. Wszystkich tych, którzy się plasują powyżej tego poziomu, określamy mianem ludzi bogatych (dla danej kategorii wiekowej lub dochodowej).

Jakże to – spyta ktoś – czyż można uważać za zamożnego człowieka, którego wartość majątku netto wynosi „ledwie" 460 000 dolarów? Charles Bobbins, czterdziestojednoletni oficer straży pożarnej, bo o nim mowa, nie jest przecież milionerem. Jego żona pracuje jako sekretarka. Łącznie zarabiają 55 000 dolarów rocznie. Opierając się na naszych badaniach, pan Bobbins powinien być wart netto tylko ok. 225 500 dolarów. Widać więc, że wartość jego majątku (460 000 dolarów) przekracza tę kwotę, a zatem jest wyższa niż „średnia spodziewana" dla ludzi w jego kategorii wiekowej i zarobkowej. Państwo Bobbinsowie potrafili zakumulować ponadprzeciętną ilość majątku. Wniosek z tego, potrafią tak gospodarować pieniędzmi, że wystarcza im nie tylko na życie, ale także na spore inwestycje. Wiąże się to najprawdopodobniej ze skromniejszym niż przeciętny poziomem ich konsumpcji. Utrzymując ten poziom, państwo Bobbinsowie są w stanie przeżyć bez pracy (a dokładniej bez dochodu) prawie 10 lat. W ramach swojej kategorii wiekowej i zarobkowej państwo

Bobbinsowie kwalifikują się do grona ludzi bogatych. W przeciwieństwie do rodziny dr. Johna J. Ashtona, który ma 46 lat i zarabia rocznie ok. 560 000 dolarów. Ile dr Ashton jest wart? Czy jest człowiekiem bogatym? Według pierwszej (nominalnej) definicji – tak, gdyż wartość jego majątku netto wynosi 1,1 mln dolarów. Sprawa się komplikuje, gdy skorzystamy z definicji drugiej; spodziewana (w kategorii wiekowej dr. Ashtona i przy jego zarobkach) wartość majątku netto powinna wynosić bowiem 3 mln dolarów.

Przy tak „wyrafinowanym" poziomie konsumpcji państwo doktorostwo Ashtonowie nie są w stanie przeżyć bez pracy (bez dochodu) dłużej niż dwa, maksimum trzy lata.

Po czym poznać, że ktoś jest bogaty?

Spróbujmy teraz policzyć jaka powinna być wartość majątku człowieka, w zależności od jego wieku i dochodów? Przez lata studiów poświęconych sytuacji materialnej ludzi dobrze uposażonych, a także tych, którzy zgromadzili duży majątek, wypracowaliśmy szereg skomplikowanych „formuł zamożności". Jednakże do wyliczenia spodziewanego poziomu zamożności wystarcza w zupełności prosta, praktyczna reguła, wedle której należy:

przemnożyć wiek osoby przez jej roczny dochód brutto (przed podatkiem) ze wszystkich źródeł, wyłączając spadek, i tak uzyskany iloczyn podzielić przez 10. Uzyskana liczba mówi nam jaka powinna być wartość naszego majątku.

Przykładowo, jeśli Anthony O. Duncan ma 41 lat i zarabia 143 000 dolarów rocznie, plus 12 000 dolarów jakie otrzymuje ze swoich inwestycji, wówczas pomnożywszy 41 przez 155 000 dolarów uzyskamy 6 355 000 dolarów; liczbę tę dzielimy przez 10 i już wiemy, że spodziewana wartość majątku pana Duncana powinna wynosić ok. 635 000 dolarów. Jeśli panna Lucy R. Frankel ma 61 lat i zarabia łącznie ze wszystkich źródeł 235 000 dolarów rocznie, wówczas wiemy, że wartość jej majątku netto powinna wynosić ok. 1 433 500 dolarów.

Czy to co posiadamy odpowiada powyższej formule? Jak daleko znajdujemy się od pożądanego celu?

Jeżeli znajdujemy się w górnej ćwiartce kategorii ludzi zamożnych, można o nas powiedzieć, iż jesteśmy **P**rzodownikami w **B**udowie **B**ogactwa (PBB); jeśli jednak w dolnej ćwiartce, to nie obraźmy się, gdy ktoś nas nazwie **N**ieudacznikami w **B**udowie **B**ogactwa (NBB); tych co tkwią pomiędzy tymi ćwiartkami możemy trafnie nazwać **Ś**redniakami w **B**udowie **B**ogactwa (ŚBB).

Do jakiej kategorii powinniśmy siebie zaliczyć? Czy jesteśmy PBB, NBB czy może ŚBB?

Do określenia naszej pozycji wystarczy inna prosta reguła: aby znaleźć się w kategorii PBB należy posiadać dwukrotnie więcej niż wynosi nasz „spodziewany poziom zamożności". Innymi słowy, aby pan Duncan mógł się uważać za PBB, musi posiadać majątek, który w przybliżeniu wart jest co najmniej dwa razy tyle, ile wynosi spodziewana wartość zamożności dla osób w jego kategorii wiekowej i zarobkowej. W tym konkretnym przypadku, 635 500 mnożymy razy 2, czyli będzie to 1 271 000 dolarów. Jeśli wartość netto majątku pana Duncana wynosił 271 000 dolarów lub więcej – jest on przodownikiem. I odwrotnie, jeśli wartość majątku pana Duncana wynosi, przykładowo, połowę wartości spodziewanej dla jego kategorii wiekowej i dochodowej, czyli zamiast 635 500 dolarów wart jest on np. 317 750 dolarów – wówczas mówimy, że pan Duncan należy do kategorii NBB.

PBB KONTRA NBB

PBB to ludzie obdarzeni talentem do akumulowania bogactwa – znaczy to, że w porównaniu z innymi osobnikami, należącymi do tej samej kategorii wiekowej i zarobkowej, PBB wykazują się z reguły majątkiem co najmniej czterokrotnie wyższym niż NBB. Jednym z naszych największych osiągnięć (w czasie tych dwudziestu lat badań) jest właśnie odkrycie i zbadanie różnic w zachowaniu się osób należących do kategorii PBB i kategorii NBB.

Oto dwa przykłady doskonale ilustrujące te różnice. Miller „Bubba" Richards ma 50 lat i jest dealerem „mobile-home" (domów na kółkach). Jego zeszłoroczny dochód wyniósł 90 200 dolarów, a zatem (wyliczona z równania) spodziewana wartość jego majątku wynosi ok. 451 000 dolarów. Lecz „Bubba" należy do grupy PBB i wart jest dzisiaj 1,1 mln dolarów

Niemalże jego kopią jest James H. Ford. Pan Ford ma 51 lat i jest adwokatem. W ubiegłym roku zarobił odrobinę więcej niż pan Richards, mianowicie 92 330 dolarów. Jaka jest aktualna wartość majątku pana Forda? Ano zaledwie 226 511 dolarów, przy „spodziewanej" wartości (znowu posługując się naszym równaniem) wynoszącej 470 883 dolary Tak więc pana Forda, zgodnie z naszą definicją, zaliczymy do kategorii NBB.

Jak to się dzieje, że pan Ford, który spędził na uniwersytetach siedem lat, posiada mniej majątku niż zwyczajny dealer „mobile-home"? Jeśli chodzi o ścisłość, pan Richards posiada pięciokrotnie więcej majątku niż pan Ford, a pamiętamy przecież, że obaj należą do tej samej kategorii wiekowo – dochodowej. Aby na to pytanie odpowiedzieć, należy zadać sobie dwa inne, bardziej elementarne pytania:

◊ Ile pieniędzy wymaga utrzymanie wysokiego stylu życia rodziny adwokata?

◊ Ile pieniędzy wymaga utrzymanie umiarkowanego, żeby nie powiedzieć skromnego, stylu życia w przypadku rodziny dealera domków na kółkach?

To jasne, że pan Ford, adwokat, aby utrzymać (i demonstrować) swoją wysoką stopę życiową musi wydać na konsumpcje znacznie większą część swego dochodu. Adwokatowi nie przystoi poruszać się byle jakim samochodem; to musi być wóz luksusowy, najlepiej z importu. Ponadto każdego dnia nosi on inny, i to przeważnie drogi garnitur. Bez członkostwa klubu golfowego, albo dwóch, także nie może się obejść. A gdzie luksusowe zastawy, tace ze srebra, kolacje w wystawnych restauracjach...?

Państwo Fordowie (NBB) wydają dużo więcej niż typowi przedstawiciele kategorii PBB. To właśnie NBB żyją z reguły ponad stan, kładąc silny nacisk na konsumpcję. Mają również skłonność do lekceważenia pewnych kluczowych zasad i zachowań prowadzących do wzrostu zamożności.

TY I TWOI PRZODKOWIE

Jak już wspomnieliśmy, większość amerykańskich milionerów dorobiło się majątku za własnego życia. Jak to możliwe, by ludzie wywodzący się w końcu z dość przeciętnych (często nawet biednych) środowisk byli w stanie zgromadzić za życia majątek gwarantujący im status milionera? Jak to się dzieje, że tak wielu ludzi pochodzących z takich samych środowisk nie jest w stanie zgromadzić nawet skromnego majątku?

Większość z tych, którzy stają się milionerami to ludzie posiadający wiarę we własne możliwości. Nie zastanawiają się nad tym, czy ich rodzice są czy nie są zamożni. Nie uważają wcale, że aby być człowiekiem bogatym trzeba się bogato urodzić. Mało tego, ludzie, którzy uważają, że milionerzy wywodzą się wyłącznie z rodzin milionerskich, bardzo rzadko dołączają do klasy ludzi zamożnych. Jeśli uważasz, że milionerzy to ludzie w czepku urodzeni, rozważ następujące fakty, odkryte przez nas w trakcie badań, a odnoszące się do zamożnych Amerykanów:

◊ Tylko niecałe 19% zamożnych obywateli USA zdobyło majątek drogą dziedziczenia lub darowizny.

◊ Niespełna 20% z nich odziedziczyło 10% lub więcej swojego majątku.

◊ Więcej niż połowa amerykańskich milionerów nie otrzymała w spadku nawet 1 dolara.

◊ Mniej niż 25% otrzymało kiedykolwiek darowiznę (od rodziców, dziadków lub innych krewnych) o wartości przekraczającej 10 000 dolarów

◊ 91% nie otrzymało w formie darowizny nawet jednej akcji w rodzinnym biznesie.

◊ Ponad połowa wykształciła się bez pomocy rodziców bądź krewnych.

◊ Niespełna 10% liczy na to, że w przyszłości odziedziczą jakikolwiek spadek.

Stany Zjednoczone są wciąż miejscem, w którym można stać się milionerem w ciągu własnego życia. W istocie rzeczy, Ameryka była i jest „ziemią obiecaną" dla wszystkich tych, którzy wierzą w skuteczność amerykańskiego systemu społecznego i ekonomicznego.

Twierdzenie to było równie prawdziwe sto lat temu, co i dzisiaj. W raporcie opublikowanym przez Stanleya Lebergotta w 1892 roku na łamach periodyku „American Economy" przedstawione są wyniki badań przeprowadzonych na próbce 4 047 ówczesnych milionerów. Autor stwierdza, iż 84% badanych to „nuworysze, którzy sięgnęli szczytów majętności własnymi siłami, bez jakiegokolwiek dziedzictwa".

Brytyjczycy górą?

Tuż przed Rewolucją Amerykańską większość bogactwa znajdowała się w rękach posiadaczy ziemskich. Ponad połowa ziemi należała do ludzi bądź urodzonych w Anglii, bądź w Ameryce, tyle że z rodziców Brytyjczyków. Czy nadal ponad połowa majątku należy do osób pochodzenia brytyjskiego? Jasne że nie.

Jeden z popularnych mitów tego kraju głosi, iż bogactwo uzależnione jest od pochodzenia etnicznego. Nadal zbyt wielu ludzi uważa, że najzamożniejsi ludzie Ameryki to potomkowie pielgrzymów przybyłych tutaj na „Mayflower".

Przeanalizujmy to twierdzenie; może naprawdę „kraj pochodzenia" jest czynnikiem wyjaśniającym różnice w zamożności? Gdyby tak było, ponad połowa najzamożniejszych Amerykanów byłaby pochodzenia brytyjskiego. Tak jednak nie jest. Ankietując ostatnio milionerów poprosiliśmy ich o podanie kraju przodków, ewentualnie kraju swego pochodzenia. Wnioski z tego płynące są naprawdę zaskakujące.

TABELA I

Pierwsza dziesiątka amerykańskich milionerów (wg krajów pochodzenia)

Grupa etniczna	Liczebność wśród ludności USA	Liczebność wśród milionerów		Liczebność milionerów w grupie	
	%	%	miejsce	%	miejsce
Anglicy	10.3	21.1	1	7.71	4
Niemcy	19.5	17.3	2	3.32	9
Irlandczycy	9.6	12.5	3	4.88	7
Szkoci	1.7	9.3	4	20.8	2
Rosjanie	1.1	6.4	5	22.0	1
Włosi	4.8	5.1	6	4.0	8
Francuzi	2.5	3.7	7	5.50	6
Holendrzy	1.6	3.0	8	7.23	5
Rodowici Amerykanie	4.9	2.6	9	1.99	10
Węgrzy	0.5	2.0	10	15.1	3

Osoby podające „angielskie" pochodzenie etniczne stanowią 21,1% populacji amerykańskich milionerów. Przy czym „angielska" grupa etniczna w USA, to 10,3% ludności. Widać więc, że milionerów pochodzenia angielskiego jest więcej, niż by się można spodziewać z ich udziału w populacji ogółem (21,1% wobec 10,3%). Innymi słowy, koncentracja milionerów wynosi w tej grupie 2,06, czyli że milionerów pochodzenia brytyjskiego jest dwukrotnie więcej, niż można by się spodziewać z ich udziału w całej populacji.

A teraz sprawdźmy, jaki jest udział rodzin pochodzenia angielskiego w populacji amerykańskich milionerów ogółem. Można by się spodziewać, że procent ten wśród poszczególnych grup etnicznych będzie również najwyższy i Brytyjczycy będą znowu górą. Tymczasem, wcale tak nie jest. Anglicy zajmują dopiero czwarte miejsce. Tylko 7,71% Amerykanów pochodzenia angielskiego posiada majątek wartości 1 mln dolarów lub więcej. Trzy inne grupy etniczne posiadają znacznie większą koncentrację milionerów.

Jak to się stało, że – pod względem koncentracji milionerów – Anglicy są dopiero na czwartej pozycji? Mimo wszystko, to właśnie oni jako pierwsi Europejczycy postawili na tej ziemi swoją nogę. Mieli więc najwięcej okazji do zdobycia trwałej przewagi ekonomicznej w Nowym Świecie. W Ameryce okresu kolonialnego, w 1790 roku, więcej niż dwie trzecie miejsc pracy, to własne gospodarstwa i biznesy.

We współczesnej Ameryce, bardziej niż kiedykolwiek w historii, wpływ na poziom zamożności ma pokolenie aktualnie żyjące. Stąd właśnie ponad 80% żyjących milionerów to ludzie, którzy majątek zgromadzili za swojego życia. Z reguły bowiem fortuny zgromadzone w pierwszym pokoleniu, zostają przez jedno czy dwa następne pokolenia roztrwonione. Amerykańska gospodarka zmienia się. Obok osobników znajdujących się na dobrej drodze do osiągnięcia statusu ludzi majętnych, istnieje równie liczna grupa ludzi, którzy swoją ekstrawagancką konsumpcją pozbawiają się członkostwa w lidze ludzi zamożnych.

Czołówka etniczna

Jeśli koncentracja milionerów wśród Amerykanów pochodzenia angielskiego nie jest najwyższa, to jaka grupa etniczna wiedzie pod tym względem prym? Na czele są Rosjanie, potem Szkoci, zaś miejsce trzecie zajmują Węgrzy. O ile Rosjanie stanowią zaledwie 1,1% całkowitej populacji Ameryki, o tyle aż 6,4% rodzin pochodzenia rosyjskiego, to rodziny milionerskie. Szacujemy, że na 100 rodzin pochodzenia rosyjskiego, aż 22 zgromadziły majątek wartości co najmniej 1 mln dolarów. Jest to znacznie więcej niż w przypadku Anglików, gdzie „tylko" 7,71% rodzin należy do Ligi Milionerów. Jaka jest wartość majątku znajdującego się w rękach rosyjskiej grupy etnicznej? Szacujemy, że ok. 1,1 biliona dolarów, czyli ok. 5% tego, co Amerykanie dziś posiadają!

W jaki sposób można tę wyjątkową produktywność Rosjan wytłumaczyć? Generalnie, amerykańscy milionerzy kierują swoimi firmami i biznesami sami. Wśród Rosjan „samozarządzanie" jest wręcz nagminne. Co więcej, ta forma prowadzenia interesu jest wśród Rosjan przekazywana z pokolenia na pokolenie.

Podobne inklinacje ma węgierska grupa etniczna, która stanowiąc zaledwie 0,5% populacji Amerykanów, tworzy aż 2% wszystkich milionerów. Kontrastuje to z niemiecką grupą etniczną, która stanowi niemal jedną piątą populacji USA (19,5%), podczas gdy tylko 17,3% wszystkich fortun milionerskich znajduje się w rękach osób pochodzenia niemieckiego; tylko 3,3% rodzin pochodzenia niemieckiego kwalifikuje się do Ligi Milionerów.

Skąpi Szkoci

Szkocka grupa etniczna stanowi zaledwie 1,7% populacji USA, podczas gdy Szkoci stanowią aż 9,3% Ligi Milionerów. Współczynnik koncentracji dla Szkotów wynosi aż 5,47, czyli szansa, że Szkot zostanie milionerem jest ponad pięciokrotnie wyższa, niż by to wynikało z liczebności tej grupy etnicznej.

Szkocka grupa etniczna znajduje się na drugim miejscu, jeśli chodzi o udział w klanie milionerów. Prawie 21% (dokładniej, 20,8) rodzin pochodzenia szkockiego, to rodziny milionerskie. Czym ten fenomen wytłumaczyć? To prawda, że wśród pierwszych osadników na terenie Ameryki było wielu Szkotów. Nie jest to jednak główny czynnik wpływający na zamożność tej grupy. Jak pamiętamy, koncentracja milionerów wśród Anglików, którzy byli tu przecież najwcześniej, jest niższa niż dla grupy szkockiej. Zwróćmy też uwagę, że Szkoci u zarania tworzenia się Stanów Zjednoczonych nie cieszyli się równie wysokim, co Anglicy statusem ekonomicznym. W takiej sytuacji, angielska grupa etniczna powinna posiadać o wiele wyższą koncentrację rodzin ze statusem milionerów, niż Szkoci. Tymczasem jest dokładnie odwrotnie. Współczynnik koncentracji milionerów w przypadku Szkotów jest niemal trzykrotnie wyższy, niż wynosi on dla angielskiej grupy etnicznej (5,47 wobec 2,06). Co zatem czyni Szkotów wyjątkowymi?

Jaki jest poziom dochodów przedstawicieli grupy etnicznej, posiadającej wysoki współczynnik koncentracji milionerów? Z reguły wysoka koncentracja milionerów oznacza duży procent ludzi z wysokimi dochodami. Dochód jest w bardzo silnej korelacji z bogactwem i zamożnością; ponad dwie trzecie amerykańskich milionerów zarabia rocznie 100 000 dolarów lub więcej. Taka korelacja istnieje we wszystkich grupach etnicznych, z wyjątkiem... Szkotów. Ta grupa posiada znacznie więcej osób zamożnych, niż wynikałoby to z liczebności ludzi uzyskujących wysokie dochody. Grupa dobrze zarabiających Szkotów stanowi zaledwie 2% całkowitej populacji dobrze zarabiających ludzi Ameryki, gdy tymczasem Szkoci stanowią aż 9,3% współczesnych amerykańskich milionerów. Ponad 60% milionerów szkockiego pochodzenia zarabia mniej niż 100 000 dolarów. Żadna inna grupa etniczna nie posiada takiej koncentracji milionerów, przy tak niskiej koncentracji ludzi wysoko zarabiających.

Jeśli więc sam poziom dochodów nie jest w stanie wyjaśnić fenomenu Szkotów, co w takim razie wpływa na tak wysoką zamożność tej grupy etnicznej? Takich czynników jest kilka.

Po pierwsze, Szkoci naprawdę są oszczędni.

Danemu poziomowi dochodów rodziny odpowiada zwykle spodziewany, matematycznie wyliczony poziom konsumpcji. Szkoci pod tę regułę nie podpadają. W istocie rzeczy, większość Szkotów żyje znacznie poniżej oczekiwanego poziomu konsumpcji dla poszczególnych grup dochodowych. Dość często jest to efektem tworzonej przez nich atmosfery zagrożenia materialnego. Wskutek tego, rodzina pochodzenia szkockiego, zarabiająca 100 000 dolarów rocznie konsumuje tyle, co typowa rodzina amerykańska o dochodzie ok. 85 000 dolarów. Umiejętność oszczędzania pozwala Szkotom odłożyć więcej, stąd więcej pieniędzy (niż w innych grupach etnicznych) są oni w stanie zainwestować. Typowy Szkot, zarabiający 100 000 dolarów rocznie, jest w stanie oszczędzać i inwestować na poziomie, odpowiadającym średniej amerykańskiej dla ludzi o dochodach rzędu 150 000 dolarów rocznie.

W kolejnych rozdziałach książki ujawnimy, ile typowi milionerzy płacą za niektóre dobra takie, jak ubrania, zegarki czy samochody. Znaczna ilość milionerów pochodzenia szkockiego płaci za każdą z tych rzeczy mniej niż inny, „nieszkocki" milioner amerykański. Przykładowo, dwie trzecie (67,3%) milionerów – Szkotów wydaje na swój najdroższy samochód mniej niż wynosi „przeciętna" dla innych ankietowanych milionerów.

Ponieważ Szkoci potrafią majątek gromadzić, mogą swoje bogactwo i doświadczenie przekazywać z pokolenia na pokolenie. Nasze studia ujawniły, iż typowy Amerykanin szkockiego pochodzenia jest niezależny materialnie już w młodym wieku. Dzięki temu nie narusza on majątku swoich rodziców.

Członkowie szkockiej grupy etnicznej potrafili ponadto zaszczepić swoim młodym pokoleniom umiejętność oszczędzania, utrzymywania dyscypliny finansowej, motywację do bogacenia się, a przede wszystkim dążenie do niezależności materialnej. Są to wartości typowe dla większości milionerów, którzy doszli do pieniędzy własną pracą.

Mniejsze grupy etniczne

W badaniach poświęconych ludziom zamożnym pomija się dość często inne, mniejsze grupy etniczne. Tymczasem, przedstawiciele tych grup mają w Lidze Milionerów swoją silną reprezentację. O jakie grupy konkretnie nam chodzi?

Szacujemy, że koncentracja bogactwa wśród przedstawicieli wymienionych powyżej grup etnicznych jest co najmniej dwukrotnie wyższa, niż średnia dla całych USA. Przypomnijmy, że do Ligi Milionerów należy „tylko" 3,5% wszystkich amerykańskich rodzin. Każda z grup etnicznych wyszczególnionych w tabeli posiada ich – w proporcji do swych rozmiarów – dwukrotnie więcej. (Cała ta grupa obejmuje mniej niż 1% wszystkich rodzin milionerskich.) Odkryliśmy niepodważalne dowody na istnienie odwrotnie proporcjonalnej zależności pomiędzy liczebnością grupy etnicznej a jej udziałem w populacji ludzi zamożnych. Innymi słowy, udział milionerów w liczniejszych grupach etnicznych jest (proporcjonalnie) mniejszy niż w grupach małych.

A jeśli chodzi o staż imigrancki poszczególnych przedstawicieli etnicznych w Ameryce, jak wpływa on na poziom bogactwa? Otóż im pobyt w Ameryce dłuższy, tym prawdopodobieństwo utworzenia „nadproporcjonalnie" licznej grupy milionerów mniejsze. Dlaczego tak się dzieje? Ano dlatego, że jesteśmy społeczeństwem konsumpcyjnym. Im bowiem dłuższy staż imigrancki ma członek społeczności etnicznej w Ameryce, tym mocniej przesiąkł on konsumpcyjnym stylem życia tego kraju.

Jest jeszcze jeden powód. Otóż imigranci w pierwszym pokoleniu mają tendencje do pracy „na swoim", a wiadomo, istnieje pozytywna korelacja między bogactwem a pracą we własnym biznesie; osoby „samozatrudniające się" zarabiają z reguły więcej.

Nie twierdzimy wcale, że praca dla siebie oraz (lub) bycie imigrantem w pierwszym pokoleniu są gwarancją przynależności do Ligi Milionerów. Większość osób pracujących dla siebie[3] nie zgromadzi nigdy nawet skromnego mająteczku. To samo odnosi się do imigrantów z „pierwszego" pokolenia. Pamiętajmy jednak, że 23 mln obywateli tego kraju urodziło się poza jego granicami. To jest ogromna grupa ludzi. Zważmy też, że 12% z pięćsetki czołowych amerykańskich biznesmenów, wg rankingu magazynu „INC.", należy do pierwszego pokolenia imigrantów.

Możnaby przyjąć, że synowie, córki czy choćby wnukowie tych ludzi staną się automatycznie ludźmi sukcesu, zamożniejszymi niż ich przodkowie. Tak jednak nie jest. Tematem relacji międzypokoleniowych zajmiemy się obszerniej i bardziej szczegółowo

---

[3] Używamy tego określenia w przeciwieństwie do osób pracujących „dla kogoś" czyli pracowników najemnych – przyp. tłum.

w rozdziałach V i VI tej książki. Tutaj tylko spróbujemy wyjaśnić dlaczego „następne pokolenia" są z reguły mniej produktywne niż pokolenia je poprzedzające.

Wiktor i jego dzieci

Weźmy przykład Wiktora, biznesmena, człowieka sukcesu, który należy do pierwszego pokolenia Amerykanów. *Entrepreneurs* w rodzaju Wiktora można by scharakteryzować jako: oszczędnych, gospodarnych, zdyscyplinowanych ryzykantów, posiadających niski status społeczny i bardzo ciężko pracujących. Co się jednak dzieje, gdy te „genetyczne" cechy osoby na dorobku przyniosą człowiekowi sukces finansowy? Czy będzie je wpajać swoim własnym dzieciom? Czy będzie je zachęcać, by podążały tą samą, co ojciec czy matka drogą? Czy rodzice zechcą, aby ich dzieci zostały właścicielami firm zajmujących się wykopami pod fundamenty, naprawą dachów albo składnicami złomu itp.? Raczej nie! Szansa na to, że dzieci pójdą drogą swoich ojców jest jak jeden do pięciu.

Wiktor chce, aby jego dzieci miały lżejsze życie; dlatego m.in. zachęca je do studiów uniwersyteckich. Wiktor pragnie, aby jego pociechy były lekarzami, prawnikami, dyplomowanymi księgowymi czy menedżerami. Zachęcając je do tego, Wiktor robi wszystko, by zniechęcić ich do bycia biznesmenami, przedsiębiorcami pracującymi we własnej firmie. Wiktor bezwiednie opóźnia u swych dzieci moment, w którym znajdą się one na „rynku pracy", zachęcając je tym samym do odrzucenia jego własnego stylu życia; do gospodarności, oszczędności i powściągliwej konsumpcji.

Wiktor pragnie, aby jego dzieci miały lepsze życie. To naturalne, ale co właściwie rozumie on pod tym pojęciem? Ano chce, aby jego dzieci były lepiej od niego wykształcone, aby posiadały wyższy niż on status zawodowy. „Lepsze życie" oznacza dla niego także takie atrybuty prosperity, jak: wygodna rezydencja, nowe, luksusowe samochody, modne drogie ubrania i przynależność do prestiżowych klubów. Wiktor zapomniał jednak o tych elementach życia, które jego samego uczyniły człowiekiem sukcesu. Nie zdaje sobie bowiem sprawy, że posiadanie wyższego wykształcenia ma także swoje złe strony.

Wysoko wykształcone dzieci Wiktora uważają, że od ludzi, którzy pokończyli prestiżowe uniwersytety i politechniki oczekuje się wysokiego poziomu konsumpcji. Z tego powodu, dzieci Wiktora należą dzisiaj do kategorii NBB, w przeciwieństwie do ojca, ciężko harującego biznesmena, człowieka sukcesu. Ponadto jego dzieci się... zamerykanizowały, stając się przez to nieodłączną częścią pokolenia konsumentów, przekonanego o tym, że komu jak komu, ale im „to się należy".

Ilu pokoleń potrzeba, aby zamerykanizować grupę składającą się z ludzi pokroju Wiktora? Naprawdę niewielu. Większość przechodzi do grona „prawdziwych Amerykanów" w ciągu jednej, najwyżej dwóch generacji. Już chociażby z tego powodu widać, że Ameryka wciąż potrzebuje dopływu nowej krwi, nowych pokoleń imigrantów, ludzi o odwadze i determinacji Wiktora. Ci nowi imigranci i ich potomstwo potrzebne są Ameryce w miejsce wszystkich zamerykanizowanych Wiktorów.

Autorzy, Toddy i Alex

Kilka lat temu otrzymaliśmy zlecenie przeprowadzenia badań nad zachowaniem się ludzi zamożnych. Naszym zleceniodawcą był Toddy, wiceprezes filii pewnej dużej amerykańskiej korporacji (spółki akcyjnej). Przodkowie Toddy'ego byli Anglikami, przybyli do Ameryki jeszcze przed powstaniem Stanów Zjednoczonych. Nie tak dawno posiadali stalownie w Pensylwanii. Toddy, ich potomek w prostej linii, jest absolwentem elitarnego college'u w Nowej Anglii, a później prestiżowego uniwersytetu Princeton. W czasie studiów grał w uczelnianej drużynie futbolowej.

Toddy, jak większość ludzi w tym kraju, wierzył, że bogactwo zdobywa się na drodze dziedziczenia fortun. Wierzył też, że większość posiadaczy tych fortun, to Amerykanie, w których żyłach płynie brytyjska krew. Można sobie wyobrazić, co stało się z głęboko zakorzenionymi przekonaniami Toddy'ego po spotkaniu z nami, a ściślej, z ankietowanymi przez nas milionerami. Przecież gros badanych to milionerzy w pierwszym pokoleniu, którzy na dodatek nie należeli do angielskiej grupy etnicznej. Większość z nich ukończyła szkoły publiczne, jeżdżą amerykańskimi samochodami, zwykłego sandwicza przedkładają nad kawior i w przeciwieństwie do Toddy'ego są ludźmi gospodarnymi.

Zaskoczenie Toddy'ego było jeszcze większe, gdy poznał Alexa.

W czasie wspólnych zajęć, do Toddy'ego i paru innych wysokich urzędników z jego spółki zwrócił się biznesmen o imieniu Alex z ofertą... kupna firmy, w której Toddy i jego koledzy pracowali.

Kto zacz, ten Alex?

Ojciec Alexa, Rosjanin, przybył do Ameryki zanim Alex przyszedł na świat. Po osiedleniu się otworzył w Stanach niewielki interes. Alex jest absolwentem uniwersytetu stanowego. „Jak to możliwe – dziwił się Toddy – że ten facet jest w stanie kupić naszą firmę?" Zwięzłej odpowiedzi na to pytanie udzielił mu ojciec Alexa:

Rosjanie to najlepsi handlarze końmi.

Alex, który sam dorobił się milionów, jest żywym przykładem człowieka sukcesu, zaś ludzie pokroju Toddy'ego znikną całkiem z powierzchni ziemi. Toddy należy do wymierającego gatunku osobników żyjących wspomnieniami fortun swoich przodków, którzy niegdyś zakładali tu stalownie, budowali linie kolejowe lub organizowali pocztę dyliżansową.

II

GOSPODARNOŚĆ, GOSPODARNOŚĆ I JESZCZE RAZ GOSPODARNOŚĆ

LUDZIE, KTÓRZY ŻYJĄ PONIŻEJ SWOICH MOŻLIWOŚCI

Pierwsze nasze spotkanie z grupą ankietowanych osób, których majątek był wart co najmniej 10 mln dolarów (multimilionerzy) potoczyło się inaczej niż planowaliśmy. Badania te prowadziliśmy na zlecenie olbrzymiej międzynarodowej firmy finansowej. Zleceniodawca chciał na ich podstawie poznać potrzeby ludzi majętnych.

Aby stworzyć naszym multimilionerom odpowiednio komfortowe warunki, wynajęliśmy na spotkanie luksusowy „penthouse" w prestiżowej części Manhattanu, na East Side. Zatrudniliśmy ponadto dwóch wysokiej klasy szefów kuchni, specjalizujących się w najbardziej wykwintnych daniach i potrawach. Przygotowali na tę okazję menu składające się z czterech gatunków „wyrafinowanych" pasztetów oraz trzech rodzajów kawioru. Z trunków wybrano dwie skrzynki wina, jedną wysokiej klasy bordeaux rocznik 1970 i drugą, równie wyśmienitego cabernet sauvignon rocznik 1973.

Uznawszy, iż oto jesteśmy przygotowani na przyjęcie najwybredniejszych nawet gości, oczekiwaliśmy z niecierpliwością przybycia naszych milionerów. Jako pierwszy pojawił się osobnik, którego przezwaliśmy Pan Pączek. Był to mężczyzna w wieku lat 69, milioner w pierwszym pokoleniu, właściciel dwóch biznesów i kilku interesujących posiadłości komercyjnych na terenie metropolii nowojorskiej. Z jego wyglądu doprawdy trudno byłoby się domyślić, że jest on wart co najmniej 10 mln dolarów. Ubrany był do przesady normalnie; miał na sobie znoszone ubranie i równie zużyty płaszcz.

Mimo wszystko, chcieliśmy, aby Pan Pączek wiedział, że znamy się na wyrafinowanych gustach kulinarnych amerykańskich krezusów, toteż zaraz po przedstawieniu się naszemu gościowi zapytaliśmy go, czy nie pogardzi szklanką bordeaux rocznik 1970?"

Na twarzy Pana Pączka pojawił się zagadkowy grymas, po czym rzekł:

Pijam tylko szkocką i dwa rodzaje piwa – darmowe, oraz Budweiser!

Nie daliśmy po sobie poznać zaskoczenia z jakim przyjęliśmy to szczere wyznanie. W ciągu następnych dwóch godzin, przez nasz apartament przewinęło się jeszcze dziewięciu, równie jak Pan Pączek, bogatych ludzi. Można powiedzieć, że właściwie nie zwracali uwagi na przygotowany dla nich bufet. Żaden z nich nawet nie skosztował pasztetu czy któregoś z doskonałych win. Wiedzieliśmy, że byli głodni, lecz skusili się jedynie na krakersy. Ponieważ nie lubimy wyrzucać jedzenia, musieliśmy coś z naszym wykwintnym bufetem zrobić. Załatwili to ludzie z zarządu spółki, która nam badania zleciła. Rzecz jasna pomogliśmy im w tym. Okazało się, że to oni i my, w przeciwieństwie do ankietowanych multimilionerów, byliśmy smakoszami...

FUNDAMENTY FORTUNY

Dzisiaj, na temat stylu życia ludzi majętnych wiemy już znacznie więcej. Podczas rozmów i wywiadów oferujemy ankietowanym milionerom zamiast pasztetu... margarynę, do której bardziej przywykli. Serwujemy kawę, napoje gazowane, szkocką (w czasie sesji wieczornych) i kanapkę „klubową". Płacimy im – to chyba jasne – za czas spędzony z nami; od 100 do 250 dolarów od osobo-ankiety. Od czasu do czasu stosujemy inne zachęty. Wielu respondentów było uradowanych otrzymując w postaci rekompensaty za poświęcony nam czas... pluszowe misie; „mój wnuczek będzie tym misiem zachwycony" – mówili wychodząc z potężną zabawką pod pachą.

Szkoda, że niektórzy ludzie oceniają swoich bliźnich po ich upodobaniach kulinarnych, sposobie ubierania się, marce zegarka czy samochodu. Zakładają oni przy tym, że przedstawiciele wyższych klas mają pod względem konsumpcyjnym jakiś lepszy, bo wyrafinowany, gust. Tymczasem znacznie łatwiej jest kupić luksusowy towar czy usługę, niż znaleźć się w grupie ludzi o najwyższym statusie majątkowym. Szastanie pieniędzmi i marnowanie czasu na eksponowanie swojej wyższości kończy się zwykle bardzo prozaicznie, a mianowicie kłopotami materialnymi.

Jakie są trzy cechy, które czynią człowieka zamożnym?

Gospodarność, gospodarność i jeszcze raz gospodarność.

Słownik Webstera definiuje gospodarność jako „zachowanie charakteryzujące się rozwagą w dysponowaniu środkami". Przeciwieństwem gospodarności jest rozrzutność, którą definiujemy jako styl życia polegający na marnotrawstwie i ekstrawaganckiej konsumpcji.

Gospodarność to kamień węgielny większości fortun. Tymczasem, zbyt często, zwłaszcza w miłującej sensacje prasie masowej, popularyzuje się właśnie rozrzutny styl życia. Co rusz, bombarduje się nas na przykład doniesieniami o krociowych dochodach zawodowych sportowców. To prawda, niektórzy przedstawiciele tej skromnej, co do rozmiarów, populacji są istotnie milionerami. Jeśli jednak czołowy koszykarz zarabia rocznie 5 mln dolarów, a posiada majątek wart 11–12 razy więcej niż 1 mln dolarów, to przecież nic w tym rewelacyjnego. Z naszego równania wynika, iż trzydziestoletni atleta, zarabiający rocznie 5 mln dolarów powinien być wart co najmniej 15 mln dolarów. Ilu, zarabiających miliony zawodników może się poszczycić takim rezultatem? Myślę, że bardzo, bardzo niewielu. Dlaczego? Ponieważ większość z nich prowadzi rozrzutny styl życia, na który mogą sobie pozwolić jedynie tak długo, jak długo podpisują te wielomilionowe kontrakty. Teoretycznie nic nie stoi na przeszkodzie, aby byli oni milionerami, jednakże w praktyce rzadko kiedy należą do grupy PBB.

Ile spośród 100 mln amerykańskich rodzin zarabia rocznie 5 mln dolarów? Mniej niż 5 000, innymi słowy, jedna na 25 000 rodzin. Większość milionerów nie zarabia nawet dziesiątej części tej kwoty rocznie. Większość z nich zostaje milionerami dopiero po pięćdziesiątce. Milionerzy to ludzie skromni. Tylko nielicznych stać równocześnie na ekstrawagancką konsumpcję i zgromadzenie majątku wartości co najmniej miliona dolarów

Jednakże rozrzutność lepiej się sprzedaje. Media bardzo często wmawiają młodym ludziom, że ci, którzy mają pieniądze szastają nimi, oraz że jak cię widzą, tak cię piszą. Czyż można sobie wyobrazić „entuzjazm" z jakim media propagują skromny, powściągliwy styl życia? A właśnie taki charakteryzuje większość milionerów! Jaka byłaby oglądalność programu o gospodarnych milionerach? Wiadomo, niska, bo przecież większość prawdziwych „budowniczych fortun" to ciężko pracujący, oszczędni ludzie, których życiu daleko do świetności i przepychu. Bogactwo rzadko kiedy bywa rezultatem umiejętności rzucania piłką, wygranej w konkursie czy na loterii, a te właśnie sposoby zdobywania fortun cieszą się zainteresowaniem mediów.

Większość Amerykanów, zwłaszcza przedstawicieli kategorii NBB, potrafi uporać się w mig ze swoimi zarobkami. Oni je po prostu wydają! Potrzeba zaspokojenia swoich zachcianek jest u nich ogromna. Łatwo przyszło, łatwo poszło. Ich życie przypomina teleturniej, którego zwycięzca otrzymuje w nagrodę dużą gotówkę i atrakcyjne nagrody rzeczowe. Widzowie takich konkursów mają dla ich uczestników wiele uznania. Wystarczy prześledzić stopnie oglądalności wszelakich quizów i teleturniejów. Ludzie uwielbiają oglądać, jak ktoś wygrywa samochód, motorówkę, lodówkę czy pieniądze. I to jest zrozumiałe. Dlaczego jednak zgaduj-zgadule nie oferują swoim zwycięzcom nagród w postaci, dajmy na to, stypendiów na studia? Ponieważ większość oglądających takich nagród nie ceni, oni domagają się natychmiastowej gratyfikacji. Nie zgodziliby się na zastąpienie nagrody w postaci przyczepy kempingowej na, powiedzmy, ekwiwalent kosztów ośmioletnich studiów uniwersyteckich. A przecież wiadomo, że stopień naukowy jest wart więcej niż tuzin takich przyczep.

STYL ŻYCIA TYPOWEGO AMERYKAŃSKIEGO MILIONERA

Czy program telewizyjny przedstawiający żywot zwykłego, przeciętnego milionera cieszyłby się w Ameryce jakąś szczególną popularnością? Bardzo wątpię. Dlaczego tak jest? Aby na to pytanie odpowiedzieć, spróbujmy rzucić nieco światła na styl życia typowej amerykańskiej rodziny milionerskiej.

Niech to będzie rodzina Johnny'ego Lucasa.

Podobnie jak większość zamożnych ludzi Ameryki, Johnny przez całe swoje dorosłe życie ma jedną i tę samą żonę. Johnny ma 57 lat i posiada niepełne wykształcenie wyższe[1], które zdobył w mało znanym, prowincjonalnym college'u. Jest właścicielem niewielkiej, rozwijającej się z powodzeniem od pięciu lat, firmy sprzątającej. Zatrudnieni przez Johnny'ego pracownicy noszą eleganckie uniformy oraz firmowe czapki z wyhaftowanym logo firmy.

Dla swoich sąsiadów i domowników Johnny jest postacią zwyczajną, żeby nie powiedzieć pospolitym przedstawicielem klasy średniej. Z tym, że Johnny jest wart 2 mln dolarów i pod względem zamożności znajduje się on w górnych 10% ludzi ze swojej dzielnicy. W skali kraju, jego majątek plasuje go w górnych 2% rodzin.

W jaki sposób publiczność TV może zareagować na program omawiający zamożność Johnny'ego i jego skalę potrzeb? Po pierwsze, widzowie będą zakłopotani, jako że Johnny nie wygląda wcale na milionera. Po drugie, mogą się poczuć nieswojo. Tradycyjny system wartości Johnny'ego: rodzina, ciężka praca, dyscyplina, poświęcenie, oszczędność i nawyki inwestycyjne mogą wręcz widownię przerazić. Czy wyobrażacie sobie, co by się stało, gdyby tak Johnny doradził amerykańskim widzom, aby dla zbudowania majątku w przyszłości ograniczyli swoje bieżące wydatki? Gotowi jeszcze odebrać te rady jako zagrożenie

[1] Odpowiednik polskich studiów pomaturalnych – przyp. tłum.

ich obecnego status quo. Taki program oglądaliby tylko ludzie pokroju Johnny'ego; mieliby bowiem okazje skonfrontować swoje własne postępowanie i własne osiągnięcia.

Pomimo tych wszystkich przeszkód załóżmy jednak, że jakaś stacja TV zdecydowała się nadać przynajmniej odcinek pilotowy serialu poświęconego życiu naszego Johnny'ego. Jaka będzie wymowa tego programu? O czym zakomunikuje on widzom?

Panie i Panowie, a oto sam Johnny Lucas. Johnny jest milionerem. Zadajmy dziś Johnny'emu parę pytań dotyczących robionych przez niego zakupów. Pytania zadawać będą nasi widzowie.

Gotowe czy na zamówienie?

Pytanie pierwsze, Johnny, pan J.G. chciałby wiedzieć, ile kosztował twój najdroższy garnitur?

Johnny mruży oczy i zamyśla się głęboko. Widownia z napięcia wstrzymuje oddech. Wszyscy spodziewają się usłyszeć: „Gdzieś między 1 000 a 6 000 dolarów". Jednakże nasze badania wskazują, iż widownia się myli. W związku z czym przewidujemy, że Johnny odpowie mniej więcej tak:

Najdroższy garnitur, powiadacie... moje najdroższe ubranie... wliczając w to wszystkie ubrania jakie dotychczas kupiłem swojej żonie, June, czy dwóm synom, Buddy'emu i Darryl oraz córkom, Wyleen i Giner... to było... to było 399 dolarów. Tak, nigdy nie zapomnę tych zakupów. Okazja była wtedy wyjątkowa – przyjęcie z okazji ćwierćwiecza naszego ślubu.

Jak widownia na takie wyznanie zareaguje? Prawdopodobnie słowom Johnny'ego nie uwierzy. Wyobrażenia telewidzów nie przystają zupełnie do realiów życia amerykańskich milionerów.

Z naszych ostatnich badań wynika, że typowy amerykański milioner nie wydał na garnitur czy inną garderobę dla siebie, żony, dzieci czy kogoś innego więcej niż właśnie 399 dolarów. Ponad połowa milionerów za swój najdroższy garnitur zapłaciła 399 dolarów lub mniej. Tylko jeden na dziesięciu zdecydował się na ubranie za 1 000 dolarów lub więcej, zaś jeden na stu na garnitur w cenie powyżej 2 800 dolarów. Co więcej, jeden na czterech milionerów płaci za swój najlepszy garnitur 285 dolarów lub mniej, zaś jeden na dziesięciu zapłacił 195 dolarów lub mniej.

Podane tutaj liczby odnoszą się do wszystkich ankietowanych milionerów. Zwróćmy uwagę na to, że ponad 14% z nich to ludzie, którzy uzyskali majątek na drodze dziedziczenia. Jak będzie wyglądała ta statystyka, gdy wyłączymy z niej „spadkobierców"? Ludzie, którzy wzbogacili się własnymi „rękami" wydają na ubrania, jak również inne drobiazgi świadczące o przynależności do lepszej klasy, znacznie mniej niż ci, którzy bogactwo odziedziczyli. I tak, ci pierwsi wydają na ubranie średnio 360 dolarów, podczas gdy dla „dziedziców" wartość ta wynosi ponad 600 dolarów

Jak to się dzieje, że statystyczny Johnny zadowala się tak skromnym przyodziewkiem? Johnny nie potrzebuje drogich ubrań. Nie jest on przecież wziętym adwokatem, który na każdym kroku musi wprawiać swych klientów w podziw. Nie ma okazji, więc nie musi wywierać dobrego wrażenia na zgromadzonych podczas dorocznego zebrania akcjonariuszach, nie uczestniczy w konferencjach prasowych i nie spotyka się z wyrafinowanymi przedstawicielami wpływowych domów maklerskich. Johnny nie musi się ubierać jak prezes ogromnej korporacji, który strofuje swoją Radę Dyrektorów. Na kim Johnny musi robić dobre wrażenie, to na zatrudnianych w jego firmie stróżach i sprzątaczkach. W jaki sposób? Ano taki, żeby przypadkiem nie przyszło im do głowy, że zarabia on ogromne pieniądze i stać go na krawca, u którego może sobie obstalować garnitur za kilka tysięcy dolarów.

Większość ankietowanych przez nas w ciągu ostatnich dwudziestu lat milionerów podziela zapatrywania Johnny'ego. Kto w takim razie kupuje te drogie garnitury? Nasze badania ujawniły tu bardzo ciekawe zjawisko. Na każdego milionera, posiadającego garnitur w cenie od 1 000 dolarów wzwyż przypada co najmniej sześciu osobników w przedziale dochodowym od 50 000 do 200 000 dolarów, którzy też takie garnitury posiadają lecz milionerami nie są. Ich obyczaje przy robieniu zakupów dowodzą niejako faktu, iż nie są oni ludźmi zamożnymi. Kim zatem są ci ludzie?

Rzadko kiedy są to posiadacze biznesów. Najczęściej jest to personel średniego szczebla w spółkach i korporacjach, a także adwokaci, specjaliści od marketingu, handlowcy i lekarze.

Dlaczego ktoś miałby wydawać na kupno garnituru więcej niż wydaje nań typowy milioner? Odpowiedzi na to pytanie udzielił niedawno Lawrence Minard w opublikowanym w magazynie „Forbes" (8 kwietnia 1996 str. 132–133) artykule, cytując posiadacza bardzo drogich garniturów. Oto odpowiedź tego człowieka, na postawione przez autora pytanie odnośnie korzyści płynących z inwestowania w drogie ubrania:

> *Czy ubranie szyte na miarę może kosztować 2 000 dolarów? Oczywiście, moje ubrania tyle kosztują. W takim ubraniu wygląda się doskonale nawet w czternaście lat później, gdy przybyło człowiekowi 7 czy 8 kg... Można myśleć, co się chce, ale ja wierzę, że zrobiłem dobrą inwestycję.*

Autor artykułu pisze także w jaki sposób trafił do superluksusowego zakładu krawieckiego Savile Row w Londynie; wprowadzili go tam dwaj menedżerowie wysokiego szczebla, u których stwierdził wyjątkowo wyrafinowane poczucie gustu, a jednocześnie umiarkowanie w szastaniu pieniędzmi:

> *Przekonali mnie – pisze L. Minard – że dzięki ubieraniu się w garnitury szyte na zamówienie, pomiędzy ubraniem a jego posiadaczem wytwarza się swego rodzaju związek.*

Johnny Lucas nawet dobrze nie wie, co to znaczy – szyte na zamówienie. Nigdy w swoim życiu nie miał takiego ubrania. Ciekawe czy Johnny również posiada jakąś wyjątkową „relację" ze swoim, kupowanym w J.C. Penney[2] garniturem? (Czyż nie jest to dla Państwa niespodzianką, iż niektórzy milionerzy zaopatrują się w odzież z J.C. Penney? Jeszcze większą niespodzianką jest fakt, że 30,4% ankietowanych przez nas milionerów to posiadacze kart kredytowych sieci J.C. Penney.) Sprzedawana przez te firmę linia odzieżowa „Stafford Executives", w organizowanym przez prasę plebiscycie na najlepsze garnitury – pod względem trwałości, fasonu i kroju – zajęła jedno z czołowych miejsc.

> *J.C. Penney, jak rzadko która inna sieć handlowa, sprawdza swoje ubrania pod kątem trwałości barwnika, materiału i ewentualnego mechacenia... Gdy chodzi o kontrolę jakości, J.C. Penney nie ma sobie równych.*

Powyższa opinia pochodzi z artykułu Teri Agins p.t. *Dlaczego tańsza odzież nabiera respektu?* zamieszczonego w „The Wall Street Joumal" z 16 października 1995 str. B1, B3.

Pamiętajmy, że mole, namiętni palacze cygar czy inne zagrożenia czyhające na nasze garnitury nie dbają o to, ile za te wełniane cacka zapłaciliśmy. Nie rozumieją oni także terminu „szyte na miarę". Zupełnie ich nie interesuje fakt, że w garniturze danej marki chodził niegdyś Dickens, Churchill czy de Gaulle. A już absolutnie nie zwracają uwagi na to, czy twój garnitur był akurat udaną inwestycją i wygenerował dywidendy, czy nie. Natomiast nie ulega wątpliwości, że zarówno mole, jak i znajdujący się w pobliżu nieostrożny palacz cygar, mogą bez trudu zrujnować, składający się z... garniturów, nasz portfel inwestycyjny.

W TAKIM RAZIE MOŻE... OBUWIE

Wróćmy do proponowanego wcześniej, a poświęconego panu Lucasowi programu telewizyjnego. Załóżmy, że pan Lucas stoi na scenie, publiczność – jeśli jeszcze się nim nie znudziła i nie poszła do domu – chce teraz wiedzieć jaki rodzaj butów kupuje nasz bohater.

[2] Amerykańska sieć sklepowa bardzo średniej klasy – przyp. tłum.

Niestety, pod względem obuwia także czeka ją rozczarowanie. Johnny, podobnie jak większość milionerów, nie kupuje drogich butów. Ponad połowa ankietowanych milionerów stwierdza, że w życiu nie wydała na parę butów więcej niż 140 dolarów. Jeden na czterech nie wydał nigdy więcej niż 100 dolarów. Tylko 10% milionerów kupiło kiedykolwiek buty za 300 dolarów lub droższe. Jeśli więc nie milionerzy, to kto, na Boga, utrzymuje tych wszystkich producentów i sprzedawców drogiego obuwia? Rzecz jasna, sami milionerzy też kupują od czasu do czasu drogie buty. Jednakże na jednego milionera posiadającego obuwie w przedziale cenowym cenowym od 300 dolarów wzwyż, jest aż ośmiu nie-milionerów którzy też takie buty posiadają.

Co na ten temat ma do powiedzenia popularna prasa? Media, w pogoni za sensacją, ukazują nam tylko tę część społeczeństwa, która chętnie kupuje drogie buty czy inne kosztowne cacka. Pamiętamy nadany w dzienniku telewizyjnym reportaż o Donie Kingu, znanym promotorze bokserskim, o tym jak spędził kiedyś w sklepie w Atlancie ponad 2 godziny na kupowaniu butów. Pan King kupił sobie w tym czasie i 100 par butów, za które zapłacił 64 100 dolarów, wliczając w to VAT. Pobił w ten sposób dotychczasowego „rekordzistę", koszykarza Magic Johnsona, który w czasie jednej sesji zakupowej kupił butów za... 35 000 dolarów. W przeliczeniu na parę butów rekord pana Kinga sprowadza się do 582,73 dol. za parę butów. Czy ciekawi Państwa ile Don King zapłacił za najdroższą z tych par? Nie ma sprawy, dziennik TV podał także i tę informację; za parę lakierek ze skóry aligatora kędzierzawy promotor zapłacił... 850 dolarów. (Jeff Schultz, *Jak pan King zostawił w sklepie z butami 64 100 dolarów,* „Atlanta Journal-Constitution" z 4 czerwca 1995, str. 1)

Zwróćmy uwagę, że spośród ankietowanych przez nas milionerów *tylko 1 % zapłaciło* za parę butów więcej niż 667 dolarów. Kupowanie pary butów ze skóry aligatora, tak jak to zrobił pan King, nawet wśród milionerów należy do rzadkości. Tym niemniej, media prześcigają się w popularyzowaniu takich nienormalnych zachowań kupujących. Skutkiem tego, młodym ludziom wydaje się, że kupowanie drogich przedmiotów jest wśród ludzi zamożnych czymś całkiem powszednim. Wmawia im się, że sposób bycia milionerów polega na nadmiernej konsumpcji. Szastanie pieniędzmi ma być rzekomo główną nagrodą za to, że się jest majętnym Amerykaninem.

Dlaczego pan Lucas jest przez media ignorowany, a o Kingu pisze się na pierwszych stronach gazet? Ponieważ reprezentowany przez Johnny'ego sposób bycia jest prozaiczny i mało atrakcyjny. Jego nagroda za to, że jest milionerem z wielkim trudem mieści się w kategorii dóbr materialnych, jest nią bowiem: niezależność finansowa, dyscyplina, a także uznanie za to, iż Johnny jest dobrym mężem i troskliwym ojcem.

Ostatnia szansa pana Lucasa

Czy nasz hipotetyczny program telewizyjny o amerykańskich milionerach ma szansę utrzymania się na antenie? Czy pan Lucas potrafi uczynić coś, co pozwoliłoby przyciągnąć przed telewizory zniechęconą dotychczasowymi staraniami widownię? Johnny Lucas, zamożny biznesmen jest człowiekiem niezwykle punktualnym. Nigdy się nie spóźnia na umówione spotkania, w pracy jest codziennie na czas o 6:30. Jak mu się to udaje? To pewnie dzięki jakiemuś wspaniałemu czasomierzowi. Nie ulega wątpliwości, że zegarek Johnny'ego musi być naprawdę drogocenny. A jednak okazuje się, że i tu widownia poczuje się rozczarowana. Okazuje się bowiem, że połowa ankietowanych milionerów nigdy nie wydała na zegarek więcej niż 235 dolarów. Mało tego, jedna dziesiąta milionerów nie zapłaciła nigdy za zegarek więcej niż 47 dolarów, zaś jeden na czterech nie kupił nigdy zegarka droższego niż za 100 dolarów.

Niewątpliwie, część milionerów posiada naprawdę drogocenne chronometry, ale tych jest znakomita mniejszość. Nawet wśród najbogatszych ludzi Ameryki, tylko 25% ankietowanych zapłaciła za zegarek 1 125 dolarów lub więcej. Jeden na dziesięciu wydał nań 3 800 dolarów, zaś jeden na stu, ponad 15 000 dolarów.

Johnny powinien przeprosić widownię za to, że ją rozczarował gustując w taniej odzieży i biżuterii. Może jednak się w końcu zreflektuje i powie wreszcie coś budującego. Na przykład:

Mieszkam w pięknym domu... Pożyczkę na dom mam już dawno spłaconą. Pieniądze potrzebne na edukację moich dzieci miałem odłożone na długo przed tym, zanim poszły na studia.

Niestety, Johnny tych słów nie wypowie, bowiem jego historia nie ma najmniejszych szans ukazania się na antenie.

JOHNNY'CH LUCASÓW NIE SPOTYKA SIĘ CZĘSTO

Dlaczego tylko nieliczni Amerykanie bywają ludźmi zamożnymi? Większość rodzin o zarobkach nawet sześciocyfrowych nie zalicza się do kategorii ludzi naprawdę zamożnych. Dlaczego tak jest? Dlatego, że ludzie ci różnią się w sposobie bycia od Johnny'ego Lucasa. Różni ich głównie przekonanie o tym, że pieniądze, które zarobią jutro powinni wydać już dzisiaj. Wpadli w spirale zadłużenia, w konsumpcyjny kierat wydawania wszystkiego co zarobią. Dla wielu z nich ekstrawagancka konsumpcja jest oznaką zamożności; ktoś kto nie konsumuje, nie jest ich zdaniem człowiekiem sukcesu. Dla nich też ludzie pokroju Johnny Lucasa, a więc skromni, nie żyjący wystawnie, to istoty **gorsze.**

Johnny Lucas nie będzie się najprawdopodobniej cieszył szacunkiem i uznaniem swoich sąsiadów. Na skali statusu społecznego umieszczą go pewnie poniżej przeciętnej. Dlaczego? Ano dlatego, że według „sąsiedzkich" kryteriów, zawód wykonywany przez Johnny'ego nie należy do prestiżowych. Johnny to raptem właściciel niewielkiego interesu. Od czasu do czasu przyjeżdża do domu z pracy swoim służbowym„vanem", stawia go na noc przed domem, by wczesnym rankiem udać się nim do pracy. Co tacy sąsiedzi mogą sobie o nim pomyśleć? Czy uwierzą w to, że Johnny jest materialnie niezależny? Czy zastanowią się, że jest on wiernym mężem jednej i tej samej kobiety, że pieniądze na edukację swoich dzieci zgromadził na długo przedtem, nim wybrały się na studia? Czy pomyślą może, że to dobrze, iż Johnny zatrudnia kilkanaście osób, że jest człowiekiem rzetelnym, uczciwym i skromnym, że dawno już spłacił pożyczkę hipoteczną itd. itd. Nie, przeciwnie, wielu z nich wolałoby, żeby taki Johnny wyprowadził się z ich dzielnicy. Dlaczego? Pewnie dlatego, że rodzina Johnny'ego nie wygląda na zamożną; nie ubierają się jak ludzie bogaci, nie jeżdżą luksusowymi samochodami, a poza tym cały ten ich interes nie może być przecież powodem do dumy.

Umiejętność gry obronnej

Na trzy poniższe pytania ludzie zamożni odpowiadają zwykle twierdząco:

1. Czy twoi rodzice byli ludźmi gospodarnymi?
2. Czy sam jesteś człowiekiem gospodarnym?
3. Czy twój współmałżonek jest człowiekiem gospodarnym?

Zwłaszcza to ostatnie pytanie jest szalenie ważne. Okazuje się bowiem, że współmałżonkowie ludzi posiadających wyjątkowy talent do gromadzenia majątku są co najmniej tak samo, a często i bardziej gospodarni i oszczędni. Zatrzymajmy się na moment przy typowej bogatej rodzinie. Blisko 95% takich rodzin stanowią małżeństwa. W 70% przypadków 80% wkładu do dochodów takich rodzin pochodzi od ich męskiej połowy. W grze zwanej „tworzenie dochodu" większość z tych mężczyzn przyjmuje pozycje atakującą. W ekonomii oznacza to, że generują oni dochód powyżej normy, która w przypadku przeciętnej rodziny amerykańskiej wynosi ok. 33 000 dolarów rocznie. Z drugiej strony, w kwestii konsumpcji, większość z tych rodzin stosuje grę obronną. Innymi słowy, gdy chodzi o wydatki na dobra materialne i usługi zachowują się powściągliwie, oszczędnie. W przypadku małżeństw o wysokich dochodach, sama powściągliwość w wydatkach nie jest jeszcze gwarancją posiadania majątku. Potrzebne jest jeszcze COŚ. Ludzie, którzy sami dorobili się milionów ujmują to „coś" następującymi słowami:

Nie potrafię zmusić mojej żony do wydawania pieniędzy!

Większość ludzi zamożnych nigdy nie dorobiłoby się majątku, gdyby ich współmałżonkowie byli rozrzutni. Małżonkowie nie są w stanie osiągnąć zamożności, jeśli któreś z nich hołduje ekstrawaganckiej konsumpcji. Jest to szczególnie aktualne, gdy jedno, lub oboje, usiłują zbudować udany biznes. Bardzo niewielu ludziom udaje się pogodzić wysoką konsumpcję z równoczesnym bogaceniem się.

Pochwała gospodarnej żony

Jak reaguje żona milionera, której mąż wręcza pakiet akcji jego własnej spółki (wartości 8 mln dolarów), wprowadzonej właśnie na giełdę? Zgodnie z tym, co twierdzi jej małżonek od 31 lat, oświadcza: „Dziękuję, jestem ci bardzo wdzięczna". Po czym uśmiecha się i wraca do kuchni, gdzie kontynuuje przeglądanie gazet pod kątem mających się odbyć w nadchodzącym tygodniu przecen i wyprzedaży. Nic nie jest w stanie przerwać, czy zmienić codziennej rutyny jej zajęć.

Zachowuje się tak, jak w czasach, gdy całym naszym majątkiem był stary stół kuchenny... I dzięki temu właśnie doszliśmy do tego, co posiadamy dzisiaj. Wiele wyrzeczeń i poświęceń... zwłaszcza w początkach naszego małżeństwa.

Zadajemy sobie nieraz pytanie, dlaczego nie jesteśmy bogaci? No więc dobrze, spróbujmy na nie odpowiedzieć analizując nasz styl życia. Czy jest on grą obronną czy atakiem? Zarobki nasze mieszczą się w granicach: 70 000, 100 000 a może nawet powyżej 200 000 dolarów rocznie? Wspaniale! Oznacza to, że potrafimy atakować. Jakim zatem sposobem przegrywamy grę zwaną akumulacją majątku?

Odpowiedzmy sobie szczerze. Może to właśnie słaba gra w obronie jest przyczyną porażki? W takim położeniu znajduje się większość osób zarabiających duże pieniądze. Są przeciwieństwem milionerów, którzy potrafią grać równie dobrze w ataku, jak i w obronie. I właśnie umiejętność gry obronnej pozwala im pokonać (przewyższyć) tych, którzy są lepsi w ataku (czyli zarabiają więcej). *Fundamentem skutecznego gromadzenia bogactwa jest gra obronna, której towarzyszyć powinny: umiejętność planowania i umiar w wydatkach.*

Zauważyliśmy, że w każdej grupie zawodowej znajdują się dobrzy planiści i ludzie panujący nad swoją konsumpcją.

Bogaci licytatorzy

Nasze badania dowodzą, że w grupie osób zajmujących się zawodowo prowadzeniem aukcji i licytacji milionerzy stanowią aż 35%. Wskaźnik ten jest nieco wyższy, niż procent ludzi zamożnych zamieszkujących najbardziej elitarne i zamożne dzielnice czy przedmieścia Ameryki.

Aukcjonerzy i licytatorzy, od początku naszych badań grup zawodowych, to jest od roku 1983, zajmowali czoło listy najbardziej majętnych Amerykanów, chociaż pod względem wysokości dochodów (w grupie osób zarabiających powyżej 100 000 dolarów rocznie) zajmują oni dopiero miejsce szóste. Jednakże nie sam dochód zwrócił na nich naszą uwagę. Postawiliśmy sobie pytanie: kto potrafi zgromadzić więcej majątku – licytator z prowincjonalnego amerykańskiego miasteczka, czy zarabiający tyle samo, mieszkaniec modnych, ekskluzywnych dzielnic czy przedmieść. Jak łatwo się domyślić, większego majątku dorabia się typowy aukcjoner.

Aukcjonerzy są z reguły bardziej gospodarni niż ich odpowiednicy zamieszkujący luksusowe przedmieścia miast; fakt ten można wyjaśnić niższymi kosztami życia i prowadzenia biznesu w małym miasteczku. Różnica w kosztach życia nie wystarcza jednak do wytłumaczenia dlaczego aukcjonerzy szybciej dorabiają się majątku. Zwróćmy uwagę na następujące dane:

◊ statystyczny milioner zajmujący się licytacjami i aukcjami ma ok. 50 lat i jest sześć do ośmiu lat młodszy od swego odpowiednika pochodzącego z elitarnych osiedli i przedmieść;

◊ statystyczny milioner – licytator przeznacza na swoje potrzeby mieszkaniowe (dom, apartament) nie więcej niż 61% tego, co wydaje na nie milioner z prestiżowego przedmieścia;

◊ milioner „miejski" czy „podmiejski" posiada luksusowy wóz co najmniej trzykrotnie częściej niż licytator „małomiasteczkowy";

◊ ponadto, typowy licytator więcej majątku (niż milioner „miejski") lokuje w inwestycjach i dobrach mających tendencje do trwałego i systematycznego wzrostu wartości; inwestuje głównie w branżach i dziedzinach, na których się zna;

◊ kontakt z bankructwem i upadłościami to dla licytatorów chleb powszedni, stąd są oni świadomi zagrożeń i wiedzą dobrze, że za sprzedane na licytacji dobra konsumpcyjne otrzymuje się nieraz ułamek ich rzeczywistej wartości. Oto jak jeden z licytatorów tłumaczy dlaczego jest tak oszczędny:

Pamiętam taką scenę jeszcze z młodości: w fotelu przed domem siedziała kobieta, zanosząc się od płaczu... a z wnętrza domu wychodzili jeden po drugim uczestnicy licytacji, podczas której rozprzedano cały jej majątek. Nigdy tej kobiety nie zapomnę.

Spytajmy żonę pewnego amerykańskiego milionera, czy opanowała umiejętność gry obronnej. Pani ta nazywa się Jane Rule. Państwo Rule są właścicielami niewielkiej firmy zajmującej się prowadzeniem aukcji i wyceną przedmiotów podlegających licytacji. Sami również inwestują w szereg obiektów, które wyceniają lub licytują. Prowadzeniem firmy zajmuje się wyłącznie małżonek, pan Rule. To, że firma prosperuje, jest w dużym stopniu jego zasługą. Zna swój fach i potrafi prowadzić licytację sprawnie i szybko. Jednakże prawdziwym bossem, siłą kierującą w tym biznesie jest Jane Rule. To właśnie jej skutecznemu planowaniu, prognozowaniu, umiejętnemu bilansowania zysków i wydatków a także marketingowi ich firma zawdzięcza pełen sukces.

W jaki sposób państwo Rule dorobili się dzisiaj milionów? Dzięki pani Rule, która w „grze obronnej" radzi sobie doskonale. To ona jest odpowiedzialna za budżet domowy i księgowość firmy.

A czy w naszym gospodarstwie ktoś w ogóle odpowiada za budżet? Odpowiedź na to pytanie jest bardzo często przecząca, gdyż w wielu rodzinach zarobki panują nad wydatkami, a nie odwrotnie. Gdy mówimy studentom o planowaniu i technikach budżetowych u milionerów, zadaje nam się pytanie: a po co takim ludziom planowanie? Przecież człowiek bogaty nie musi sam siebie kontrolować czy planować. Odpowiadamy niezmiennie:

Ludzie ci stali się milionerami właśnie dzięki skrupulatnemu planowaniu i kontroli własnych zasobów. Nie porzucili tych czynności nawet wtedy, gdy stali się zamożni.

Czasami taka odpowiedź nie wystarczy, więc posługujemy się analogią:

Czy przyglądałeś się kiedy ludziom systematycznie uprawiającym jogging? Na pierwszy rzut oka widać, że kto jak kto, ale właśnie oni nie potrzebują wcale biegać. Są w dobrej kondycji, wystarczająco sprawni. Zgoda, ale to jest właśnie zasługą joggingu. Podobnie jest z ludźmi bogatymi. Oni planują i bilansują dochody z wydatkami aby utrzymać swoje bogactwo w odpowiedniej kondycji. Tak się składa, że ci, którym sprawności finansowej brakuje, robią bardzo niewiele, by ją choć trochę poprawić.

Wiele osób chciałoby być sprawnymi fizycznie. Większość z nich nawet wie, w jaki sposób to osiągnąć. Jednakże, mimo tej wiedzy, tylko niewielu z nas zdobędzie się na wysiłek, by tę kondycję poprawić. Dlaczego? Dlatego, że brak nam dyscypliny. Nie potrafimy gospodarować swoim czasem. Podobnie jest z ludźmi bogatymi. Chciałbyś być zamożny? To świetnie, ale jesteś słaby w grze obronnej. Nie potrafisz zapanować nad swoimi wydatkami. Nie planujesz, nie robisz budżetu, nie dbasz.

A przy okazji zauważyliśmy, że ludzie z kategorii NBB poświęcają na ćwiczenia fizyczne trzy razy więcej czasu niż na planowanie własnych posunięć inwestycyjnych.

Pani Rule postępuje inaczej. Ona zachowuje się tak, jak większość milionerów. Jest zdyscyplinowana, znajduje czas na przygotowanie planu i budżetu domowego. A jak wspomnieliśmy, to właśnie przekłada się na bogactwo. Zarobki państwa Rule zmieniają się z roku na rok (znaczna fluktuacja dochodów w zawodzie aukcjonera jest faktem; recesje i inne negatywne zjawiska powodują koniunkturalny spadek zapotrzebowania na tego typu usługi). W ciągu ostatnich pięciu lat ich przeciętny dochód wyniósł ok. 90 000 dolarów rocznie. W tym samym czasie wartość ich majątku netto nie obniżyła się ani na chwilę. Państwo Rule warci są dzisiaj ponad 2 mln dolarów. Na wszystkie cztery pytania naszej ankiety, dotyczące planowania i budżetu, pani Rule odpowiedziała twierdząco.

Zakładając, że chcesz być człowiekiem zamożnym, czy i ty potrafisz z ręką na sercu odpowiedzieć na te same pytania twierdząco?

Pytanie 1: Czy twoje gospodarstwo rodzinne posługuje się corocznym budżetem?

Czy planujesz własne wydatki na żywność, odzież i inne potrzeby konsumpcyjne tak jak robi to pani Rule i większość innych milionerów? Stwierdziliśmy, że na 100 ankietowanych milionerów, którzy budżetu nie prowadzą, przypada aż 120, którzy opierają się na corocznym planowaniu.

Spytacie pewnie, jak to się stało, że ci, którzy nie posługują się budżetem i nie kontrolują swoich wydatków również stali się bogaci? Otóż ludzie ci stworzyli własną ekonomię opartą na swoistym „zagrożeniu"; ponad połowa z nich najpierw pieniądze inwestuje, a potem wydaje – to co im zostało. Postępowanie to określa się mianem „strategii płacenia najpierw sobie". Ludzie ci, jeszcze zanim zaczną płacić za żywność, odzież, zanim kupią swoje domy, opłacą wakacje, spłacą kredyty i inne wydatki, co najmniej 15% swojego dochodu lokują w przedsięwzięcia inwestycyjne.

Jak zatem postępują ci milionerzy, którzy ani nie planują, ani nie „płacą najpierw sobie"? Niektórzy z nich odziedziczyli część lub cały majątek po krewnych. Inni, których jest niespełna 20%, zarabiają tak dużo, że nawet przejedzenie całego ich dochodu nie wpływa (lub wpływa w niewielkim stopniu) na obniżenie się wartości ich majątku. Innymi słowy, ich niezwykła umiejętność gry w ataku niweluje niedociągnięcia w grze obronnej.

Jak zatem rozumieć sytuację osobnika, który zarabia dwa miliony dolarów rocznie a jest wart „tylko" milion dolarów? Mimo iż człowiek ten jest z definicji milionerem, w istocie rzeczy należy do kategorii NBB. Istnieje duże prawdopodobieństwo, że jego status człowieka zamożnego jest zjawiskiem przejściowym. O takich właśnie ludziach prasa pisze najchętniej. Prasa bowiem lubuje się w wyszukiwaniu dziwactw natury czy ekonomii.

Myślicie Państwo, że media podjęłyby chętnie temat pani Rule? Chyba nie. Kogo by interesował jej dom, którego wartość wynosi ledwie 140 000 dolarów[3] albo jej czteroletni „rzęch" made in Detroit? Kogo by interesowało opisywanie, jak pani Rule ślęczy przez trzy noce z rzędu nad kajetem i przygotowuje roczny budżet domowy? Czy w analizowaniu każdego dolara wydanego w poprzednim roku może być coś ekscytującego? Albo kogo może zafrapować jak pani Rule rozdysponuje przyszłoroczny dochód na poszczególne kategorie wydatków? Jak długo można śledzić czyjeś mozolne bilansowanie potrzeb z dochodami? U pani Rule czynności te również nie wywołują zachwytu, ale ona przynajmniej wie, że życie niesie ze sobą znacznie większe problemy: brak pieniędzy na emeryturę czy ciągłe zmaganie się z niedostatkami. Z tego wszystkiego, ślęczenie nad budżetem nie jest wcale najgorsze, zwłaszcza jeśli widzi się korzyści z niego płynące.

---

[3] Cena bardzo przeciętnego domu, w bardzo przeciętnej dzielnicy większych miast USA – przyp. tłum.

Pytanie 2: czy wiesz, ile twoja rodzina wydaje rocznie na żywność, odzież i mieszkanie?

Prawie dwie trzecie ankietowanych milionerów, w tym i pani Rule, odpowiedziała na to pytanie twierdząco. W grupie ludzi wysoko zarabiających, ale nie milionerów, „tak" odpowiedziało na to pytanie tylko 35%. Wielu z tych doskonale zarabiających, lecz posiadających stosunkowo niewielki majątek respondentów nie miało bladego pojęcia, ile w rzeczywistości wydają na jedzenie w domu, ile na restauracje, napoje, prezenty imieninowe i gwiazdkowe, ile kosztują ich ubrania, opieka nad dziećmi, przedszkole, karty kredytowe i inne pożyczki, ile przeznaczają na cele charytatywne, porady prawne i finansowe, składki klubowe i organizacyjne, samochody i związane z nimi wydatki, czesne, wakacje, gaz, elektryczność czy ubezpieczenia.

Zwróćmy uwagę, że na naszej liście nie znalazły się spłacane raty kredytu hipotecznego.

Ludzie dobrze zarabiający, lecz niezbyt majętni przechwalają się często, ileż to pieniędzy zaoszczędzili na podatkach, dzięki temu, że spłacają wysoką pożyczkę hipoteczną[4]. Wielu milionerów, których dom jest wciąż niespłacony, korzysta również z tego „przywileju". Z tym, że nie jest to jedyny wydatek, jaki kontrolują. Zwracają również uwagę na inne koszty prowadzenia domu.

Gdyby zapytać przeciętną, dobrze zarabiającą, lecz niezbyt majętną osobę, jaki jest jej główny cel finansowy, usłyszymy w odpowiedzi, iż jest nim „minimalizowanie podatków". Dla osiągnięcia tego celu ludzie ci robią wszystko, by ich odpisy podatkowe z tytułu pożyczek hipotecznych były jak najwyższe. Skoro tak, to dlaczego nie starają się również kontrolować innych wydatków domowych? Ponieważ nie widzą w tym sensu; gros takich wydatków nie podlega odliczeniu od dochodu do opodatkowania.

Pani Rule jest odmiennego zdania. Jej celem jest osiągniecie w wieku emerytalnym pełnej niezależności finansowej – a konkretnie,

[4] Amerykańskie prawo podatkowe zezwala właścicielowi nieruchomości odjąć od dochodu do opodatkowania odsetki czyli koszty pożyczki na zakup tejże nieruchomości – przyp. tłum.

zgromadzenie do tego czasu majątku wartości 5 mln dolarów. Pani Rule wierzy, że droga do tego celu prowadzi właśnie poprzez systematyczny i skrupulatny bilans dochodów i wydatków związanych z prowadzeniem domu. Jej zdaniem, taka analiza pozwala kontrolować konsumpcję. Zmniejsza ponadto ryzyko przeznaczania zbyt dużych sum na mniej ważne wydatki. Pani Rule wzoruje się na systemie księgowym stosowanym w ich rodzinnym biznesie. Jest to jedna z korzyści z prowadzenia własnego interesu.

Pani Rule pragnie się uniezależnić materialnie i żyć spokojnie jeszcze przed osiągnięciem wieku emerytalnego, czyli 65 lat. Dobrze wie że ślęcząc dzisiaj nad długimi kolumnami liczb, zabezpiecza się przed ryzykiem finansowej niespodzianki w wieku późniejszym.

Mimo iż dochód roczny jej rodziny wynosi, jedynie 90 000 dolarów, pani Rule nie boi się o swoją przyszłość materialną, bowiem wartość jej majątku netto jest ponad dwadzieścia razy większa. Potrafi ponadto zapanować nad swoimi wydatkami.

W odmiennej sytuacji znajduje się Robert i Judy, małżeństwo zarabiające 200 000 dolarów, a więc ponad dwukrotnie więcej niż państwo Rule. Majątek zgromadzony przez Roberta i Judy, to zaledwie ułamek tego co posiadają państwo Rule. I to ich poważnie niepokoi. Robert i Judy nie potrafią kontrolować swojej konsumpcji. Niestety, to ona panuje nad nimi. Nawet skrupulatna pani Rule przyznaje, że byłoby jej trudno zapanować nad wydatkami rzędu 200 000 dolarów rocznie. Robert i Judy posiadają 14 kart kredytowych; państwo Rule mają ich... dwie (jedna na wydatki biznesowe, druga na potrzeby domowe).

Zatrzymajmy się przez chwile nad kartami kredytowymi. Spróbujmy się zorientować do czego milionerom te karty służą. Posłużmy się w tym celu fragmentem ankiety, który nam to zadanie umożliwił.

Pani/Panie Milionerze:
Oto Lista istniejących na rynku kart kredytowych. Proszę zaznaczyć na niej te, które Pani/Pan używa dla własnych celów.

A teraz zamknij na moment oczy i wyobraź sobie, że jesteś człowiekiem bogatym, którego majątek ma wartość 4 mln dolarów. Jakimi kartami kredytowymi posługuje się tak zamożny człowiek? Na czele listy powinny się najprawdopodobniej znaleźć: Platynowa American Express, Diners Club oraz Carte Blanche. Załóżmy ponadto, że lubimy się wytwornie ubierać, a zatem w twoim portfelu powinny się znaleźć także karty; Brooks Brothers, Neiman Marcus, Saks Fifth Avenue, Lord & Taylor a może nawet Eddie Bauer[5].

Milionerzy posiadający te wszystkie karty należą do mniejszości. Potwierdzają to rezultaty naszej ankiety. Oto niektóre z wniosków:

◊ podobnie jak większość Amerykanów, tak i ludzie zamożni posiadają karty typu VISA i Master Card.

◊ prawdopodobieństwo posiadania przez statystycznego milionera karty Brooks Brothers (zaledwie 10% rodzin) jest ponad czterokrotnie mniejsze niż w przypadku karty Sears, której używa aż 43% ludzi majętnych.

◊ karty wydane przez Sears i J.C. Penney są wśród milionerów znacznie bardziej popularne, niż karty firm renomowanych czy ekskluzywnych.

◊ tylko 21% najbogatszych ludzi Ameryki posiada karty Neiman Marcus; 25% posiada karty Saks Fifth Avenue; taki sam procent odnosi się do kart sieci sklepów Lord & Taylor; zaś karty firmy Eddie Bauer znajdują się w portfelach zaledwie 8,1% milionerów.

◊ spośród respondentów naszej ankiety tylko 6,2% najbogatszych Amerykanów posiada Platynową kartę American Express[6]; 3,4% posiada Dinners Club, zaś mniej niż 1% Carte Blanche.

[5] Wszystkie te karty są wystawiane przez ekskluzywne sklepy i butiki – przyp. tłum.

[6] Za którą płaci się składkę roczną w wysokości ok. 100 dolarów – przyp. tłum.

Pytanie 3: Czy wyznaczyłeś sobie jasno i precyzyjnie swoje cele dzienne, tygodniowe, miesięczne, roczne i życiowe?

Pomysł tego pytania zrodził się 12 lat temu, podczas ankietowania pewnego multimilionera[7]. Dowiedzieliśmy się od niego, że swoją hurtownię artykułów spożywczych założył gdy miał 19 lat. Nigdy nie ukończył normalnej dziennej szkoły średniej, zaś maturę zrobił dopiero na kursach uzupełniających. Zwróciliśmy się do niego z pytaniem: w jaki sposób, mimo porzucenia szkoły, zgromadził majątek wartości 10 mln dolarów. Oto co nam odpowiedział:

Zawsze starałem się mieć w życiu cel. Na każdy dzień, tydzień, miesiąc – na całe życie. Wiedziałem nawet, kiedy pójdę do ubikacji. Uczę swoich pracowników, aby zawsze wytyczali sobie cele.

Pani Rule także stawia sobie cele. Podobnie postępuje większość milionerów. Na każdych 100 ankietowanych, którzy na powyższe pytania odpowiedzieli przecząco, przypada 180, którzy twierdzili, że posługują się w życiu wytyczonymi celami. Kim są ci, którzy cele ignorują? To właśnie ci, zarabiający bardzo dobrze, o których mówiliśmy w poprzedniej części. Do tej kategorii należą także ludzie starsi oraz milionerzy emerytowani, którzy większość z postawionych sobie celów już osiągnęli. Oto komentarz ankietowanego przez nas, osiemdziesięcioletniego milionera:

Autorzy: *Zawsze rozpoczynamy od pytań o cele. Jakie są pańskie bieżące cele?*

Pan Clark: *O jakie bele panowie pytacie, o bawełnę?*

Po poprawieniu sobie aparatu słuchowego i powtórzeniu pytania.

[7] Dla celów tej książki multimilionerem nazywamy kogoś, kto posiada majątek powyżej 10 mln dolarów – przyp. tum.

***Pan Clark:** Och, chodzi o cele, a nie bele... Jakie są moje cele? Osiągnąłem to, co zamierzałem... Moim dalekosiężnym celem było, oczywiście, zgromadzenie dużego majątku, abym mógł porzucić interesy i rozkoszować się życiem. Przeszedłem w życiu wiele... przeżyłem upadki i wzloty... zdobyłem międzynarodową reputację. Moje przedsiębiorstwo usług spawalniczych należy do największych na świecie. Mimo to nie chcę iść na emeryturę. Dzisiaj moim celem jest rodzina i rozkoszowanie się tym, co osiągnąłem.*

Pan Clark jest typowym staruszkiem, któremu udało się zgromadzić znaczny majątek. A tak przy okazji, tylko dwóch z ankietowanych przez nas milionerów oświadczyło, że ich celem jest „wydać wszystko do ostatniego dolara, aby w dniu śmierci nie pozostało po mnie nic".

Takiego celu nie stawia sobie ani pan Clark, ani pani Rule. Ta ostatnia planuje pozostawienie po sobie specjalnego funduszu przeznaczonego dla wnuków na edukację. Zamierza ponadto cieszyć się życiem teraz: na emeryturze. Chce sobie stworzyć bezpieczeństwo finansowe, zamierza w tym celu zgromadzić 5 mln dolarów. Pani Rule wie dokładnie, że aby ten cel osiągnąć musi co roku odłożyć określoną kwotę.

Czy aby jest ona szczęśliwa?

Takie pytanie zadawano nam ilekroć była mowa o „oszczędności i skromności" milionerów. Tak, pani Rule jest osobą szczęśliwą. Nie ma problemów finansowych, czuje się więc bezpiecznie. Raduje ją bliskość rodziny i to, że jest jej częścią. Rodzina jest dla niej wszystkim. Jej życie i jej cele są proste. Dla ich określenia nie potrzebowała biegłych księgowych, chociaż korzysta z ich porad przy rozwiązywaniu problemów w biznesie czy w domu.

W dużo trudniejszej sytuacji znajdują się nasi znajomi, Robert i Judy, którzy w przeciwieństwie do pani Rule wymagają zdecydowanej pomocy ze strony specjalistów. Potrzebny jest im dobry księgowy z doświadczeniem, człowiek który potrafiłby zmienić ich sposób myślenia i działania, wyprowadzić ich z chaosu nadmiernej konsumpcji i doprowadzić do postępowania racjonalnego, kontrolowanego, planowego a przede wszystkim zorientowanego na cele. Czy to im zapewni szczęście? Trudno powiedzieć, wiadomo jednak, że:

Ludzie niezależni materialnie są szczęśliwsi niż ludzie (z tej samej co oni grupy wiekowej i dochodowej), którzy takiej niezależności nie posiadają.

Ludziom niezależnym finansowo łatwiej sobie wyobrazić korzyści płynące z realizacji postawionych przed sobą celów. Pani Rule, przykładowo, wyobraża sobie wszystkich wnuków, jako absolwentów wyższej uczelni. Widzi w nich ludzi sukcesu, który jest konsekwencją dobrego wykształcenia. Nie wyobraża sobie natomiast, żeby mogła kiedykolwiek w przyszłości być od kogokolwiek zależna finansowo, nawet gdyby dotknęła ją obłożna choroba czy inwalidztwo. Pod tym względem nie różni się od większości innych milionerów.

Pytanie 4: Ile czasu poświęcasz planowaniu swojej przyszłości finansowej?

Na każdych 100 respondentów naszej ankiety, którzy planowaniu przyszłości poświęcają niewiele czasu, przypada aż 192, którzy nadają planowaniu dużą rangę. I znowu, pośród ankietowanych, którzy planowanie traktują po macoszemu, większość stanowili bądź osobnicy o wysokich dochodach i stosunkowo niskim majątku, bądź emeryci oraz ci, których bogactwo stało się udziałem w drodze dziedziczenia.

Ludzie pokroju pani Rule nazywają siebie, całkiem zresztą prawidłowo, planistami. Statystyczny milioner przeznacza na analizę i planowanie swoich decyzji inwestycyjnych (a także na zarządzanie inwestycjami bieżącymi) więcej czasu niż wysoko zarabiający nie-milioner.

Milionerzy w rodzaju pani Rule nie tylko poświęcają planowaniu więcej czasu, ale także lepiej potrafią ten czas wykorzystać. Pamiętajmy, że pani Rule jest nie tylko aukcjonerem, jej praca polega również na wycenie licytowanych obiektów i przedmiotów; często zresztą sama w nie inwestuje. Pod tym względem nie różni się od większości innych milionerów. Mądre gospodarowanie umożliwia czasem równoczesne planowanie inwestycji tak we własnym biznesie, jak i inwestycji osobistych.

Z naszych badań wynika, że dobrzy aukcjonerzy są również doskonałymi inwestorami. Weźmy na przykład człowieka specjalizującego się w licytacjach nieruchomości komercyjnych. Na czym ten człowiek zna się najlepiej? Rzecz jasna właśnie na takich nieruchomościach. Dlatego w tej dziedzinie może być sam dla siebie doradcą inwestycyjnym. A aukcjoner specjalizujący się w antycznych meblach czy broni? Czy powinien inwestować w papiery wartościowe wyspecjalizowanych firm technologicznych? Prawdopodobnie nie. O wiele korzystniej wyjdzie na tym, na czym zna się najlepiej, a więc na kupowaniu starej broni lub antycznych mebli.

Nie trzeba być aukcjonerem, żeby korzystać z własnej wiedzy i doświadczenia. Jeden z naszych współpracowników był szefem komórki zajmującej się planowaniem strategicznym pewnej potężnej korporacji. Do jego obowiązków należała m. in. analiza różnych niezwykłych trendów gospodarczych. W trakcie pracy odkrył, że w niedalekiej przyszłości nastąpi eksplozja zainteresowania kartami baseballowymi[8]. Było to na długo przedtem zanim rynek się na tym poznał. Co zrobił nasz znajomy? W momencie gdy zainteresowanie kartami było jeszcze stosunkowo niemrawe, kupił ich całą masę. Gdy, po jakimś czasie, notowania osiągnęły szczyt, sprzedał swoją „kolekcję" z ogromnym zyskiem. Inny nasz znajomy, menedżer w dużym sklepie odzieżowym, z zamiłowaniem studiował żurnale dla pań. Dzięki temu, że był na bieżąco jeśli chodzi o aktualne kierunki mody, sklep, w którym pracował, przynosił większe zyski. Zdobytą wiedzę w zakresie mody wykorzystał później do kierowania swoimi inwestycjami na giełdzie; inwestował, rzecz jasna, w firmy zajmujące się sprzedażą... damskich ubrań.

Ile czasu poświęcają planowaniu i zarządzaniu własnymi finansami nie-milionerzy? O wiele za mało! Jak już powiedzieliśmy, znacznie mniej niż poświęcają mu milionerzy, którzy nie dość, że posiadają w prowadzeniu inwestycji więcej doświadczenia, to na dodatek wciąż swe umiejętności doskonalą (w przeciwieństwie do większości nie-milionerów). Jest to jeden z powodów, dla których ludzie bogaci są coraz bogatsi.

---

[8] Popularne w USA, zwłaszcza wśród młodzieży, karty z podobiznami sławnych baseballistów są obiektem kolekcjonerskim i przedmiotem obiegu rynkowego – przyp. tłum.

Właściciel firmy ma, rzecz jasna, dużo więcej swobody niż pracownik najemny. Dzięki temu może wykorzystać (i wykorzystuje) zdobyte we własnej firmie doświadczenie przy inwestowaniu pieniędzy. Może ograniczać się, jak pani Rule, do własnego biznesu, może analizować także inne przedsięwzięcia. Pracownik najemny takiej swobody manewru najczęściej nie ma. Ale nawet wśród tych nie-milionerów, którzy posiadają wystarczająco bogatą wiedzę na temat skutecznego inwestowania, większość i tak tego nie robi. Zatrzymajmy się na moment przy następujących przykładach:

◊ Zdolny i wydajny akwizytor, nazwijmy go pan Willis, jest od ponad 10 lat klientem ogromnej sieci domów towarowych Wal-Mart. W tym samym czasie Wal-Mart, jeśli chodzi o wielkość i dochody, dosłownie eksplodował. Ile akcji sieci Wal-Mart nabył w tym czasie w formie inwestycji pan Willis, osobnik zarabiający znacznie powyżej 100 000 dolarów rocznie? Ani jednej! Tak, zero! A przecież nie tylko było go na to stać, on na własne oczy widział jak Wal-Mart się rozrasta. Zamiast inwestować w akcje Wal-Marta, pan Willis zmieniał co dwa lata luksusowy samochód z importu.

◊ Doskonale zarabiający menedżer wydziału marketingu, pan Petersen, pracował dłuższy czas w dziale zajmującym się nowoczesnymi technologiami. Nie przyszło mu ani razu do głowy, żeby choć część zarobionych pieniędzy zainwestować w akcje Microsoft, mimo iż firmę tę znał, wiedział, że się doskonale rozwija, a jej akcje szybko rosną na wartości.

◊ Klientem pewnej drukarni był przez lata jeden z największych browarów Ameryki. Wartość wykonywanych na potrzeby browaru prac drukarskich przekraczała corocznie wiele milionów dolarów. Ile pieniędzy zainwestował w browar właściciel drukarni? Zero!

We wszystkich tych przykładach, osoby, o których mowa zarabiają znacznie więcej niż wynosi dochód pani Rule, lecz żadna z nich nie jest milionerem. Pan Petersen nie posiada ani jednej akcji czy obligacji. On zresztą w ogóle nie inwestuje. Mieszka natomiast w domiszczu wartości 400 000 dolarów, otoczonym innymi domiszczami podobnych do niego i równie jak on zadłużonych specjalistów od wysublimowanych technologii. Każdy z nich kupiłby wieś, lecz pieniądze gdzieś...

Zbyt wielu ludzi o dużych zarobkach, nieposiadających majątku żyje od wypłaty do wypłaty, trzęsąc się ze strachu, że któregoś dnia gospodarka wejdzie w nieoczekiwaną recesję, a wtedy...

Nasz przyjaciel NBB

Jakimi motywami kieruje się w życiu Theodore „Teddy" Friend? Dlaczego tak ciężko pracuje? Dlaczego zależy mu na zarabianiu tak ogromnych pieniędzy? Dlaczego tak dużo ich wydaje? Teddy odpowie pewnie, że dlatego, iż stara się być konkurencyjny w stosunku do innych. Wszyscy wysokiej klasy akwizytorzy starają się być konkurencyjni, lecz konkurencyjność Teddy'ego nie jest głównym motorem jego postępowania.

Gdy dorastał, jego rodzina należała do najuboższych w okolicy. Dom, w którym Teddy spędził dzieciństwo i młodość zbudowany był z materiałów rozbiórkowych. Do ukończenia przezeń szkoły podstawowej – przez oszczędność – jego fryzjerem był ojciec. Teddy cały czas cierpiał z powodu docinków pod adresem swej „amatorskiej fryzury".

Do gimnazjum publicznego, gdzie Teddy uczęszczał, chodziła młodzież z różnych domów – wielu jego kolegów pochodziło z rodzin bardzo zamożnych. To właśnie ich piękne limuzyny zapełniały szkolny parking. Te wozy śniły się młodemu panu Friendowi po nocach. Jedynym samochodem posiadanym przez rodzinę Friendów był w tym czasie wysłużony ford, który już w chwili kupna miał 10 lat.

Jeszcze w gimnazjum pan Friend poprzysiągł sobie, że w przyszłości on i jego rodzina będą żyć znacznie lepiej niż jego rodzice. „Lepiej" oznaczało dla niego posiadanie pięknego domu w prestiżowej okolicy i eleganckich ubrań, jeżdżenie luksusowymi samochodami, członkostwo elitarnego klubu golfowego, i w ogóle korzystanie wyłącznie z najdroższych sklepów i towarów. Pan Friend wiedział dobrze, że cel ten osiągnie znajdując sobie wysokopłatną pracę, której poświęci się bez reszty.

Pan Friend nie utożsamiał nigdy terminu „lepiej" z gromadzeniem majątku. Przeciwnie, wierzył, że prawdziwą oznaką „lepszego życia" jest wysoki dochód ukazywany otoczeniu w formie wystawnej konsumpcji. Teddy nigdy nie myślał o budowaniu portfela inwestycyjnego. Dla niego wysokie zarobki były wystarczającym środkiem pokonywania kompleksu finansowej niższości; wysokie zarobki były zaś rezultatem ciężkiej pracy. „Dorabianie się poprzez inwestowanie" brzmiało dla niego jak „bajka o żelaznym wilku".

Rodzice pana Frienda nie byli w stanie odłożyć nic na „czarną godzinę". Ich plan finansowy był bardzo prosty: wydawali wszystko co zarobili. Przestawali wydawać z chwilą, gdy nie mieli co wydawać. Jeśli zmuszeni byli kupić pralkę czy naprawić dach, odkładali na ten cel pieniądze. Wiele towarów kupowali na kredyt. Nigdy nie posiadali akcji czy obligacji. Nigdy nawet nie próbowali odłożyć choć części dochodu z przeznaczeniem na inwestycje. Nie rozumieli giełdy, poza tym w nią nie wierzyli. Jedynym majątkiem, jakiego się przez całe życie dorobili, była skromna emerytura i wolna od długu część ich domku.

Dzisiaj, ich dorosły syn próbuje sobie rekompensować proletariackie pochodzenie i braki w wykształceniu, bowiem pan Friend nie ukończył studiów. Czuje się przez to zmuszony do ciągłego konkurowania z tymi, którzy pokończyli college i uniwersytety. Nie ukrywa, że z tego właśnie powodu ubiera się od nich lepiej, jeździ lepszymi samochodami, ma większy i ładniejszy dom, i ogólnie rzecz biorąc, żyje na wyższym poziomie, niż te wszystkie uprzywilejowane maminsynki po dobrych uczelniach, z jego miasteczka.

Pan Friend konsumuje pokazowo. Posiada dwie łodzie „jet ski" i sześć samochodów osobowych (dwa z nich w leasingu, pozostałe kupił na kartę kredytową). Ciekawostką jest fakt, że w jego rodzinie tylko trzy osoby prowadzą samochód. Należy do dwóch elitarnych klubów golfowych i nosi zegarek, za który zapłacił grubo ponad 5 000 dolarów. Ubiera się w najlepszych sklepach, posiada także własny domek letniskowy.

W ubiegłym roku zarobki pana Frienda wyniosły ok. 221 000 dolarów. Jakiego majątku należy się spodziewać po czterdziestoośmioletnim panu Friendzie? Wstawiając odpowiednie dane do naszego równania (przypomnijmy, jest to iloczyn wieku i jednej dziesiątej rocznych dochodów) wyliczamy, że powinien być on wart co najmniej 1 060 800 dolarów. A jaka jest prawdziwa wartość zgromadzonego przez pana Frienda majątku? Mniej niż jedna czwarta tej kwoty.

Jak to możliwe, że pan Friend wart jest tak niewiele? Odpowiedź na to pytanie leży w jego mentalności. Gromadzenie majątku nie jest motywem jego działania. Mało tego, pan Friend jest przekonany, że gdyby był człowiekiem bogatym, nigdy nie zarabiałby tak dużo. Często powtarza, że ludzie pochodzący z bogatych rodzin nie są w pracy tak wydajni, nie posiadają bowiem należytej (takiej jak on sam) motywacji.

Pan Friend znalazł sobie metodę utrzymywania się w stanie ciągłej i wysokiej motywacji; doszedł bowiem do wniosku, że nic nie jest tak dobrym motorem do działania jak strach. W związku z tym, szasta wręcz kartami kredytowymi. Coraz większe długi wprowadzają go w stan strachu przed niewypłacalnością. Strach ten zmusza go do coraz cięższej i wydajniejszej pracy. Duży, wystawny dom przypomina mu wciąż o istnieniu wysokiej pożyczki hipotecznej, która motywuje go do jeszcze lepszej, jeszcze wydajniejszej pracy.

Mimo wysokiej konsumpcji, istnieje szereg kategorii wydatków, które pan Friend zwyczajnie ignoruje. Do nich należą np. honoraria doradcy finansowego. Pod tym względem pan Friend jest wręcz przesadnie oszczędny. Przykładowo, przy wyborze firmy księgowej nie kierował się jakością jej pracy i doświadczeniem, lecz wyłącznie wysokością pobieranych opłat. Pan Friend jest bowiem przekonany, że wszyscy księgowi posiadają te same umiejętności, różnią się jedynie wysokością honorarium. Wybrał więc „taniego" księgowego. Postępowanie pana Frienda kontrastuje ostro z postępowaniem większości milionerów, którzy uważają, że co tanie, to i drogie, i wiedzą, że oszczędności na doradztwie finansowym są pozorne i kosztują z reguły więcej niż są warte.

Dużą część swego czasu pan Friend poświęca pracy, ciągle obawia się bowiem, że pewnego dnia może po prostu przestać być dobry.

Skupiony na nieustannym prześciganiu kolegów z zamożnych rodzin i konkurentów z dyplomami uniwersyteckimi wierzy, że to się kiedyś skończy. Na każdym kroku stara się pamiętać o swoim proletariackim pochodzeniu oraz o tym, że brak mu stopnia uniwersyteckiego. W ten sposób poddaje się ciągłej torturze psychicznej. Mniema bowiem, iż jest kimś gorszym, iż posiada gorszy rodowód od tych wszystkich, pewnych siebie absolwentów uczelni wyższych, z którymi przychodzi mu w pracy konkurować. Zastanawia się nieraz, dlaczego są oni tak dumni z siebie – przecież ich osiągnięcia w pracy są delikatnie mówiąc dość skromne.

Pan Friend w rzeczywistości nie cieszy się z życia. Posiada wprawdzie całą masę kosztownych gadżetów, ale pracując wiele godzin, nie ma czasu na to, by się z tych cudeniek cieszyć. Nie ma również czasu dla swojej rodziny. Wychodzi do pracy przed świtem i ma szczęście, jeśli uda mu się zdążyć na kolacje.

Czy chcielibyśmy się znaleźć w skórze pana Frienda? Na pewno nie, a przecież jego sposób bycia wydaje się dla wielu z nas atrakcyjny. Gdybyśmy jednak zrozumieli jego prawdziwe motywy, z pewnością zmienilibyśmy opinię na jego temat. Pan Friend opanowany jest manią posiadania. Jest niewolnikiem rzeczy, które posiada. Jego motywacja do działania skupia się bowiem na atrybutach finansowej prosperity i polega na ciągłym przekonywaniu innych, że on sam jest człowiekiem sukcesu. Najgorsze jest to, że pan Friend nie potrafi przekonać o tym samego siebie. W istocie rzeczy, wszystko co robi, robi głównie z chęci zaimponowania otoczeniu.

Podobny sposób rozumowania charakteryzuje większość osobników należących do kategorii NBB. Ludzie ci żyją z reguły na pokaz, starając się zaimponować innym, wskutek czego to właśnie otoczenie – a nie oni sami – dyktuje ich styl bycia. Co ciekawe, to właśnie otoczenie, czyli te wszystkie „ważniaki", z którymi się tacy jak pan Friend porównują, jest złudzeniem. Czy i ciebie motywują inni? Czy dla ciebie również ważniejsze jest to, co inni powiedzą? Jeśli tak, może warto się nad sobą zastanowić i zmienić swoje podejście do życia.

Czy wszyscy wysoko uposażeni, a pochodzący z uboższych środowisk osobnicy mają z akumulacją majątku takie problemy? Czy wszyscy postępują tak, jak pan Friend? Oczywiście, że nie. W jego przypadku poczucie niższości, spowodowane niskim statusem społecznym i marną edukacją, jest skutkiem lekcji, jaką odebrał od własnych rodziców. To właśnie oni pozbawili go umiejętności bogacenia się. Pomimo swoich niskich dochodów nie byli to ludzie gospodarni. Wydawali lekką ręką wszystko, co zarobili. Każdy dodatkowy cent, jaki im wpadł w ręce konsumowali. Nawet pieniądze ze zwrotu nadpłaconych podatków miały swój konsumpcyjny cel na długo wcześniej zanim je z urzędu skarbowego otrzymali. Postępowanie to miało wpływ na syna, któremu często powtarzali:

Pieniądze są po to, by je wydawać.
Żeby więcej wydawać – trzeba więcej zarabiać!

Życie rodzinne Friendów

Na co rodzice pana Frienda wydawali swoje pieniądze? Obficie jedli, dużo palili i pili, ponadto uwielbiali robienie zakupów. Lodówka w ich domu pękała w szwach od mięsiwa, wędlin, lodów, ciast i innych słodyczy. Nawet ze śniadania robiło się w domu ucztę. Do codziennego śniadaniowego menu należały jajka na bekonie, kiełbasa, frytki, zaś poranną biesiadę kończyło zwykle pałaszowanie ciast i innych słodyczy. Ulubione dania obiadowe stanowiły pieczenie i ogromne steki. Dzień bez obfitej, smakowitej kolacji był dniem straconym. Częstymi gośćmi w „gospodzie Friendów" (tak znajomi nazywali ich dom) byli sąsiedzi i krewni. Łącznie, państwo Friendowie wypalali dziennie trzy paczki papierosów. Co tydzień uzupełniano zapas piwa, którego w domu nie mogło zabraknąć. W czasie świąt i innych uroczystości konsumpcja żywności, alkoholu i ciast – rzecz jasna – wzrastała. Kupowanie i spożywanie było w rodzinie Friendów jak hobby. Na zakupy chodziło się częściej dla frajdy, niż z konieczności, zaś sprawunki weekendowe należały do rodzinnego rytuału, na który przeznaczano nieraz cały dzień. Najpierw kupowano jedzenie, później rodzina myszkowała po domach towarowych. Nawet sami Friendowie przyznawali, że w większości kupowało się zbyteczne graty i inne dziadostwo".

W zakupach takich specjalizowała się pani domu, która miała niepohamowaną skłonność do skupywania całej masy szmatek, popielniczek, ręczników w różnych kolorach i rozmiarach, butów, drewnianych misek i przeróżnych przyborów kuchennych. Większość z tych przedmiotów zalegała później w szafach i spiżarce, wielu z nich nie używano w ogóle. Dla ojca robienie zakupów również było relaksem. Jego „specjalnością" były narzędzia domowe i inne żelastwo. Potrafił strawić na ich kupowaniu całe soboty. Nabywane przedmioty rzadko kiedy znajdowały w domu zastosowanie.

To oczywiste, że rodzicom pana Frienda nie było dane zgromadzić jakiegokolwiek majątku. Takie postępowanie nie mogło się nie odbić na mentalności syna. Dzisiaj zarabia on znacznie więcej, niż jego rodzice zarabiali kiedykolwiek. Dlaczego, mimo to, jest tak nieskuteczny w gromadzeniu majątku? Dlatego, że rodzice wpoili mu taki właśnie sposób postępowania. Ojciec często powtarzał, że sukcesem finansowym są wysokie zarobki, dzięki którym można kupować coraz więcej rzeczy i przedmiotów. Ojcowska nauka była prosta: żeby móc sobie kupić piękny dom, luksusowy samochód, eleganckie ubrania czy drogocenną biżuterię trzeba zarabiać dużo pieniędzy. Syn zaś odkrył, że szansę na zarabianie takich pieniędzy daje praca w akwizycji. Żeby móc dużo wydawać, musi dużo zarabiać. Nikt mu nigdy nie mówił o korzyściach płynących z odkładania i inwestowania części zarobków. Pieniądze zarabia się po to, żeby je wydać. A do kupowania rzeczy wielkich, nieodzowny jest kredyt.

Pan Friend i jego rodzice nie doceniali nigdy korzyści z bogacenia się poprzez inwestowanie. W trakcie rozmów z nami, pan Friend podkreślał wielokrotnie, że inwestycje „to zmarnowane pieniądze". A poza tym jego na inwestycje nigdy nie stać. Nie ma na to pieniędzy. Jak to się dzieje, że człowieka, który zarabia sześć razy więcej niż wynosi średnia zarobków w tym kraju, nie stać na inwestowanie? Przecież na samą tylko edukację swoich dzieci wydaje więcej niż niejedna amerykańska rodzina zarabia rocznie! Wartość jego „stajni" samochodów wynosi ponad 130 000 dolarów. Sam podatek od nieruchomości kosztuje go ponad 12 000 dolarów rocznie, a odsetki od pożyczki hipotecznej sięgają 30 000 dolarów. Za niejeden swój garnitur zapłacił ponad 1 200 dolarów.

Jego brak wrażliwości na korzyści płynące z inwestowania ma swoje źródło w przecenianiu roli konsumpcji. Jego rodzice nie umieli inwestować, nie umie i on. Nie nauczyli go szacunku dla inwestowania, więc i on je traktuje z pogardą.

Pan Friend twierdzi, że jego rodzice posiadali zbyt skromne środki na to, by inwestować.

Przeanalizujmy zasadność tej opinii. Codziennie wypalali trzy paczki papierosów. W ciągu 365 dni roku wypalali 1 095 paczek, palili zaś 46 lat, a zatem w ciągu życia spalili 50 370 paczek papierosów. Ile za to zapłacili? Około 33 190 dolarów, a więc więcej niż kosztował ich dom rodzinny. To prawda, nigdy się nad tym nie zastanawiali. Wydawało im się, że to przecież drobiazg. Zgoda, ale takie drobiazgi składają się w skali życia na znaczące kwoty. Niewielka nawet, lecz systematyczna inwestycja przynieść może w skali życia ogromne korzyści.

Wyobraźmy sobie, że rodzice Frienda, pieniądze wydawane na papierosy inwestowali w giełdę, konkretniej w jakiś stosunkowo bezpieczny fundusz powierniczy? Ile byłby on dzisiaj wart? Blisko 100 000 dolarów. A gdyby tak państwo Friend, zamiast papierosy wypalać, zainwestowali swoje pieniądze w akcje firm tytoniowych? Gdyby zamiast palić papierosy marki „Phillip Morris" przez 46 lat kupowali akcje tej firmy i reinwestowali osiągane z tytułu ich posiadania dywidendy i zyski w kolejne akcje „Phillip Morris"? Pod koniec czterdziestego szóstego roku inwestowania przyniosłoby im to... 2 mln dolarów! Lecz rodzice, podobnie jak dzisiaj ich syn, nie wierzyli, że nawet skromniutka kwota należycie zainwestowana może przynieść krocie.

Wystarczyło rzucić palenie, a państwo Friend staliby się milionerami. Nawet przy stosunkowo skromnych dochodach weszliby do klubu ludzi zamożnych. Być może zrobiliby to, gdyby im ktoś te kalkulacje uświadomił. Niestety, nie mieli takiego szczęścia. Nic dziwnego, że nie byli w stanie przekazać swemu synowi wiedzy o korzyściach płynących z inwestowania. I tak dobrze, że potrafili mu wyperswadować, żeby sam nie palił. Ojciec powtarzał chłopcu: „Nie bierz tego świństwa do ust. Ja się przyzwyczaiłem i teraz nie mogę przestać." Syn posłuchał rady ojca.

Jak się tu zmienić

Jak długo pan Friend będzie mógł kontynuować swój styl życia? Co się z nim stanie, gdy dajmy na to, przestanie nagle pracować? Jak długo będzie mógł przeżyć bez pracy na poziomie, na jakim żyje obecnie? Co najwyżej jeden rok! Nie dziwota więc, że tak ciężko pracuje. Zakładając nawet, że jego zarobki utrzymają się na obecnym poziomie, nie będzie w stanie żyć równie komfortowo na emeryturze. Mimo blisko 50 lat życia, pan Friend musi sobie to wszystko uświadomić. Nie jest wcale na straconej pozycji. Ma wciąż spore szansę znaleźć się w Lidze Milionerów.

Zauważyliśmy, że często skuteczne okazuje się uświadamianie przedstawicielom grupy NBB „nagiej prawdy":

Przyjacielu, jesteś wart zaledwie połowę tego, co warci są ludzie należący do twojej kategorii zarobkowej.

To działa, ponieważ ludzie należący do grona NBB lubią brylować. Wiecie jak reagują na fakt, że zgromadzony przez nich majątek plasuje ich zaledwie w dolnych 25% populacji ludzi w podobnym wieku i o porównywalnych dochodach?

Niektórzy początkowo nie dowierzają. Inni chcieliby się zmienić, ale nie wiedzą jak to zrobić. Czy taka przemiana – pytają – po wielu latach przynależności do NBB jest w ogóle możliwa? A jeśli tak, to jak to osiągnąć?

Po pierwsze, trzeba naprawdę chcieć się zmienić. Po drugie, potrzebny jest do tego fachowiec, doświadczony doradca finansowy. Dobry, doświadczony specjalista od finansów wie jak zrobić z pana Frienda Przodownika w Budowie Bogactwa.

W skrajnych przypadkach, właśnie doradca finansowy lub dyplomowany księgowy powinien przejąć kontrolę nad wydatkami klienta. Swoją pracę rozpoczyna on od (obejmującej co najmniej dwa ostatnie lata) analizy „obyczajów" konsumpcyjnych klienta. Następnie porządkuje je, kategoryzując poszczególne rodzaje wydatków. Sporządzone na tej podstawie wnioski omawia z klientem. Na tym etapie aplikuje się klientowi program ostrych wyrzeczeń, polegający na ograniczeniu wszelkich wydatków, co najmniej, o 15%. W ślad za tym idą kolejne cięcia. W przypadkach ekstremalnych doradca (lub planista) przejmuje książeczkę czekową klienta i sam płaci rachunki. Ta faza nie należy do łatwych, lecz bez niej osiągnięcie pożądanego celu jest prawie niemożliwe.

Główne kategorie konsumpcyjne

Typowy, ankietowany przez nas milioner zarabia mniej niż 7% tego co posiada. Oznacza to, że w przypadku ludzi zamożnych, różnym formom podatku dochodowego podlega ok. 7% zgromadzonego przez nich majątku. Z naszej analizy wynika, iż jest to dokładnie 6,7%. Milionerzy dobrze wiedzą, że aby więcej wydać, trzeba więcej zarobić. Wyższe zarobki oznaczają wyższy podatek dochodowy. Stąd właśnie milionerzy i ci, którzy staną się nimi w przyszłości stosują się do następującej zasady:

Do zbudowania majątku konieczne jest
minimalizowanie dochodu podlegającego opodatkowaniu,
z równoczesnym maksymalizowaniem
dochodów nieopodatkowanych,
osiąganych na drodze przyrostu wartości inwestycji[9].

Największą pozycją w wydatkach większości amerykańskich rodzin jest podatek dochodowy. Jest to haracz płacony od tego, co zarobiliśmy. Przyrost wartości naszych zasobów i inwestycji tak długo jak istnieje na papierze, czyli nie zostanie spieniężony, nie jest opodatkowany. Płaci się jedynie podatek od generowanych przez inwestycje dochodów.

O co w tym wszystkim chodzi?

Otóż, nawet wysoko zarabiające rodziny posiadają stosunkowo niewielki majątek. Jedną z przyczyn takiego stanu rzeczy jest właśnie

[9] Niezrealizowany przyrost wartości jest w USA wolny od podatku – przyp. tłum.

maksymalizacja bieżących (a więc podlegających opodatkowaniu) dochodów, często tylko po to, by przeznaczyć je na ekstrawagancką konsumpcję. Takim ludziom należałoby postawić pytanie: czy są w stanie utrzymać się za równowartość 6,7% swojej wartości netto?

Tak, tak, bogactwo wymaga dużej dyscypliny. Wielu z ankietowanych przez nas ludzi, posiadających majątek wartości dwóch, trzech mln dolarów zarabia rocznie mniej niż 80 000 dolarów.

A ile zarabia rocznie przeciętna rodzina amerykańska?

Mniej więcej 35 000 – 40 000 dolarów; stanowi to ekwiwalent aż 90% wartości ich majątku netto. Skutkiem tego, statystyczna rodzina amerykańska płaci w postaci podatku dochodowego równowartość ponad 10% tego wszystkiego co posiada. A jak to wygląda w przypadku milionerów? Otóż, dla nich podatek ten stanowi niewiele ponad 2% ich wartości netto. I to jest właśnie jeden z powodów, dla których ludzie ci osiągają niezależność materialną.

Przypadek Sharon i Barbary

Sharon jest doskonale zarabiającą specjalistką w dziedzinie opieki medycznej. Pewnego dnia zadała nam pytanie: „Dlaczego, mimo tak wspaniałych dochodów, zgromadziłam tak skromny majątek?"

Zarobki Sharon z tytułu pracy, wyniosły w ubiegłym roku ok. 220 000 dolarów, co lokuje ją w grupie amerykańskich gospodarstw domowych o najwyższych dochodach. Wartość majątku netto zgromadzonego przez Sharon wynosi 370 000 dolarów. O ile jej zarobki przewyższają zarobki 99% Amerykanów, o tyle pod względem bogactwa, Sharon plasuje się znacznie poniżej spodziewanego poziomu. Zgodnie z naszym równaniem bogactwa, Sharon (lat 51, przy dochodzie 220 000 dolarów rocznie) powinna być warta co najmniej 1 122 000 dolarów.

Dlaczego Sharon jest warta mniej niż wynosi norma?

Ponieważ jej zarobki podlegające opodatkowaniu są zbyt wysokie. W ubiegłym roku zapłaciła 69 440 dolarów podatku dochodowego od kwoty 220 000 dolarów. Stanowi to równowartość aż 18,8% tego, co jest Sharon warta. Miś Yogi mógłby jej powiedzieć: „Sharon, ty nie możesz być bogata, bo za dużo zarabiasz".

Sprawdziliśmy, że „typowy" podatnik, rówieśnik Sharon, osiągający dochody rzędu 220 000 dolarów rocznie, płaci w postaci podatku dochodowego 6,2% tego, co jest wart (a więc 69 440 podzielone przez 1 122 000). Płacony przez Sharon w formie podatku ekwiwalent 18,8% jej wartości netto jest więc trzykrotnie wyższy, niż średnia krajowa dla jej kategorii wiekowo-zarobkowej.

Przyjrzyjmy się tym wyliczeniom pod innym kątem. Sharon zarabia aż 59,5% tego co jest warta. Czy w sytuacji, gdy prawie 60% jej majątku podlega corocznie dotkliwemu opodatkowaniu ma ona szansę na osiągnięcie niezależności materialnej? Typowy przedstawiciel tej samej co Sharon kategorii wiekowo-zarobkowej zarabia 19,6% tego co jest wart; a więc fiskus kładzie łapę nie na 60%, jak u Sharon, lecz na 20% posiadanego przez nią majątku netto (na pięć dolarów majątku, opodatkowany jest jeden dolar).

Jak się te liczby przedstawiają w odniesieniu do ludzi zamożniejszych niż przeciętni? Ekwiwalent jakiej części ich majątku podlega podatkowi dochodowemu?

Barbara jest typową przedstawicielką grupy ludzi potrafiących skutecznie akumulować kapitał. Jej zarobki są podobne do zarobków Sharon – ok. 220 000 dolarów rocznie, lecz Barbara jest warta ok. 3 550 000 dolarów. Stąd w jej przypadku dochód do opodatkowania stanowi 6,2% wartości jej majątku netto (220 000 podzielone przez 3 550 000). Jaki zatem procent majątku Barbary stanowi podatek? Ok. 2% A więc z jednej strony mamy Sharon, która płaci corocznie w formie podatku aż 18,8% swojego majątku netto, z drugiej zaś Barbarę, dla której wartość ta wynosi zaledwie 2%, czyli dziewięć razy mniej niż u Sharon.

Statystyczny amerykański milioner zarabia w postaci dochodu (do opodatkowania) ok. 10% tego co jest wart. Pomimo całego bogactwa i wciąż rosnącej (lecz niespieniężonej) jego wartości, amerykańscy milionerzy mogą mieć niekiedy problemy z żywą gotówką. Barbara przykładowo, inwestuje w papiery wartościowe aż 20% swoich zarobków, przy czym wszystkie swoje zyski reinwestuje. Z drugiej strony Sharon, nie dość, że inwestuje tylko 3% swego dochodu, to większość z tego lokuje w papiery krótkoterminowe i depozyty bankowe.

Sytuacja materialna Sharon jest niepewna. Jest ona główną żywicielką rodziny, która poza jej pensją nie posiada żadnych innych źródeł dochodu. Co by się stało, gdyby któregoś dnia Sharon straciła prace? Niewiele jest dziś stanowisk gwarantujących zarobki rzędu 220 000 dolarów rocznie.

Barbara natomiast posiada biznes obsługujący ponad 1 600 klientów. Tych 1 600 klientów to dla niej 1 600 źródeł dochodu. Barbara jest w znacznie mniej ryzykownej sytuacji niż Sharon, która nie byłaby w stanie przeżyć bez dochodu więcej niż 6 miesięcy; Barbara może nie pracować przez 20 i więcej lat. W gruncie rzeczy mogłaby pójść na emeryturę dzisiaj i żyć z zysków od inwestycji.

Barbara, jest jednym z 3,5 mln amerykańskich milionerów, ludzi należących do kategorii PBB, z których ponad 90% posiada majątek wartości od 1 do 10 mln dolarów, Jak wypada porównanie tej grupy ludzi z populacją najbogatszych supermilionerów? Arytmetyka uczy, że im wyższa wartość majątku, tym mniejszy jego procent oddawany jest w postaci podatku dochodowego. Krezusi osiągnęli swoją pozycję dzięki niezwykłej umiejętności pomnażania majątku (przy minimalizowaniu dochodu opodatkowanego) bez spieniężania go, a więc bez konieczności poddawania go opodatkowaniu.

Doskonałym przykładem jest tu Ross Perot[10], człowiek niezwykle zamożny, którego gigantyczny majątek rośnie z każdym rokiem. Magazyn „Forbes" szacował nie tak dawno, że wartość majątku Perota wynosi netto ok. 2,4 mld dolarów (patrz, Randall Lane, *What's Ross Perot really worth,* „Forbes", 19 października, 1992 str. 72). Eksperci organizacji „Obywatele Na Rzecz Sprawiedliwości Podatkowej" z Waszyngtonu twierdzą, że dochód Perota do opodatkowania wyniósł w 1995 roku ok. 230 mln dolarów. Zatem opodatkowaniu podlegał ekwiwalent 9,6% jego majątku, zaś zapłacony przez niego podatek w wysokości 19,5 mln dolarów stanowił zaledwie 8,5% całości

[10] Kontrowersyjny miliarder, założyciel firmy księgowo-komputerowej EDS, dwukrotny kandydat na prezydenta USA z ramienia tzw. Trzeciej Partii – przyp. tłum.

dochodu. Porównajmy to z 31,6% zapłaconymi przez Barbarę, Sharon i wielu innych znajdujących się w tej samej kategorii zarobkowej.

W jaki sposób udaje się Perotowi wykręcić urzędowi skarbowemu takimi niskimi podatkami? Zgodnie z tym co podała niedawno prasa:

> *Perot (...) minimalizuje swój podatek poprzez intensywne inwestowanie w wolne od podatku obligacje municypalne, zwolnione od podatku nieruchomości oraz akcje, bez spieniężania osiągniętego na nich wzbogacenia.* (Tom Walker, *Perot's Tax Rate is Lower Than Most, Magazine Says,* „Atlanta Journal – Constitution", 30 grudnia 1993 str. 1)

Widać więc, że Perot płaci w postaci podatków tylko 8,5% swego dochodu. Jest to mniej niż wynosi stopa podatkowa przeciętnej rodziny amerykańskiej, która płaci rocznie 4 248 dolarów podatku dochodowego, a zatem 12,9% swoich statystycznych zarobków wynoszących w USA 32 823 dolary. Perot należy do najzamożniejszych obywateli Stanów Zjednoczonych, a mimo to jego stopa podatkowa jest niższa niż zwykłych śmiertelników.

Jeszcze bardziej interesująco przedstawiają się liczby obrazujące udział podatku płaconego przez Perota w stosunku do całkowitej wartości jego majątku. Typowa rodzina amerykańska posiada całkowity majątek wartości (netto) ok. 36 621 dolarów wliczając w to wolną od długu część domu. Płacony przez nich (statystyczny) podatek (owe 4 248 dolarów) stanowi zatem ekwiwalent 11,6% ich wartości netto. Porównajmy to z sytuacją miliardera Rossa Perota. W tym jednym 1995 roku zapłacił on w formie podatku dochodowego ekwiwalent zaledwie 0,8% tego co jest wart, a zatem 14,5 razy mniej niż płaci statystyczna rodzina.

Dla większości prawdziwych milionerów miarą sukcesu nie jest ilość zarobionych pieniędzy, lecz wartość majątku jaki posiadają. Do zbudowania fortuny zarobki nie są aż tak bardzo potrzebne. Po osiągnięciu rocznego dochodu rzędu 100 000, 200 000 dolarów czy więcej, jego wzrost znaczy mniej, niż to co z posiadanymi pieniędzmi zrobimy.

Pracując na poborcę podatkowego

Załóżmy przez chwilę, że nazywasz się Bob Stern i jesteś badaczem pracującym na rzecz IRS (Internal Revenue Service – Urząd Skarbowy USA). Pewnego poranka wzywa *cię* do gabinetu szef, pan John Young i wydaje polecenie, które powinno się przyczynić do „lepszego zrozumienia związku pomiędzy majątkiem a dochodem".

Pan Young: Bob, coraz więcej się pisze na temat rosnącej liczby milionerów.

Pan Stern: Tak, zauważyłem to. Zbieram nawet wycinki prasowe z artykułów na ten temat.

P. Young: Jest pewien problem, otóż mimo gwałtownego wzrostu liczby ludzi zamożnych, dochody z podatku płaconego przez tych ludzi nie rosną równie szybko.

P. Stern: Czytałem gdzieś, że 3,5% najbogatszych ludzi Ameryki posiada połowę całego majątku Ameryki, znajdującego się w rękach prywatnych. Gdy zaś chodzi o dochody, to grupa ta zarabia „tylko" 30% wszystkich zarabianych przez Amerykanów pieniędzy.

P. Young: Mam nadzieje, że Kongres się wreszcie zreflektuje i coś z tym fantem zrobi. Temu krajowi potrzebny jest podatek od majątku. Jeszcze w czasach biblijnych bogaci musieli płacić przecież dziesięcinę od majątku. Dlaczego by nie wprowadzić tego systemu dzisiaj.

P. Stern: Rozumiem co ma pan na myśli i wierzę, że prędzej czy później do takiej reformy dojdzie. Dwóch rzeczy człowiek nie jest w stanie uniknąć: śmierci i podatków.

P. Young: Daj spokój, Bob, podatek spadkowy nie jest twoją najsilniejszą stroną. Jesteś w tej kwestii dość naiwny. Myślisz, że uda nam się w końcu nadszarpnąć fortuny tego kraju poprzez opodatkowanie masy spadkowej.

P. Stern: Pani z Kosą jest naszym sprzymierzeńcem.

P. Young: Nie tak prędko, Bob. Pomyśl o tych wszystkich milionerach, większość z nich posiada jakiś biznes i całą masę papierów wartościowych. Co ci ludzie robią z pieniędzmi? Oni na nich siedzą, co najwyżej zaprzęgają je do robienia nowych pieniędzy. Bardzo rzadko spieniężają akcje, które przyrosły na wartości.

P. Stern: No dobrze, ale przychodzi w końcu do nich Pani z Kosą i...

P. Young: Zastanów się, Bob, i przyjrzyj tym wszystkim wielkim spadkom o wartości powyżej miliona dolarów. W ostatnim roku było ich tylko 25 000. Na 3,5 mln milionerów to bardzo mało, nie uważasz; zaledwie 0,7%. Porównując to z liczbą milionerów, których w ubiegłym roku odwiedziła Kostucha, powinno być tych „mas spadkowych" dwukrotnie więcej. A wiesz dlaczego tak jest? Bo wielu milionerów, zanim przyjdzie do nich śmierć, w jakiś magiczny sposób, przemienia się w kogoś innego.

P. Stern: O czym pan mówi! Nie mogą przecież zniknąć! A może wyjeżdżają z kraju i zmieniają obywatelstwo?

P. Young: Zmiana obywatelstwa zdarza się niezwykle rzadko. Nie zdziwiłbym się, gdyby było tak, że milionerzy przeobrażają się przed śmiercią w nie-milionerów.

P. Stern: Nie rozumiem...

P. Young: To taki skrót myślowy. Posłuchaj tylko... Otóż pani Lucy, posiadała na rok przed śmiercią majątek wartości 7 mln dolarów. Żyła ze swojej prywatnej emerytury. Nigdy w życiu nie sprzedała nawet jednej akcji, wszystkie trzymała w swoim portfelu u maklera. Jej majątek podwoił się w ciągu sześciu lat, między 70 a 76 rokiem życia. Czy wiesz, ile podatku zapłaciła od tego przyrostu? Nic, zero, ani centa! Okazało się bowiem, że cały przyrost wartości jej portfela inwestycyjnego nie został nigdy zrealizowany czyli spieniężony. Nienawidzę takiego sposobu wzbogacania się, bez dochodu!

P. Stern: No, ale Kostucha ją w końcu dosięgnie; śmierć i podatek, nieprawdaż?

P. Young: Mylisz się, Bob! Lucy zmarła w zeszłym roku. Czy wiesz ile wynosiła wartość jej majątku w momencie śmierci? Mniej niż 200 000 dolarów! A jak wiemy, od takiej kwoty podatku spadkowego się nie płaci[11]. Kolejny milioner wymknął nam się bez opłacenia podatku, Bob! Czasami myślę, że powinienem sobie znaleźć inną pracę, jakieś bardziej przyjazne dla mnie otoczenie.

P. Steni: Co się stało z jej majątkiem?

P. Young: Przekazała je w postaci darowizny swojej parafii, część oddała dwóm prywatnym szkołom a resztę organizacjom charytatywnym. Każdemu ze swoich dzieci, wnuków i krewnych przekazała w formie darowizny po 10 000 dolarów[12]. Miała ich całą masę.

P. Steru: A my, co z tego mieliśmy?

P. Young: Nie słyszałeś? My, to znaczy rząd, nie dostaliśmy ani centa! Wyobrażasz sobie? Swojemu własnemu rządowi nie oddała nic. Czy to jest sprawiedliwość? Oto dlaczego potrzebny jest podatek od majątku.

---

[11] W USA od podatku spadkowego zwolnione jest pierwsze 600 000 dolarów masy spadkowej; wartość ta wzrosła w 2006 do 1 mln dolarów – przyp. tłum.

[12] Darowizna w wysokości 10 000 dolarów rocznie na osobę jest w USA wolna od podatku spadkowego – przyp. tłum.

P. Stern: Wygląda na to, że była porządną kobietą. Podarowała tyle pieniędzy na kościół, szkoły, organizacjom charytatywnym.

P. Young: Jak ci nie wstyd, Bob. To wszystko nie są nasi ludzie. To Ameryka potrzebowała tych pieniędzy! Bez nich rząd nie jest w stanie właściwie funkcjonować. A z czego państwo ma spłacać swoje długi? Albo wypłacać świadczenia socjalne?

P. Stern: Może uznała, że jej parafia, te szkoły i organizacje dobroczynne również potrzebują pieniędzy?

P. Young: Nie bądź naiwny! Ta kobieta to amatorka. Jakie jest jej doświadczenie w redystrybucji majątku? My, rząd, jesteśmy od tego. My jesteśmy ekspertami od redystrybucji. Tylko my powinniśmy decydować o przeznaczeniu tych pieniędzy. My, zawodowcy! Musimy nałożyć podatek na majątek zanim ci wszyscy milionerzy przeobrażą się w nie-milionerów.

P. Stern: Co w takim razie z tymi wszystkimi sławnymi ludźmi, o których czytamy w gazetach? Mam na myśli tych zarabiających krocie.

P. Young: Niech ich Pan Bóg błogosławi. To przecież nasi najlepsi klienci. Uwielbiam ludzi, którzy dużo zarabiają. Oni i ich dochody są naszym zbawieniem. Chciałbym, żebyś się właśnie nimi zajął. A przy okazji, spróbuj przeanalizować, w jaki sposób cała grupa obywateli potrafi się obyć bez wysokich zarobków. Pewnie żyją jak mnisi. Ci ludzie muszą mieć jakiś problem. Dlaczego nie spieniężają swoich akcji i za uzyskane miliony nie kupują wspaniałych posiadłości?

P. Stern: Czy właśnie z tego powodu nakleja pan na ścianie swego domowego gabinetu zdjęcia tych wszystkich gwiazd show-biznesu, sportowców i innych VIP-ów?

P. Young: Tak! Uwielbiam tych ludzi. Jakżeż oni szastają pieniędzmi. Lecz żeby móc szastać, muszą zarabiać krocie. To są nasi prawdziwi sprzymierzeńcy, no bo jeśli jakiś futbolista kupuje sobie jacht za 2 mln dolarów, to przecież ten jacht jest wspólny; jego i nasz. Żeby wydać na łódkę 2 mln dolarów musi zarobić 4 mln dolarów[13]. On nas robi wspólnikami tego jachtu.

P. Stern: Mówisz, futbolista, czy właśnie oni są wzorem do naśladowania dla naszej młodzieży?

P. Young: Oczywiście! Sportowcy dużo wydają, dając naszej młodzieży przykład, że aby wydać, trzeba zarabiać. Takiej ekonomii musi się nasza młodzież uczyć. Ci, którzy dużo wydają są prawdziwymi patriotami w tym kraju. Z tego właśnie powodu wyciąłem z Webstera fragment dotyczący definicji „patrioty" i przykleiłem go sobie na ścianie. Przeczytaj ją na głos, Bob.

P. Stera: Patriota to człowiek miłujący własną ojczyznę i z oddaniem wspierający jej władze i interesy.

P. Young: Uważaj, Bob: „wspierający jej władze i interesy". Więc naszymi najwspanialszymi patriotami są ludzie zarabiający sto tysięcy, dwieście tysięcy czy milion i więcej rocznie. Pod warunkiem, że wszystko to wydają. Kongres powinien przyznać takim patriotom specjalny medal. Można by go nazwać „Kongresowy Medal Podatkowy i Konsumpcyjny". Dopóki ci ludzie będą wychowywać swoje dzieci w poczuciu takiego właśnie patriotyzmu, dopóty my, Bob, możemy spać spokojnie. Bob, czy nie uważasz, że powinniśmy wysłać karty z życzeniami do tych wszystkich firm i biznesów zajmujących się sprzedażą i promocją luksusowych samochodów, jachtów, milionowej wartości domów, drogich ubrań i innych akcesoriów? Ci ludzie, na swój

[13] W USA maksymalny podatek wynosi 39,6%; do tego dochodzi „social security" – amerykański odpowiednik ZUS, w wysokości 15,3% – przyp. tłum.

sposób, również są wspaniałymi patriotami. Dzięki nim utrzymuje się wysoka konsumpcja. Dzięki nim Bob, nasza firma się kręci... Robi się już późno. Dałem ci zadanie, postaraj się je dobrze wykonać. Chciałbym na temat naszych medalistów wiedzieć jak najwięcej. Przy okazji, postaraj się też przeanalizować tych, którzy swoich pieniędzy nie lubią wydawać.

Czy istnieje dowód na to, że rząd amerykański zna dobrze receptę na osiąganie niezależności materialnej? Oczywiście! Wystarczy w tym celu przeczytać kilka ostatnich artykułów, pisanych przez funkcjonariuszy państwowych. Wielu doskonałych ekonomistów i innych uczonych wykonuje często na zlecenie rządu analizy sytuacji finansowej ludzi bogatych, których w literaturze fachowej nazywa się „czołówką majątkową". Nas szczególnie zainteresowały artykuły publikowane w wydawanym przez Internal Revenue Service kwartalniku „Statistics of Income". Ich analiza to dla naukowca wprost raj obfitości, jeśli chodzi o zagadnienia związane ze statystyką dochodów obywateli. Nie tylko zresztą one są przedmiotem zainteresowania rządu. Wuj Sam bardzo chętnie zajmuje się także studiami nad najzamożniejszymi podatnikami czym budzą tylko naszą zazdrość. Nam przecież w ankietach i analizach nie pomagał nikt.

C. Eugene Steuerle jest zastępcą dyrektora Biura Analiz Podatkowych amerykańskiego Ministerstwa Skarbu. Jest on również utalentowanym naukowcem. W swoich pracach zadaje sobie, podobne do naszych, pytania. Między innymi jaki jest związek między poziomem bogactwa a ilością dochodu do opodatkowania? (*SOI Bulletin,* Department of Treasury, Internal Revenue Service, vol. 2, no. 4, Spring 1985).

I do jakiego wniosku pan dyrektor dochodzi? Ano do takiego, że ludzie bogaci zgromadzili swój majątek poprzez minimalizowanie przychodów podlegających podatkowi dochodowemu i maksymalizowaniu przychodów, które opodatkowaniu nie podlegają.

W swoich badaniach pan Steuerle porównywał zeznania podatkowe „czołówki majątkowej" składane przez nich za życia, z zeznaniami „podatku spadkowego" dokonanymi już po śmierci. Następnie sporządził coś w rodzaju wzorcowego zeznania podatkowego dla typowego płatnika podatku spadkowego. Potem wszystkie te zeznania porównywał z bieżącymi zeznaniami podatkowymi z poprzednich lat, starając się zrozumieć dlaczego między zeznaniami za życia, a tymi po śmierci jest taka rozbieżność. Zamiarem pana Steuerle było odkrycie korelacji pomiędzy ilością pieniędzy zarobionych i deklarowanych w zwykłym zeznaniu podatkowym a bieżącą wartością zgromadzonego przez nich majątku. Specjalną uwagę poświęcił relacji między wielkością dochodu generowanego przez inwestycje a ich bieżącą wartością rynkową.

W jakim celu naukowiec zatrudniony przez Departament Skarbu poświęca tyle czasu i wysiłku na prowadzenie wspomnianych powyżej badań? Zakładamy rzecz jasna, że IRS będzie umiał je spożytkować. Otóż, dla urzędu skarbowego są to swego rodzaju badania marketingowe. W jakim celu ich dokonuje? Z zachłanności – pożąda bowiem naszego majątku. Innymi słowy, chce wiedzieć, dlaczego milionerzy ogółem generują tak niewiele przychodów podlegających podatkowi dochodowemu. Ponieważ wdzięcznym materiałem do badań są właściciele prywatnych biznesów[14], pan Steuerle wybrał sobie grupkę tych przypadków, gdzie wartość interesu stanowiła co najmniej 65% wartości masy spadkowej.

Oto niektóre wnioski, do jakich pan Steuerle doszedł:

◊ Dochód uzyskany z takiego prywatnego biznesu stanowi jedynie 1,15% wartości tegoż biznesu. Zwróćmy uwagę, że nawet tak niski procent okazuje się być zawyżony. Spadkobiercom (ze względu na wymiar podatku) zależy zwykle na zaniżaniu wartości masy spadkowej.

◊ Całkowity dochód pochodzący z całego majątku: z pracy, dywidend i innych źródeł nie przekracza 3,66% wartości tegoż majątku.

[14] Spółek, których akcje znajdują się w rękach prywatnych, a nie w posiadaniu licznych akcjonariuszy – przyp. tłum.

Co nam te liczby mówią? Ano sugerują one, że właściciel biznesu o wartości rynkowej, dajmy na to, 2 mln dolarów osiąga z niego dochód do opodatkowania w wysokości „zaledwie" 73 200 dolarów, bo tyle właśnie stanowi 3,66% z 2 mln dolarów. Czy byłbyś w stanie przeżyć za 73 200 dolarów rocznie, inwestując jeszcze każdego roku 15% z tej kwoty? Nie jest to wcale łatwe. A kto powiedział, że stanie się człowiekiem niezależnym materialnie jest łatwe?

NIEZALEŻNOŚĆ MATERIALNA

Zadaliśmy pewnemu dobrze zarabiającemu, lecz nieposiadającemu dużego majątku menedżerowi pewnej renomowanej korporacji (nazwijmy go panem Rodney) proste pytanie;

Dlaczego nie skorzystał Pan nigdy z pracowniczego planu zakupu akcji firmy, w której Pan pracuje – korzystnego z punktu widzenia podatkowego?

Pracodawca proponował menedżerowi niezwykle korzystny plan; za każdą akcję kupioną przez niego, firma oferowała jedną akcje gratis. Menedżer mógł tych akcji kupić za ekwiwalent 6% swoich dochodów, nie płacąc od tej kwoty podatku dochodowego. Ponadto otrzymywał od firmy w prezencie (w formie akcji) drugie tyle tego, co sam na zakup akcji wydał.

Pan Rodney wyjaśnił, że nie mógł niestety z oferty skorzystać, ponieważ nie było go stać na taki wydatek. Pieniądze są mu potrzebne na bieżące wydatki. Cały dochód, 100 a nie 94% przeznacza na spłaty pożyczki hipotecznej w wysokości 4 200 dolarów miesięcznie, na raty za leasing dwóch samochodów, czesne swoich dzieci, składki klubowe, koszty utrzymania domu letniskowego oraz – oczywiście – podatki.

Jak na ironię, największym marzeniem pana Rodneya jest niezależność finansowa. Niestety, jak większość osobników należących do kategorii NBB nie jest on w tej kwestii realistą. Swoją niezależność zaprzedał konsumpcji. Gdyby z owej oferty korzystał od początku swej pracy w korporacji, byłby dzisiaj milionerem. Zamiast tego, wprzągł się w kierat zarobkowo – konsumpcyjny, który mu zżera kapitał.

Ankietowaliśmy ogromną ilość ludzi żyjących na podobieństwo pana Rodneya. Czasami naprawdę było nam ich żal, zwłaszcza gdy byli to ludzie starsi, blisko emerytury. No, bo jakże inaczej zareagować na wyznanie sześćdziesięcioletniego kardiologa, który oświadczył nam, że

nie tylko nie odłożył niczego na emeryturę,
ale i nigdy o czymś takim nie pomyślał.

Mimo iż w trakcie swojej kariery zawodowej zarobił miliony dolarów, wartość jego majątku netto wynosi... 300 000 dolarów. Trudno się potem dziwić, gdy nas pytał, czy

stać go będzie kiedykolwiek by pójść na emeryturę?

Jeszcze bardziej wstrząsające są wyznania wdów po NBB. W wielu przypadkach kobiety te nigdy nie pracowały, zajmując się domem i rodziną. Z chwilą śmierci swoich bardzo dobrze zarabiających współmałżonków odkrywały, iż nie zatroszczyli się oni nawet o ubezpieczenia na życie, a jeśli nawet je mieli, to przeważnie śmiesznie niskie,

Mąż mnie zawsze uspokajał: „O pieniądze nie musisz się martwić – mówił – nigdy ich nam nie zabraknie". A teraz, co ja mam ze sobą zrobić?

To nie są wesołe sprawy.

Czym wytłumaczyć fakt, że świetnie wykształceni, doskonale zarabiający ludzie mają o pieniądzach tak naiwne pojęcie? Tym, że wykształcenie i wysokie dochody nie przekładają się automatycznie na materialną niezależność. Do tego potrzebne jest planowanie i żelazna dyscyplina.

Osiągniecie niezależności materialnej w przyszłości pociąga za sobą konieczność rezygnacji z wysokiej konsumpcji dzisiaj. Innego wyjścia nie ma. Pamiętajmy, że każdy dolar, który wydajemy na kupno rzeczy czy usług jest pomniejszony o podatek, który od niego płacimy. Przykładowo, żeby kupić łódź wartości 68 000 dolarów trzeba zarobić 100 000 dolarów. Milionerzy zwracają na ten fakt szczególną uwagę, stąd milionerzy rzadko kiedy posiadają łodzie. A co my wolimy – spędzać emeryturę na łodzi, czy żyć komfortowo z prywatnej emerytury wartości 3 mln dolarów? A może stać nas na jedno i na drugie?

Ekskluzywne dzielnice

Ostatni paragraf cytowanych powyżej opracowań Urzędu Skarbowego zmusił nas do szczególnej refleksji. Czyżby rezultaty naszych badań różniły się od wniosków wyciąganych z zeznań podatkowych? Przypomnijmy, że typowy milioner płaci w postaci podatków ekwiwalent 6,7% wartości posiadanego przez siebie majątku. Tymczasem z badań przeprowadzonych przez IRS wynika, że w przypadku „czołówki majątkowej" procent ten jest niższy i wynosi ledwie 3,66. Jak te różnicę wyjaśnić? I co ona oznacza?

Otóż my posłużyliśmy się inną metodą wyznaczania badanej próbki. Nasze badania opierały się na próbce osób zamieszkujących bardzo ekskluzywne, drogie dzielnice miast, podczas gdy IRS miał do dyspozycji dane pochodzące z wszystkich zeznań podatkowych, niezależnie od miejsca zamieszkania podatnika. Ponieważ połowa amerykańskich milionerów nie mieszka wcale w dzielnicach prestiżowych, zajęliśmy się także farmerami, właścicielami firm aukcyjnych i innymi milionerami mieszkającymi poza drogimi dzielnicami. Dlaczego milionerzy zamieszkujący te właśnie, prestiżowe dzielnice płacą w postaci podatku wyższy procent swojego majątku (6,7%), niż wszyscy milionerzy, bez względu na miejsce zamieszkania (3,66%)? To jasne, mieszkanie w dzielnicach drogich jest po prostu kosztowniejsze. Wyższe koszty pociągają za sobą konieczność wyższych wydatków. Jaki z tego wniosek? Ano taki, że dużo łatwiej zgromadzić majątek nie mieszkając w dzielnicach o wysokim prestiżu!

Ale nawet milionerzy, którzy takie dzielnice zamieszkują, płacą zaledwie równowartość 6,7% tego co posiadają. Pomyślmy teraz o ich sąsiadach – niebędących milionerami, którzy tylko dlatego, że chcą mieszkać w ekskluzywnych gniazdkach, muszą przeznaczać na podatki corocznie równowartość aż 40% tego co posiadają.

Być może, nie staliśmy się ludźmi zamożnymi tylko dlatego, że swoje dotychczasowe i przyszłe dochody przehandlowaliśmy za możliwość mieszkania w prestiżowej okolicy. Stąd, mimo iż zarabiamy 100 000 dolarów rocznie, nie weszliśmy do Ligi Milionerów. Często zapominamy o tym, że nasz sąsiad zamieszkujący dom podobny do naszego o wartości 300 000 dolarów lub więcej, wprowadził się tutaj dopiero wtedy, gdy był już człowiekiem zamożnym. My kupiliśmy dom będąc jeszcze na etapie oczekiwania na status człowieka bogatego, więc jest bardzo prawdopodobne, że go nigdy nie osiągniemy.

Życie zmusza nas do maksymalizowania bieżących dochodów. Dlatego nie stać nas na inwestowanie. Wpadliśmy w błędne koło. Z jednej strony nie stać nas na inwestowanie, gdyż nasze bieżące potrzeby pociągają za sobą konieczność wydawania wszystkich zarobionych pieniędzy, z drugiej zaś wiadomo, że bez inwestycji, które podnoszą naszą wartość bez zwiększania dochodów, niezależności materialnej nie osiągniemy. Co w takiej sytuacji robić? Pozostać w swej prestiżowej dzielnicy i płacić ogromne podatki, czy może zmienić adres? Oto odkryta przez nas zasada, która udziela odpowiedzi na powyższe pytanie:

Jeśli nie jesteś człowiekiem zamożnym, a chciałbyś nim kiedyś zostać, nie pożyczaj na kupno domu więcej niż wynosi dwukrotna wartość twoich rocznych zarobków do opodatkowania.

Życie w mniej kosztownych dzielnicach jest z reguły tańsze. Dzięki temu stać nas będzie na przeznaczenie części dochodów na inwestycje. Nie dość, że mniej za taki dom zapłacimy, to jeszcze zaoszczędzimy na podatkach od nieruchomości[15]. W skromniejszej dzielnicy

[15] W USA płacony raz na rok podatek od nieruchomości sięga 2% wartości domu lub więcej – przyp. tłum.

prawdopodobieństwo tego, iż nasz sąsiad Jones będzie miał samochód z importu jest mniejsze. Dzięki temu łatwiej nam będzie Jonesowi dorównać, i równocześnie akumulować majątek.

Wszystko zależy wyłącznie od nas. Możemy dokonać lepszego wyboru niż Bob, makler giełdowy, z którym rozmawialiśmy niedawno. Daliśmy Bobowi identyczną radę; Bob ma 37 lat i zarabia 84 000 dolarów rocznie. Radził się nas w sprawie kupna domu za cenę 310 000 dolarów. Planował wpłacić zaliczkę gotówkową w wysokości 60 000 dolarów, a na resztę (czyli 250 000 dolarów) zaciągnąć pożyczkę. Ponieważ Bob ma zamiar zostać kiedyś człowiekiem zamożnym, uznaliśmy, że tak wysoka pożyczka może mu ten cel skutecznie utrudnić.

Doradziliśmy mu kupno mniej kosztownej nieruchomości – domu za 200 000 dolarów, w tym 140 000 dolarów pożyczki. Bob nas jednak nie usłuchał. Nie uśmiechało mu się mieszkać w sąsiedztwie „kierowców ciężarówek i robotników budowlanych". Kto to widział; on absolwent wyższej uczelni, planista finansowy w tak plebejskim otoczeniu. Bob nie ma zupełnie pojęcia, że zarobki wielu kierowców i robotników budowlanych, łącznie z pensjami ich żon, przewyższają 84 000 dolarów rocznie.

Bank, rzecz jasna, zakwalifikował Boba na pożyczkę w wysokości 250 000 dolarów. I trudno mu się dziwić, wszak na pożyczaniu pieniędzy robi interes; to tak jakby zatrudnić lisa do liczenia kurcząt w kurniku...

III

Czas, energia i pieniądze

POTRAFIĄ SKUTECZNIE GOSPODAROWAĆ
SWOIM CZASEM, ENERGIĄ I PIENIĘDZMI,
W SPOSÓB PROWADZĄCY ICH DO MAJĄTKU

Skuteczność, efektywność to jedne z najważniejszych składników procesu akumulacji. Ludzie zamożni, co tu ukrywać, potrafią gospodarować swoim czasem, wysiłkiem i pieniędzmi w sposób prowadzący do pomnażania majątku. O ile ludzie należący do kategorii PBB i NBB posiadają w kwestii budowy bogactwa cele bardzo podobne, o tyle różnią się oni zasadniczo, gdy chodzi o ilość czasu poświęcanego na działania do bogactwa prowadzące.

**PBB poświęca planowaniu
swoich decyzji inwestycyjno-finansowych
blisko dwukrotnie więcej czasu,
niż poświęca mu NBB.**

Między planowaniem inwestycyjnym a wartością majątku istnieje bardzo silna korelacja. NBB na przykład, na rozmowy ze specjalistami, konsultacje, poszukiwania dobrego adwokata czy księgowego, uczestnictwo w specjalistycznych seminariach inwestycyjnych itp. poświęcają mniej czasu niż PBB. Z kolei ci ostatni, znacznie mniej uwagi poświęcają rozwiązywaniu swoich problemów materialnych. Stwierdziliśmy bowiem, że osobnicy należący do grupy NBB dużo bardziej (niż ci z PBB) niepokoją się o to, że:

◊ nie będzie ich stać pójść na bezpieczną i dostatnią emeryturę,

◊ nigdy nie będą naprawdę bogaci.

Czy obawy te są uzasadnione? Niestety, tak. Co więcej, NBB więcej czasu i uwagi poświęcają swoim materialnym zmartwieniom, niż próbom przeciwdziałania im poprzez np. ograniczenie konsumpcji i zwiększenie puli inwestycyjnej.

Kilku ankietowanych przez nas ludzi wyznało, iż obawiają się o dwie sprawy:

1. O to, że przyjdzie im nagle obniżyć dotychczasowy standard życia;
2. O to, że zabraknie im nagle pieniędzy na zaspokojenie dotychczasowych rodzinnych potrzeb konsumpcyjnych.

Kim są ludzie, którzy się takich rzeczy boją?

Listonosz, którego dwoje dzieci studiuje akurat na prywatnej uczelni? Samotna matka, mająca na wychowaniu trójkę dzieci? Albo może urzędnik średniego szczebla w pewnej korporacji, który dowiedział się właśnie, że jego stanowisko zostanie zlikwidowane? Byłoby to całkiem logiczne, gdyby właśnie tacy ludzie najbardziej obawiali się o spadek stopy życiowej czy swoją materialną przyszłość. Niestety, to nie o nich chodzi; te obawy odnoszą się do zupełnie innej grupy. Ich wyrazicielem był nie kto inny, lecz pewien pięćdziesięcioparoletni chirurg, nazwijmy go dr South, mający na utrzymaniu żonę i czwórkę dzieci. Dlaczego dr South obawia się o swoją przyszłość i zarobki? Czyżby dotknęło go nieszczęście i z powodu inwalidztwa nie mógł dłużej operować? Nie, dr South jest w doskonałym zdrowiu, jest wciąż chirurgiem i w roku poprzedzającym naszą ankietę, zarobił ponad 700 000 dolarów. Pomimo tak wspaniałych zarobków, wartość majątku dr. Southa (w cenach realnych) maleje. I to jest powód, dla którego boi się o siebie i przyszłość swojej licznej rodziny.

Dr North jest w podobnym wieku co dr South, zarabia mniej więcej tyle samo i ma podobnie liczną rodzinę. Różnica polega na tym, że dr North należy do kategorii PBB. Ma on znacznie mniej powodów do niepokoju, niż dr South. Nie obawia się o to, że zostanie nagle zmuszony do obniżenia swojej stopy życiowej. W przeciwieństwie do dr. Southa, nie lęka się także o to, iż spadek jego dochodów uniemożliwi pełne zaspokojenie potrzeb konsumpcyjnych jego rodziny. Jest to o tyle interesujące, że obaj lekarze zarabiają mniej więcej tyle samo. Poniższa analiza pozwoli nam przyjrzeć się nieco bliżej sytuacji rodzinnej obu lekarzy. Na jej podstawie poznamy w jaki sposób każdy z ankietowanych gospodaruje swoim czasem, energią i pieniędzmi. Zanim przejdziemy do szczegółowych porównań, zatrzymajmy się przez moment na sytuacji zarobkowej i sposobach bogacenia się grupy zawodowej lekarzy, jako całości.

Lekarze a PBB i NBB

Statystycznie, zarobki amerykańskich lekarzy są ok. cztery razy wyższe niż zarobki przeciętnej amerykańskiej rodziny; lekarze zarabiają ok. 140 000 dolarów rocznie, podczas gdy dochód typowej rodziny nie przekracza 33 000 dolarów. Jednakże nasi chirurdzy, dr South i dr North do przeciętnych nie należą, są oni bowiem wyjątkowo utalentowanymi i wysoko wykwalifikowanymi chirurgami, a średnia dochodów dla tej grupy zawodowej przekracza 300 000 dolarów rocznie. Ale nawet tutaj, nasi bohaterowie należą do wyjątków. W ostatnim roku każdy z nich zarobił ponad 700 000 dolarów.

Pomimo wysokiej pensji, majątek dr. Southa jest stosunkowo niewielki. Dr South dużo wydaje, niewiele inwestuje. Nasze badania dowodzą, że lekarze, mimo wysokich dochodów, rzadko kiedy należą do Ligi Milionerów. Jeśli chodzi o ścisłość, w kategorii ludzi wysoko zarabiających, lekarze jako grupa zawodowa posiadają wyjątkowo słabe umiejętności gromadzenia majątku. Na jednego lekarza z grupy PBB, dwóch innych należy do kategorii NBB.

Dlaczego właśnie lekarze plasują się tak nisko na skali bogactwa? Powodów jest wiele. Najpoważniejszy z nich, to korelacja między ilością majątku a poziomem wykształcenia, która dla niektórych z nas może się wydać naprawdę zaskakująca. Dla wszystkich osób zarabiających wysoko, a więc powyżej 100 000 dolarów rocznie, relacja między poziomem wykształcenia a poziomem bogactwa jest odwrotnie proporcjonalna. Posiadanie dyplomu wyższej uczelni, stopnia doktorskiego z zakresu prawa czy medycyny jest w grupie PBB znacznie rzadsze niż u NBB. Na pytanie ankiety dotyczące poziomu wykształcenia, typowy milioner odpowiadał przeważnie: „właściciel biznesu" posiadający „studia pomaturalne", „niepełne wyższe" lub wręcz „brak wyższego wykształcenia".

Uwaga: w związku z powyższym, rodzice nie powinni namawiać swoich dzieci, by porzucały uczelnie i zakładały własne biznesy. Większość biznesów upada w ciągu pierwszego roku istnienia. Tylko niewielki procent właścicieli tych interesów, które przetrwały, zarabia więcej niż 100 000 dolarów rocznie. Właśnie spośród nich rekrutuje się więcej milionerów niż ze wszystkich innych grup o porównywalnych dochodach.

Osoby określające się jako „absolwenci studiów pomaturalnych" czy „posiadający niepełne wyższe wykształcenie" zaczynali swoją działalność zawodowo – zarobkową z reguły wcześniej niż wszyscy ci wysoko wykształceni. Lekarze i inni wysoko wykształceni profesjonaliści zwykle zaczynają pracować, a więc i zarabiać, znacznie później niż inne grupy zawodowe. Trudno gromadzić majątek gdy jest się jeszcze na uczelni. Im dłużej się ktoś uczy, tym później zaczyna zarabiać, i tym później rozpoczyna proces budowy majątku.

Większość specjalistów jest zgodna co do tego, że im ktoś wcześniej zacznie inwestować i akumulować majątek, tym większe są jego szansę osiągnięcia sukcesu. Weźmy na przykład pana Denzi, właściciela biznesu. Całe jego wykształcenie to dwuletnia szkoła techniczna w dziedzinie przetwarzania danych. Zaczął pracować i budować swój majątek w wieku 22 lat. Dzisiaj, trzydzieści lat później, jest dumny ze swego zasobnego konta emerytalnego, jakie udało mu się przez ten czas zgromadzić.

Przeciwieństwem pana Denzi jest pan Dokes, jego rówieśnik; razem zdawali maturę. Pan Dokes rozpoczął swoją prywatną praktykę medyczną w 12 lat po tym, jak pan Denzi wystartował w biznesie. W ciągu tych dwunastu lat studiów, pan Dokes nie tylko nic nie zarabiał, ale wydawał pieniądze swoje i rodziny, zaciągał pożyczki na opłacenie czesnego i kosztów zakwaterowania na kampusie. W tym samym czasie pan Denzi, który mówi o sobie, jako o kimś „nie nadającym się na studia", całą swoją aktywność i czas skupił na budowie biznesu i osiągnięciu niezależności materialnej.

Który z nich należy dziś do kategorii NBB? „Nienadający się na studia" biznesmen pan Denzi, czy może szkolny prymus pan Dokes? Odpowiedź jest oczywista. Pierwszy z nich jest wręcz podręcznikowym przykładem PBB, drugi takim samym przykładem, tyle że NBB. Co ciekawe, chociaż obaj zarabiają dzisiaj tyle samo (po ok. 160 000 dolarów rocznie), to jednak wartość majątku pana Denzi jest pięcio, sześciokrotnie wyższa od tego, co posiada jego szkolny kolega. Ponadto pan Denzi nie ma długów.

Przykład pana Denzi uczy nas jednego, a mianowicie, żeby zaczynać zarabiać i inwestować jak najwcześniej. Dzięki temu, w wyścigu o majątek, stać nas na pokonanie nawet najbardziej utalentowanych i doskonale wykształconych kolegów. Pamiętajmy, że bogactwo jest ślepe. Nie dba o to, czy jego posiadacz ma stopień uniwersytecki czy nie. Jest to dla autorów znakomita wymówka, no bo jakże wytłumaczyć fakt, że dwaj eksperci od zamożności sami nie są ludźmi zamożnymi. Po prostu, zbyt dużo czasu – łącznie ponad 20 lat – poświęcili na swoją edukację!

Innym powodem, dla którego wysoko wykształceni ludzie znajdują się stosunkowo nisko na skali zamożności, jest status przypisywany im przez społeczeństwo, a raczej związane z nim oczekiwania. Lekarze i inni wysokiej klasy specjaliści muszą zachowywać się w pewien, stereotypowy sposób. Pan Denzi jest właścicielem biznesu, i mimo tego, że jest człowiekiem bogatym, nikt nie wymaga od niego, aby zamieszkiwał w ekskluzywnej dzielnicy czy na prestiżowym przedmieściu. Dla nikogo nie byłoby niespodzianką, gdyby pan Denzi mieszkał w całkiem przeciętnym domku i jeździł zupełnie przeciętnym wozem. Dlatego m.in. wydatki domowe pana Denzi są niższe niż wydatki jego kolegi, pana Dokesa,

W opinii wielu z nas obowiązuje powiedzenie „jak cię widzą tak cię piszą". Stąd, zwyczajnie, spodziewamy się, że lekarze – specjaliści, adwokaci, dyplomowani księgowi itp. ludzie powinni zamieszkiwać w najlepszych dzielnicach i jeździć najdroższymi samochodami. Oczekuje się od nich także elegantszego ubioru i wszystkich innych akcesoriów przynależnych klasie ludzi o wysokim prestiżu zawodowym. Na jakiej podstawie ludzie oceniają swojego lekarza czy adwokata? Najczęściej, na podstawie jego wyglądu. Im droższe na nich ubranie, im droższym jeżdżą samochodem i w lepszej okolicy mieszkają, tym lepsze jest nasze mniemanie o nich. Ludziom wydaje się, że specjalista zamieszkujący całkiem przeciętną dzielnicę i jeżdżący używanym fordem „Crown Victoria" jest najprawdopodobniej słaby czy wręcz niekompetentny. Zaledwie ułamek z nas ocenia poziom zawodowy innych ludzi w oparciu o kryteria majątkowe. Większość profesjonalistów uważa, że trzeba dobrze i drogo wyglądać, w przeciwnym razie trudno jest przekonać pacjentów czy klientów o swej własnej wartości zawodowej.

Od tej reguły są oczywiście wyjątki, tym niemniej zasadą jest, że ludzie, którzy spędzili na uczelniach wiele lat, ludzie posiadający stopnie doktorskie czy profesjonalne wydają na utrzymanie swoich domów więcej niż ludzie mniej wykształceni. Spośród nich, najwyższe koszty utrzymania mają z reguły lekarze, u których zauważa się dominację konsumpcji nad inwestowaniem.

Wielu lekarzy skarży się na pewne niedogodności wynikające z zamieszkiwania w prestiżowych dzielnicach. Narzekają na bombardowanie ich telefonami i korespondencją od różnej maści ekspertów od inwestowania, którzy spodziewają się, że jeśli ktoś mieszka tak dobrze, to powinien mieć pieniądze do zainwestowania. W praktyce, ludziom zamieszkującym takie właśnie dzielnice – po opłaceniu wydatków związanych z wystawnym stylem życia – rzadko kiedy zostaje jakakolwiek nadwyżka na inwestycje.

Niektórzy naiwni akwizytorzy kupują listy adresowe, opierające się na dwóch kryteriach: primo, żeby adresat był lekarzem, i secundo, żeby mieszkał w drogiej dzielnicy. Trudno się zatem dziwić, że właśnie lekarze są obiektem ataku akwizytorów i agresywnych oferentów usług finansowych czy inwestycyjnych. Ze smutkiem należy stwierdzić, że owi maklerzy czy finansiści wiedzą na temat inwestowania niewiele więcej niż adresaci ich usług – lekarze. Wielu lekarzy skarży się w związku z tym na przykre doświadczenia związane z inwestowaniem za pośrednictwem takich właśnie „fachowców". Wielu się nie raz „poparzyło" tak dotkliwie, że nie chcą więcej słyszeć o giełdzie i papierach wartościowych. To bardzo przykre, zważywszy, że korzyści płynące z inwestowania w tego typu produkty są naprawdę ogromne. Po odrzuceniu giełdy i papierów wartościowych pozostaje im zaoszczędzone na inwestycjach pieniądze wydać... na konsumpcję. Taka postawa nie należy do rzadkości:

Pewien chirurg plastyczny oświadczył nam, że posiada trzy łodzie i pięć samochodów, lecz nie stać go na ustanowienie nawet skromnego funduszu emerytalnego. Inwestycji finansowych też nie posiada. Mówiąc o inwestycjach chirurg stwierdził: „Nie znam nikogo, kto by na giełdzie nie stracił. Dlatego właśnie unikamy inwestowania w papiery wartościowe i nie posiadamy żadnego zabezpieczenia. Pozostaje nam więc radość z wydawania pieniędzy."

Wspomniany chirurg wyłożył nam następnie swoją filozofię finansową: „Z pieniędzmi – powiedział – nie ma problemu. Jeśli ich zabraknie, to się je zarobi." (Thomas J. Stanley *Why you are not as wealthy as you should be.* „Medical Economics" lipiec 1992).

Jakie inne czynniki sprawiają, że tak wielu lekarzy należy do kategorii NBB? Nasze badania wskazują, iż lekarze są dość bezinteresowni. Statystyczny doktor przeznacza na cele dobroczynne więcej niż pozostali przedstawiciele grupy ludzi wysoko zarabiających. Do rzadkości należą przypadki, gdy lekarze dziedziczą majątek po swoich rodzicach. Spadek z reguły przypada w udziale ich słabiej wykształconym braciom czy siostrom. Często też, na prośbę starych rodziców, zmuszeni są pomagać finansowo swemu gorzej prosperującemu rodzeństwu. O tych sprawach piszemy szczegółowo w rozdziale VI.

Regułą jest, że bardzo dużą ilość czasu spędzają lekarze w pracy. Rzadko kiedy pracują mniej niż 10 godzin dziennie, poświęcając gros swojego czasu, energii i intelektu na rzecz pacjentów. Stąd, bardzo często zaniedbują własny dobrobyt materialny. Część lekarzy uważa, że wysokie dochody są wyłącznie efektem ich ciężkiej pracy, nie ma więc sensu zastanawiać się nad sporządzaniem jakiegokolwiek budżetu domowego. Dziwią się wręcz, z jakiej racji mieliby marnować czas na planowanie własnych finansów i inwestycji, skoro jest przecież „tyle pieniędzy do zarobienia"? Większość wysoko uposażonych przedstawicieli kategorii NBB myśli podobnie.

Odmiennego zdania są PBB, którzy uważają, że marnotrawienie pieniędzy jest grzechem. Oni wiedzą, że planowanie, budżet oraz umiejętność gospodarowania to główne źródła akumulacji majątku, nawet u osób dużo zarabiających. Nawet oni, ludzie osiągający zarobki powyżej 100 000 dolarów, jeśli zamierzają osiągnąć niezależność materialną, muszą żyć poniżej swoich możliwości. Brak niezależności zmusza nas do poświęcania coraz większej ilości czasu i energii na martwienie się o naszą przyszłość materialną.

Planowanie i panowanie

Planowanie wydatków i panowanie nad konsumpcją są kluczem do akumulacji majątku. Stąd, należy oczekiwać, że PBB w rodzaju dr. Northa znajdują czas na planowanie swoich wydatków. I tak się w praktyce dzieje. W rodzinie dr. Southa, natomiast, jedyną formą kontroli wydatków jest limit pieniędzy znajdujących się do dyspozycji. Zadaliśmy obu lekarzom pytanie dotyczące stosowanego przez nich systemu planowania i kontroli wydatków. Brzmiało ono:

Czy twoja rodzina stosuje jakiś konkretny i przemyślany budżet domowy?

Dr South: *Nie.*

Dr North: *Tak, ma się rozumieć!*

Prowadzenie domu bez budżetu można przyrównać do prowadzenia interesu bez planu, bez jasno wytyczonych celów i kierunków. W rodzinie państwa Northów obowiązuje budżet, który narzuca im obowiązek inwestowania corocznie przynajmniej trzeciej części dochodów przed opodatkowaniem. Jeśli chodzi o ścisłość, w roku, w którym ich ankietowaliśmy, zainwestowali aż 40% swojego dochodu. Jak im się to udaje? Zwyczajnie, żyją na poziomie konsumpcji rodzin zarabiających trzecią część tego co zarabiają Northowie.

A rodzina Southów? Państwo Southowie konsumują na poziomie rodzin, których dochód łączny wynosi niemal dwukrotnie więcej niż ich własny. Ich marnotrawstwo jest jeszcze bardziej widoczne, gdy chodzi o zamiłowanie państwa Southów do pożyczek. Zadłużenie rodziny Southów jest na poziomie odpowiadającym zadłużeniu ludzi o dochodach wielomilionowych. Państwo Southowie wydają w praktyce wszystko co zarabiają, albo i więcej. Jedynym hamulcem w wydatkach jest dla nich... brak pieniędzy.

Zadaliśmy obu lekarzom inny zestaw pytań:

1. Czy wiesz ile twoja rodzina wydaje na żywność, ubranie i mieszkanie?
2. Czy planowaniu swoich finansów poświęcasz wiele czasu?
3. Czy jesteś gospodarny?

Można sobie bez trudu wyobrazić odpowiedzi na te pytania. Dr South odpowiedział tak jak większość NBB – czyli „trzy razy nie", dr North – jak typowy PBB – „trzy razy tak". Podkreślił przy tym, że nigdy w życiu nie kupił ubrania, o ile nie było ono sprzedawane po cenie promocyjnej lub na wyprzedaży. Nie znaczy to wcale, że dr North jest źle ubrany, ani że kupuje byle jakie ubrania. Przeciwnie, kupuje wyłącznie garnitury eleganckie, z materiałów wysokiej jakości, lecz robi to z rozwagą i zawsze szuka okazji cenowej. Ten sposób postępowania wyrobił w sobie jeszcze w młodym wieku:

W czasie moich studiów utrzymywała nas żona, która pracowała jako nauczycielka. Zarobki miała niewielkie, ale nawet wtedy kierowaliśmy się zasadą... żeby co miesiąc coś oszczędzić. Do inwestowania potrzebny jest kapitał; żeby go zgromadzić trzeba oszczędzać.

Pierwsze moje oszczędności pochodzą z czasów gdy miałem 11 lat; pracowałem wtedy jako pomocnik w sklepie spożywczym i pierwsze 50 dolarów z zarobionych pieniędzy odłożyłem do banku. Dzisiaj również oszczędzam, tyle że większe kwoty... Więcej zer na końcu, ale zasada taka sama – dyscyplina.

Trudno marnować taką okazję i pieniędzy nie inwestować. Jest przecież tyle sposobności do łatwego zarobienia pieniędzy... To mi już weszło w krew.

Dr South ma zdanie dokładnie odmienne, Ile jego rodzina wydala w zeszłym roku na odzież? Ano prawie 30 000 dolarów (patrz: tabela). Znaczy to, że rodzina dr. Southa wydała na ubrania prawie tyle, ile zarabia statystyczna rodzina amerykańska, której dochód całkowity wynosi ok. 33 000 dolarów rocznie.

TABELA II

KATEGORIA KONSUMPCYJNA	ILOŚĆ WYDANYCH PIENIĘDZY (W dolarach USA)	
	dr North	dr South
Odzież	8 700	30 000
pojazdy samochodowe	12 000	72 000
spłaty pożyczki na dom	14 600	107 000
składki klubowe i opłaty licencyjne, zawodowe	8 000	47 900

ZGRANY ZESPÓŁ

Większość wysoko uposażonych rodzin stanowią małżeństwa z dziećmi. Zarówno rodzina Northów, jak i Southów są pod tym względem typowe. Dawno już zauważyliśmy, że na wartość zgromadzonego majątku mają wpływ obyczaje konsumpcyjne zarówno męża, jak i żony. Nasza pozycja na skali zamożności zależy bowiem od tego, czy współmałżonek ma skłonność do oszczędzania, jest rozrzutny czy też może lubi inwestować.

Kto jest większym dusigroszem w waszej rodzinie? W przypadku państwa Northów mąż dorównuje gospodarnością żonie. Oboje potrafią żyć znacznie poniżej swoich finansowych możliwości. Oboje też pracują nad dobrze przemyślanym rocznym bilansem wydatków i budżetem. Żadne nie sprzeciwia się kupowaniu używanego samochodu. Oboje potrafią wyrecytować niemalże z pamięci, ile w danym roku wydali na poszczególne produkty i usługi. Nie mają nic przeciwko posyłaniu dzieci do szkół i gimnazjów publicznych. Zarówno mąż jak i żona przykładają ogromną wagę do niezależności materialnej. Równocześnie, żadnemu z trojga ich dzieci nie zabrakło nigdy „ptasiego mleka". Rodzice pokryli też koszty edukacji wszystkich dzieci. Pomogli im również przy kupnie domu i w pokryciu innych wydatków mieszkaniowych. Państwo Northowie zapłacili za to wszystko zyskami z inwestycji, które poczynili przed laty właśnie z myślą o swoich dzieciach.

Państwo Southowie inwestorami nie są, stąd wszystkie wydatki są pokrywane w ich rodzinie wyłącznie z bieżących dochodów.

Co w takim razie można powiedzieć o rodzinie, w której zarówno mąż jak i żona, mimo osiągania stosunkowo skromnych dochodów, są oszczędni i gospodarni? To, że takie postępowanie prowadzi prostą drogą do stania się PBB. I przeciwnie, bardzo trudno osiągnąć status osoby zamożnej w sytuacji, gdy jeden ze współmałżonków jest rozrzutny. Rodzina niejednomyślna w kwestii celów finansowych bardzo rzadko dochodzi do jakichś znaczących pieniędzy.

Jeszcze gorzej, gdy oboje współmałżonkowie mają lekką rękę do wydawania pieniędzy. Tak jest właśnie w rodzinie doktorostwa Southów. Co ciekawe, dr South za taki stan rzeczy wini samego siebie: „w naszym związku to ja jestem tym bardziej rozrzutnym". Czy to prawda? Tak, z tym, że jeśli chodzi o konsumpcję i lekką rękę do wydawania pieniędzy, dzielnie sekunduje mu małżonka. Oboje uwielbiają kupować; na zakupy przeznaczają wszystkie, lub prawie wszystkie swoje dochody. Oboje solidarnie przyczyniają się do tego, żeby na skali zamożności plasować się znacznie niżej, niż można by się po ich dochodach spodziewać.

Przeanalizujmy osiągnięcia dr. Southa w dziedzinie akumulacji majątku. W rodzinie właśnie on jest odpowiedzialny za dopływ gotówki. Pod tym względem nie ulega kwestii, że dr South jest niezwykle efektywny. Tylko 0,5% Amerykanów zarabia więcej niż on. Dr South nie tylko zarabia, ale odpowiada za część decyzji w sprawach finansowych rodziny. On kupuje samochody, on kontaktuje się z doradcą finansowym a także podejmuje decyzje inwestycyjne. Jednakże ani on, ani jego żona nie prowadzą budżetu rodzinnego.

Zakupy odzieży to domena pani South. W ciągu roku wydała na nią ok. 30 000 dolarów. Jej „zasługą" są też ogromne (40 000 dolarów rocznie) składki w klubie golfowym i koszty samej gry. Decyzję o wydawaniu 107 000 dolarów rocznie na spłaty pożyczki hipotecznej podjęli państwo Southowie solidarnie. Podobnie jak większość ludzi z kategorii NBB, Southowie uznali, że duża pożyczka (a więc wysokie koszty jej obsługi) pomoże im obniżyć wartość dochodu podlegającego opodatkowaniu. Oszczędzając pieniądze w taki sposób, państwo Southowie nigdy nie będą w stanie przejść na emeryturę.

Krytykuje się niekiedy ludzi za to, że kupują drogie domy i luksusowe samochody mówiąc, że to przecież rozrzutność i marnotrawstwo. Ale dom, w większości przypadków, „trzyma" wartość, przynajmniej w sensie nominalnym. Nawet samochody, przez jakiś czas, trzy, cztery lata posiadają jakąś wartość. Wprawdzie drogie domy i luksusowe samochody mają negatywny wpływ na proces budowy majątku, to jednak można je przynajmniej sprzedać, zastawić czy zamienić' na inne dobra. Jest wiele znacznie gorszych przykładów marnowania pieniędzy.

Ile jest warta dzisiaj odzież i ubrania, na które pani South wydała w ubiegłym roku 30 000 dolarów? Ile warte są ich ostatnie wakacje, na które wydali ponad 7 000 dolarów? Albo przynależność do klubu golfowego, za którą zapłacili w ubiegłym roku 40 000 dolarów?

Dodajmy do tego częste kolacje w wykwintnych restauracjach, koszty pracy pokojówki, korepetytorów, ogrodnika, dekoratorów wnętrz, koszty ubezpieczeń i wiele innych wydatków.

Rozrzutny sposób gospodarowania państwa Southów jest skutkiem tego, iż nie posiadają oni scentralizowanej kontroli wydatków. Większa część ich konsumpcji jest rezultatem niezależnych działań poszczególnych stron dramatu, rozgrywającego się w ich finansach. Czegoś takiego w rodzinie Northów nie ma. Dr North i jego małżonka równie chętnie i aktywnie biorą udział w bilansowaniu domowego budżetu. Razem planują, razem konsultują ze sobą poszczególne pozycje wydatków. Szczegółami tego systemu zajmiemy się nieco dalej, na razie wróćmy do sytuacji w rodzinie Southów.

Większa część codziennych zakupów, to domena pani South. Przykładowo, z nikim nie musiała konsultować zakupów odzieży za kwotę 30 000 dolarów. Jest pod tym względem niezależna, podobnie jak w przypadku innych wydatków, nikt nie wtrąca się do decyzji dr. Southa. Ona ma swój komplet kart kredytowych, on swój.

Pani South jest wyjątkowo wierną klientką luksusowych butików, które bardzo często odwiedza. Do jej ulubionych sklepów należą: Neiman Marcus, Saks Fifth Avenue i Lord and Taylor. Posiada karty kredytowe każdego z nich. Niezależnie od tego, że oboje z mężem posiadają dodatkowo złotą Master Card i Visa oraz platynową American Express.

W czym więc leży problem?

W tym, że jedno nie ma bladego pojęcia o tym, co robi drugie; co kupuje, za ile i w jakim celu. Odnosi się to szczególnie wyraźnie do tzw. drobnych wydatków, takich jak odzież, okolicznościowe prezenty czy rozrywki. Oboje są ponadto podatni na zachęty ze strony różnej maści salesmanów i doradców finansowych, od sprzedawców samochodów, po urzędników bankowych oferujących im tzw. łatwy kredyt. Trudno się zresztą dziwić, państwo South nie bez kozery stali się obiektem namów i zachęt ze strony salesmanów. Któż inny byłby bardziej od nich zainteresowany ofertą kupna najnowszego modelu samochodu czy najświeższej kreacji mody?

Dlaczego pani South wydaje tyle pieniędzy? Ponieważ mąż ją do tego zachęca. Dr South jest dzieckiem doskonale zarabiających, nie żałujących sobie niczego, rodziców. Teraz on dał swojej małżonce pełną swobodę, jeśli chodzi o zakupy. Zresztą oboje małżonkowie South należą do grupy ekstrawaganckich konsumentów. Jest jednak coś, z czego nie zdają sobie sprawy, a co czyni ich konsumentami nietypowymi, wręcz wyjątkowymi. Chodzi mianowicie o to, że nikt im jeszcze nie uświadomił, że większość ludzi należących do tej co oni kategorii zarobkowej, wliczając w to doktorostwo North, nie wydaje pieniędzy równie lekką ręką, jak właśnie państwo South. Trudno się dziwić, nie mieli dotąd okazji przekonać się co to znaczy być PBB.

Małżonkowie North, postępują w sprawach konsumpcji zupełnie odmiennie. Oboje pochodzą ze środowisk, w których skromność i gospodarność traktowane były jak cnota. W większości spraw dotyczących konsumpcji uzgadniają decyzje między sobą. Podstawą ich stylu bycia jest budżet; dzięki niemu panują nad wydatkami. W przeciwieństwie do doktorostwa Southów, państwo Northowie nie posiadają kart kredytowych wystawianych przez ekskluzywne sieci sklepowe czy butiki. Rodzina Northów, której majątek netto ma wartość 7,5 mln dolarów, a więc osiemnaście razy więcej *niż* warci są Southowie (ich wartość netto to ok. 400 000 dolarów), nie ma kart kredytowych ani z Neiman Marcus, ani z Saks Fifth Avenue czy Lord and Taylor. Owszem, zaglądają do wymienionych sklepów, ale tylko w poszukiwaniu okazji czy podczas specjalnych wyprzedaży. Przy zakupach posługują się prawie wyłącznie jedną, główną kartą, mianowicie VISA o podwyższonym limicie. Każdego miesiąca sporządzają i analizują listę swoich wydatków. Każdego miesiąca planują swoje kolejne wydatki, na koniec roku zaś, drukują z komputera pełną ich listę, z podziałem na poszczególne kategorie konsumpcyjne. Wykorzystują ją przy sporządzaniu planu wydatków i budżetu na rok następny. Co więcej, cały ten ich plan, budżet i wszystkie decyzje konsumpcyjne są skoordynowane. W przeciwieństwie do doktorostwa South, posiadają tylko jedno wspólne konto czekowe, co pozwala im skuteczniej kontrolować wydatki opłacane inaczej niż za pomocą kart kredytowych[1].

---

[1] Wystawca karty kredytowej, każdorazowo wraz z rachunkiem za towary i usługi przysyła szczegółowy wykaz transakcji – przyp. tłum.

Załóżmy, że widzimy konieczność prowadzenia budżetu, ale nie chce się nam go opracowywać. Niedawno poznaliśmy pana Arthura Gifforda, dyplomowanego księgowego, który zajmuje się m.in. sporządzaniem budżetów domowych i planowaniem wydatków. Klientelę pana Gifforda stanowi cała masa osób dobrze zarabiających, większość z nich to profesjonaliści i pracujący dla siebie właściciele biznesów. Część należy do grupy PBB, inni wciąż do NBB.

Zadaliśmy mu pytanie, kto najczęściej korzysta z jego usług. Oto odpowiedź, której – zwłaszcza w kontekście przypadków doktorostwa Northów i Southów – można się było spodziewać:

Tylko naprawdę bogaci ludzie wiedzą dokładnie ile i na co ich rodziny wydają.

Pan Gifford ma rację, chociaż podobno osobnicy z kategorii PBB są z reguły „wrażliwi" na ceny usług i nie lubią dużo płacić. Okazuje się, że nie zawsze. *Gdy chodzi o usługi pomagające im panować nad finansami rodzinnymi, niemal nie liczą się z groszem.*

Czy wiemy, ile wydaliśmy w zeszłym roku na żywność, ubranie, gaz, światło, lekarza, fryzjera itp. usługi? Jeśli nie, będzie nam bardzo trudno zapanować nad swoimi wydatkami. A jeśli nie będziemy w stanie kontrolować wydatków, nigdy nie dojdziemy do bogactwa. Na początek postarajmy się zarejestrować (zapisać) każdy rodzinny wydatek poczyniony w danym miesiącu. Poprośmy też swojego księgowego, żeby przygotował nam tabele wydatków z podziałem na poszczególne kategorie. Następnie starajmy się sporządzić własny budżet. Naszym celem jest wygospodarowanie co najmniej 15% rocznego dochodu (przed podatkiem), który będziemy inwestować. Pan Gifford poleca metodę „15%", jako stosunkowo prosty sposób wzbogacenia się.

Jak kupować samochód

Doktorostwo South przebijają Northów w wielu kategoriach konsumpcyjnych. W ciągu roku poprzedzającego naszą ankietę przeznaczyli na zakup samochodów sześciokrotnie więcej niż państwo North (72 200 dolarów wobec 12 000 dolarów) Ponadto, w rok później dr South kupił sobie porsche, płacąc za nie 65 000 dolarów. Co by nie mówić, dr South, w dziedzinie samochodów jest prawdziwym koneserem. Dr South poświęca niewiele czasu i uwagi przygotowaniu rodzinnego budżetu czy planowaniu swojej przyszłości finansowej. Odwrotnie niż przy kupnie samochodu, które jest dla niego niemalże rytuałem.

Ilość czasu poświęcanego zakupom towarów luksusowych, takich jak samochody i droga odzież, w porównaniu do czasu poświęcanego przygotowaniu budżetu rodzinnego i planowaniu materialnej przyszłości jest odwrotnie proporcjonalna do korzyści wynikających z tych czynności.

Dzięki doskonałym zarobkom, dr South, osobnik z kategorii NBB dużą część swojego dochodu przeznacza na kupno luksusowych samochodów i drogiej odzieży. Do zakupu i utrzymania luksusowego samochodu czy łodzi, same pieniądze nie wystarczą. Potrzebny jest także czas i wysiłek. Ktoś, kto choć raz kupował luksusowy samochód wie, ile czasu zabiera wybranie odpowiedniego modelu czy dobranie koloru tapicerki do koloru nadwozia, a później, kiedy już samochód kupiliśmy, trzeba o niego dbać. Utrzymanie tych wszystkich luksusowych cacek pochłania masę czasu i energii, a ile kosztuje! Okazuje się jednak, że nawet tak doskonale zarabiający profesjonaliści mają ograniczoną ilość czasu, energii i pieniędzy. Ich również obowiązują limity, nie mogą sobie pozwolić na wszystko. Dr North natomiast, podobnie jak i większość przedstawicieli grupy PBB, swój wolny czas przeznacza na działalność, która pomaga mu (miejmy nadzieję) w pomnażaniu majątku. Zajmuje się więc analizą bieżących i planowaniem przyszłych decyzji inwestycyjnych. O tym, jak to robi, opowiemy w dalszej części niniejszego rozdziału.

W czasie, gdy dr North zajmuje się swoimi inwestycjami, dr South ciężko i dużo pracuje, bowiem dobrze wie, że bez wysokich (bieżących) zarobków nie jest w stanie utrzymać swego dotychczasowego poziomu życia. Wprawdzie zarabia znakomicie, ale podobnie jak i innym przedstawicielom NBB, dr. Southowi coraz częściej brakuje pieniędzy. Jak w takiej sytuacji wiąże on koniec z końcem? Po prostu, rozgląda się intensywnie za wyprzedażami i tzw. „okazją".

Metoda dr. Southa

Zajmijmy się na moment analizą czynności poprzedzających kupno samochodu przez dr. Southa. Obserwując zachowanie doktora można by pomyśleć, że jest on prawdziwym dusigroszem. Jego postępowanie nie różni się wiele od postępowania innych osobników z grupy hiperkonsumpcyjnych NBB, którzy – jakby dla usprawiedliwienia swojej postawy konsumpcyjnej – podkreślają, iż wszystko co kiedykolwiek kupili, kupili bardzo tanio, poniżej kosztów, za pół darmo, okazyjnie itp. To prawda, dr South lubi i potrafi się targować, ale czyż kupienie porsche za 65 000 dolarów to aż taka okazja? Oczywiście dr South twierdzi, że było to „super kupno", gdyż zapłacił za wóz „po koszcie dealera". Ale jakie były rzeczywiste koszty tej transakcji?

Większość dobrze zarabiających, niezależnie czy są to PBB czy NBB, to ludzie pracujący grubo powyżej 40 godzin tygodniowo. Tę odrobinę wolnego czasu, jaki pozostaje im po pracy, przeznaczają z reguły na zajęcia odpowiadające ich życiowym celom.

A zatem, gros NBB poświecą go na studiowanie ogłoszeń handlowych i reklamowych, dzięki czemu na temat okazji i bieżących wyprzedaży wiedzą niemal wszystko. Znają adresy i telefony wszystkich dealerów porsche, nie wiedzą natomiast gdzie znaleźć dobrego doradcę finansowego. Ich wiedza na temat zakupów i konsumpcji jest imponująca, o inwestycjach nie mają bladego pojęcia. Wiedzą zatem, jaka linia jest akurat najmodniejsza, ile koni mechanicznych ma dany model i ile on kosztuje. Równocześnie brak im elementarnej wiedzy na temat zasad i korzyści płynących z inwestowania na giełdzie.

Porównajmy, dla przykładu, czym różni się sposób kupowania samochodów przez dr. Southa od sposobu stosowanego przez typowego milionera. Statystyczny amerykański milioner wykorzystuje przy zakupie samochodu cztery do pięciu prostych metod negocjowania ceny. Pod tym względem dr South jest o wiele bardziej wyrafinowanym strategiem, bowiem przy targowaniu się z dealerem używa takich technik dwukrotnie więcej.

Zauważmy jednak, że wiedza, jaką reprezentuje dr South w dziedzinie transakcji samochodowych nie przynosi mu ani dywidend, ani żadnych zysków, nie przyczynia się również do wzrostu jego zarobków. Dr South wie wszystko o wszystkich dealerach porsche znajdujących się w promieniu 400 mil od jego domu, potrafi ocenić wysokość marży, jaką każdy z nich nakłada na sprzedawane przez siebie samochody, zna cenę dodatkowego wyposażenia i dane techniczne poszczególnych modeli. Zdobycie tych wszystkich informacji – to nie ulega wątpliwości – wymagało od niego wiele czasu i wysiłku.

Dr South kupuje samochody w ciekawy sposób. Najpierw decyduje się na markę wozu i wyposażenie, które go interesuje. Następnie zaczyna nad wybranym modelem „pracować"; telefonuje, negocjuje warunki, zbiera dane i opinie na temat samochodu. Nierzadko, szukanie najlepszej okazji, zabiera mu... kilka miesięcy. Na tym etapie, lecz przed rozpoczęciem negocjacji cenowych, dowiaduje się ile wynosi rzeczywisty koszt dealera. Dzięki temu wie, jak „mocno" może się targować. Następnie przystępuje do telefonowania, obdzwania wszystkich dealerów (ma ich cała długą listę) kusząc ich ofertą kupna samochodu. Jedyne, co go w tym momencie naprawdę interesuje, to cena. Nie zawaha się skorzystać z oferty taniego dealera gdzieś na dalekiej prowincji, o ile tylko dostanie najniższą cenę. Zresztą dr. Southa interesują wyłącznie dealerzy tani. Ma specjalną (skróconą) listę z numerami ich telefonów.

Po tej pierwszej sesji telefonicznej dr South przystępuje do „wykańczania" transakcji, starając się jeszcze bardziej zbić cenę, najchętniej poniżej kosztu dealera. Argumentem są tu ceny tańszych (o ile tacy istnieją) konkurentów. Wprawdzie dr South rozważa czasem kupno samochodu używanego, z wystawy lub po krótkim leasingu, to jednak zdecydowanie woli wozy fabrycznie nowe.

Znając w końcu ewentualną cenę minimum, telefonuje do najtańszych dealerów i to pod koniec miesiąca, wiedząc, że właśnie wtedy ich potrzeby gotówkowe są największe; trzeba przecież zapłacić za towar, wypłacić pensje, wysłać zaliczkę podatkową czy ratę kredytu bankowego. „No więc w końcu jaka jest wasza ostateczna cena?" – pyta, licząc na to, że właśnie teraz uda mu się zbić jeszcze kilkaset dolarów. Wspomnianego porsche kupił właśnie w ten sposób; u taniego dealera, daleko za miastem, w ostatni dzień miesiąca. Zanim wybrał tego „najwłaściwszego", wykonał setki telefonów.

Kupując swego porsche dr South targował się o centy, a tracił tysiące. Nie przeszkadza mu to mieć o swoich umiejętnościach targowania doskonałej opinii. Nie liczy się to, że kupno samochodu „po koszcie dealera" kosztowało go w rzeczywistości ogromną ilość czasu i energii. Nie zastanawia się też, czy przypadkiem sam „koszt dealera" nie był zbyt wysoki. Ktoś, kto tyle energii, czasu i pieniędzy przeznacza na kupno bardzo drogiego samochodu nawet „po koszcie dealera", rzadko kiedy bywa człowiekiem bogatym.

Fakty mówią same za siebie: większość ankietowanych przez nas milionerów, nigdy w życiu nie wydała na samochód 65 000 dolarów. Piszemy o tym szczegółowo w rozdziale IV. Ponad połowa ankietowanych milionerów nie wydała na samochód więcej niż 30 000 dolarów. Nie zapominajmy, że dr South milionerem nie jest. Może milioner mógłby sobie na samochód za 65 000 dolarów pozwolić, lecz milionerzy z takich „okazji" nie korzystają, i to jest powód, dla którego są właśnie... milionerami.

Kupowanie bardzo drogich samochodów zdecydowanie zmniejsza szansę osiągnięcia statusu człowieka majętnego. W ciągu roku, w którym go ankietowaliśmy dr South wydał na samochód (plus podatek od sprzedaży i ubezpieczenie) ponad 70 000 dolarów. W tym samym czasie, udało mu się na koncie emerytalnym zgromadzić aż... 5 700 dolarów! Innymi słowy, na każde zarobione przez siebie 125 dolarów, na zabezpieczenie przyszłości przeznaczał zaledwie... jednego dolara!

Czas poświecony szukaniu samochodu, negocjacjom cenowym i ostatecznie samemu zakupowi – to czas bezproduktywny. Szacujemy, że na kupno swojego porsche zużył dr South ponad 60 godzin. Ile czasu i energii wymagało od niego ulokowanie 5 700 dolarów na koncie emerytalnym? Ułamek tego, co zużył przy kupnie. Łatwo mu potem powiedzieć, że przecież robi wszystko, by stać się bogatym, lecz za słowami tymi nie idą czyny. I to wyjaśnia także dlaczego dr South stracił na nieprzemyślanych inwestycjach dużo pieniędzy. Skutki inwestowania „w ciemno", bez odpowiedniej wiedzy i zastanowienia są z reguły żałosne.

METODA DR. NORTHA

Mimo iż dr North koneserem automobilowym nie jest, zwraca baczną uwagę na cenę, jaką ma za kupowany pojazd zapłacić. Zwróciliśmy się do niego z prośbą, by zrelacjonował nam swoją ostatnią transakcję kupna samochodu. Przypomnijmy, że ostatni samochód dr. Southa, to samochód fabrycznie nowy. Tylko mniej niż 25% milionerów posiada wozy aktualnego rocznika. Lecz dr South, jak wiadomo, milionerem nie jest.

Dr North z dumą oświadczył, że swój ostatni wóz nabył sześć lat temu. Czy to oznacza, że dr North od sześciu lat nie kupił nowego samochodu? Nie tylko nie kupił nowego, ale ten który kupił sześć lat temu, też nie był samochodem nowym. Był to trzyletni mercedes „300", za który zapłacił 35 000 dolarów.

Dr North jest w swoim samochodzie zakochany; nie dość, że dobra cena, to ponadto oszczędny w eksploatacji. Wiadomo – diesel. Poza tym diesel jest trwały, można nim przejechać bez remontu kilkaset tysięcy mil. I ta klasyczna linia nadwozia...

Ile czasu i energii poświecił dr North na kupno swego samochodu? Przyjrzyjmy się bliżej procesowi podejmowania przezeń decyzji kupna.

Najpierw zdecydował, że pora już zastąpić zużytego grata; jego dotychczasowy samochód miał 20 lat. North wie, że większość luksusowych marek europejskich traci na wartości najwięcej w ciągu pierwszych trzech lat eksploatacji. Uznał więc, że być może opłaci mu się kupić właśnie mercedesa – „trzylatka".

Żeby mieć pewność, sprawdził cenę interesującego go modelu, fabrycznie nowego. W tym celu odwiedził pierwszego lepszego dealera i zwyczajnie zapytał o cenę. Wystarczyło. Był już pewny, że kupując trzyletni samochód nie popełni omyłki. Zatelefonował do kilku dealerów, przejrzał ogłoszenia w prasie, po czym u dealera w okolicy wybrał pojazd o niewielkim przebiegu. Oto jak dr North objaśnia swoją decyzję:

Gdy chodzi o samochody, zawsze najwyższą uwagę przywiązywałem do jakości. Nigdy nie korzystałem z leasingu, nigdy nie kupowałem samochodu na raty. Mam mercedesa. Od rozpoczęcia praktyki zawodowej miałem dopiero dwa samochody. Pierwszym był również mercedes, kupiłem go, fabrycznie nowego, tuż po rozpoczęciu własnej praktyki... Jeździłem nim 20 lat. Później także kupiłem mercedesa, tyle że trzyletniego. Poszedłem do dealera... chciał mi najpierw sprzedać nowego, ale kosztował o 20 000 dolarów więcej niż mało używane egzemplarze...

Zadałem sobie pytanie: „Czy duma z posiadania fabrycznie nowego samochodu uzasadnia wydatek ekstra 20 000 dolarów?" Bo przecież tylko o to chodzi. Po trzech latach normalnego użytkowania dobry samochód niewiele różni się od nowego. Konsekwencją tego była decyzja kupna trzylatka. Zaoszczędziłem na rezygnacji z „dumy posiadania" 20 000 dolarów. To sporo!

Dr North przeznaczył na kupno swojego samochodu zaledwie parę godzin. Porównajmy to z co najmniej sześćdziesięcioma godzinami poszukiwań, analiz, ocen i targów, towarzyszących „krucjacie" dr. Southa. Ponieważ dr North zmienia samochody rzadko, ilość czasu zużyta na jego kupno rozkłada się na większą liczbę lat. Statystycznie będzie to ok. 1 godzina „poszukiwań" w przeliczeniu na 1 rok użytkowania. Dr South natomiast, kupuje nowy samochód co rok, tak więc zużywa na zakup aż 60 godzin rocznie.

Lęki i niepokoje

Czy martwisz się w życiu o coś? Czy twoje troski wiążą się ze sprawami majątkowymi? Czy może zajmują cię raczej sprawy, które gromadzenie majątku utrudniają? Jakie są lęki i zmartwienia PBB, a jakie NBB? Czym różnią się one między sobą?

Zacznijmy od tego, że ludzie z kategorii NBB mają z reguły więcej zmartwień i niepokojów niż osobnicy z grupy PBB. Prócz tego, martwią się oni o zupełnie inne sprawy. Generalnie, PBB mają spokojniejsze życie.

Zmartwienia zabierają nam czas. Ktoś, kto ma dużo trosk i niepokojów, rzadko kiedy ma czas na podjęcie działań, które pomogłyby mu rozwiązać problemy będące owych zmartwień i niepokojów przyczyną. Mało tego, wiele z tych lęków prowadzi do wzrostu konsumpcji, a stąd już prosta droga do grupy NBB.

Lęki i zmartwienia mogą być zarówno przyczyną przynależności do kategorii NBB, jak i tej przynależności skutkiem. Czyż osoba, której nieustannym zmartwieniem jest ciągłe podnoszenie swojego poziomu konsumpcyjnego ma szansę stać się bogatą? Najprawdopodobniej nie. Dr South nie jest człowiekiem bogatym m.in. dlatego, że jego właśnie takie sprawy interesują najbardziej. I przeciwnie, dr North jest człowiekiem zamożnym, gdyż konsumpcja, styl życia i jego poziom to nie są jego priorytety.

Dr South wymienił nam dziewiętnaście spraw, które go poważnie lub umiarkowanie martwią lub niepokoją. Jego największe zmartwienia to:

- że nie jest bogaty,
- że nie udało mu się zgromadzić znacznego majątku,
- że nie zarabia wystarczająco dużo, by zaspokoić wszystkie potrzeby konsumpcyjne swojej rodziny,
- że nie zabezpieczył siebie i swoich dzieci na przyszłość,
- że rząd wydaje coraz więcej, skutkiem czego rosną jego podatki,
- że mógłby któregoś dnia zostać napadnięty i stracić życie lub zdrowie,
- że dzieci wybiorą sobie niewłaściwego partnera życiowego.

Dr North niepokoi się tylko o siedem spraw, a najbardziej o następujące:

- żeby jego biznes nie upadł,
- że w razie śmierci nie będzie w stanie materialnie zabezpieczać swojej rodziny,

– że mógłby zachorować na raka,
– że dzieci wybiorą sobie niewłaściwego partnera życiowego.

Znamienne, że dr South martwi się zupełnie innymi sprawami niż dr North.

Mając mniej zmartwień, dr North ma więcej czasu i energii na to, by zająć się działalnością prowadzącą m.in. do bezpieczeństwa i niezależności materialnej. Przeanalizujmy w jaki sposób lęki i niepokoje (lub ich brak) obu lekarzy wpływają na jakość ich życia.

Dzieci rodziców PBB, i dzieci rodziców NBB

Państwo South mają czworo dzieci. Dwoje to ludzie już dorośli. Doktorostwo mają poważne obawy o ich przyszłość. Z reguły bowiem rodzice z grupy NBB wychowują swoje dzieci na NBB. Czego bowiem oczekiwać można od dzieci wychowanych w atmosferze ekstrawaganckiej i nieposkromionej konsumpcji, bez planowania czy budżetu, bez jakiejkolwiek dyscypliny finansowej, nie mówiąc już o opanowywaniu zachcianek. Dzieci takie, gdy dorosną, będą najprawdopodobniej powielać obyczaje swoich rodziców: brak dyscypliny i niepohamowaną konsumpcję. Mało tego, dzieci nie będą w stanie zarobić tyle, ile będzie wymagać zaspokojenie ich wysokich, rozbudzonych od najmłodszych lat, potrzeb konsumpcyjnych.

To, że dr South lubi sobie dogadzać, jest skutkiem wychowania jakie wyniósł z domu rodzinnego. Stał się on NBB, ponieważ taki był jego ojciec, taka była jego matka. Co więcej, styl życia syna jest jeszcze bardziej zorientowany na konsumpcję. Wysoki poziom życia utrzymywał nawet w czasie studiów medycznych, za które płacili rodzice. Każdego roku otrzymywał kosztowny upominek. Ani przez moment, nawet gdy już wyprowadził się z rodzinnego domu, nie musiał troszczyć się o swój byt, a w związku z tym zmieniać swoich prokonsumpcyjnych obyczajów. Na szczęście zarabia dużo, więc stać go na zaspokajanie nałogu kupowania i posiadania. Co jednak stanie się z jego dziećmi? Od małego żyły w bardzo wysokim standardzie. Istnieją uzasadnione obawy, że nie uda im się go skopiować, gdy już będą na swoim. Schody zaczną się więc w trzecim pokoleniu. Dr South zdaje sobie z tego sprawę. W trakcie wywiadu wyznał, że ma poważne wątpliwości czy jego dzieci zarobią w przyszłości chociaż ułamek tego, co on dziś zarabia.

Dzieci dr. Northa są w sprawach materialnych znacznie bardziej samodzielne i zdyscyplinowane, po części dlatego, że wychowywane były w atmosferze szacunku dla gospodarności, planowania i samodyscypliny. Jak już zaznaczyliśmy wcześniej, państwo Northowie konsumują na poziomie rodzin zarabiających trzecią część tego co oni. Ta umiejętność samoograniczania jest właśnie powodem, dla którego dzieci rodziców z grupy PBB same wyrastają na PBB.

Majątek dr. Southa jest znacznie skromniejszy niż majątek dr. Northa, w związku z czym dr. Southowi jest znacznie trudniej zapewnić własnym dzieciom pomoc materialną. A tu jak na ironię, właśnie jego dzieci (a nie dr. Northa) bardziej tej pomocy potrzebują.

Zadaliśmy obu lekarzom pytania odnośnie niepokojów i lęków dotyczących ich własnych dzieci. Nietrudno się domyślić, że obawy dr. Southa będą pod tym względem silniejsze. Najbardziej lęka się tego, że;

1. gdy dzieci dorosną zechcą skorzystać z jego majątku.
2. będzie im musiał przez długi czas pomagać finansowo.

Zwróćmy uwagę, jak żenującym jest dla doktorostwa Southów fakt, że na stare lata przyjdzie im wspierać materialnie własne dzieci. Rozdziały V i VI poświęcamy szczegółowemu omówieniu problemu pomocy dzieciom przez rodziców. W tym miejscu chcielibyśmy zaznaczyć jedynie, że posiadanie dzieci należących do grupy NBB utrudnia rodzicom wejście do Ligi Milionerów!

Dr South zastanawia się, skąd jego dzieciom przyszło do głowy, że pomoc rodziców im się należy. Obawia się bowiem, że nie stać go będzie na zapewnienie swoim pociechom tego wszystkiego, w co wyposażyli go jego rodzice. Dr South ma jeszcze jeden poważny powód do obaw, a mianowicie to, że – właśnie na tle pomocy ze strony rodziców – może się zrodzić między jego dziećmi głęboki konflikt. Dr North takich zmartwień nie ma.

Zadaliśmy obu lekarzom pytanie dotyczące powyższych obaw. Dr South obawia się właśnie, że:

1. po jego śmierci dzieci będą walczyć między sobą o spadek.
2. dzieci będą go podejrzewać o faworyzowanie materialne jednego z nich, kosztem pozostałych.

Niepokoje dr. Southa są w pełni uzasadnione. Sami zadajmy sobie pytanie: „Czego najbardziej obawiają się dorosłe córki i synowie amerykańskich panów doktorów Southów?" Tego, że pewnego pięknego dnia pomoc ze strony rodziców się skończy. Wielu trzydziestolatków z grupy NBB nie jest w stanie samodzielnie zbliżyć się choćby do poziomu życia, jaki mieli u mamy i taty. W istocie rzeczy, wielu z nich nie jest w stanie kupić nawet skromnego domu bez zastrzyku finansowego rodziców. Bardzo często dzieci z bogatych rodzin otrzymują od swoich rodziców pomoc, czy to w postaci gotówki czy kosztownych prezentów, w wieku czterdziestukilku lat, a nawet jeszcze po pięćdziesiątce. Regułą jest, że w rodzinach wielodzietnych rodzeństwo NBB konkuruje między sobą o względy i pomoc rodziców. A my sami, jak byśmy się zachowali wiedząc, że obecność naszego brata czy siostry zmniejsza szansę otrzymania wsparcia finansowego od rodziców?

Dr South ma więc na głowie nie tylko swoje zmartwienia, ale także problemy swoich dzieci. Zastanówmy się na moment, jaki spadek pozostawi on swoim dzieciom. Jakie są (dla dorosłych dzieci) konsekwencje pozostawania na utrzymaniu rodziców? Z jakimi problemami i niepokojami będą się one musiały w przyszłości zmagać? Co zrobić, żeby panowała między nimi zgoda i wzajemna miłość? To są sprawy, nad którymi dr South zastanawia się coraz częściej i coraz dłużej.

Dr North ma znacznie mniej takich zmartwień. Jego dorosłe dzieci przywykły do gospodarności i życia w atmosferze samodyscypliny. Dlatego prawdopodobieństwo tego, iż będą one potrzebować znaczącej pomocy rodziców jest minimalne.

PODATKI I RZĄD

Wielu dobrze zarabiających Amerykanów – bez względu na to czy należą oni do grupy PBB czy NBB – głęboko niepokoją działania rządu federalnego. Rząd jest jak „żywioł", nad którym zwykły śmiertelnik nie ma kontroli. Pośród działań związanych z funkcjonowaniem rządu i państwa, dr South obawia się:

1. Coraz wyższych podatków dochodowych.

Obaj lekarze uważają, że prawdopodobieństwo tego, iż rząd wyciągnie rękę po pieniądze zarobione przez najwyżej zarabiających, jest duże. Jednakże dr. Northa fakt ten przeraża znacznie mniej niż dr. Southa. Dlaczego ten ostatni niepokoi się bardziej? Ponieważ dla utrzymania hiperkonsumpcyjnego stylu życia potrzebne mu są wysokie dochody bieżące. Gdyby nagle rząd zażądał wyższych podatków, dochody dr. Southa (zarobki pochodzące głównie z pracy) ulegną obniżeniu, a co za tym idzie, zagrożony zostanie jego poziom życia.

Jak to wygląda w przypadku drugiego z lekarzy? Dr North oświadczył nam, że wzrost podatku dochodowego nie stanowi dla niego jakiegoś większego problemu. Wprawdzie w zeszłym roku zapłacił on 277 000 dolarów podatku dochodowego, co może się wydać sumą ogromną, to jednak dr North patrzy na problem inaczej. Nie porównuje swoich podatków z bieżącymi zarobkami, lecz raczej z wartością swego majątku netto.

Co by się stało, gdyby rząd podwoił podatki. Tak drastyczne pociągnięcie wydaje się mało prawdopodobne, użyjmy go więc tylko dla potrzeb dydaktycznych. W takiej sytuacji dr North płaciłby „zaledwie" ekwiwalent 8% tego co posiada. Dla porównania, podatek dochodowy dr. Southa równoważny byłby 150% wartości całego jego majątku. Trudno się zatem dziwić, że dr North przechodzi nad problemem podatku dochodowego do porządku dziennego, zaś dr South ma z tego powodu ogromne zmartwienie.

2. Wzrostu wydatków państwowych i deficytu budżetowego.

Dr South bardzo się tym martwi, wie bowiem dobrze, że wzrost wypłat ze strony państwa odbija się na wysokości nakładanych na obywateli podatków. Z tego samego powodu, dr North niewiele sobie robi ze wzrostu wydatków i deficytu.

3. Wysokiej inflacji.

Ten „żywioł" jest konsekwencją powyższego. Wzrost wydatków oznacza napływ gorącego pieniądza na rynek, co sprowadza się do spadku jego wartości, czyli inflacji. Dla przedstawicieli kategorii NBB inflacja jest problemem. Większość z nich, w tym właśnie dr South, lubi dużo kupować i wydawać. Większa inflacja oznacza wyższe ceny dóbr chętnie przez nich nabywanych: luksusowych samochodów, łodzi, biżuterii, odzieży itp. Natomiast dr North może na inflacji skorzystać. Spadek wartości pieniądza, bo do niego się inflacja sprowadza, powoduje z reguły wzrost zainteresowania dobrami trwałego użytku, w szczególności inwestycjami, a to podnosi ich wartość.

4. Wzrostu ingerencji państwa w biznes i przemysł.

Większość lekarzy uważa, że rozszerzenie zakresu oddziaływania państwa poprzez dodatkowe przepisy i regulacje wymierzone jest przede wszystkim w nich samych. Taki rozrost funkcji państwa kojarzony jest z socjalizmem, a ten, jak wiadomo, opiera się na powszechnej, państwowej służbie zdrowia. Obaj lekarze czują, że socjalizacja medycyny nie wpłynęłaby pozytywnie na ilość zarabianych przez nich pieniędzy. O ile dla dr. Southa oznacza to prawdziwą katastrofę, o tyle dla dr. Northa jest to zmartwienie mniejszej rangi.

Dlaczego obaj lekarze widzą te same sprawy w różnym świetle?

Wszelkie działania administracyjne i regulacje państwowe stanowią znacznie większe zagrożenie dla tych, wysoko zarabiających osobników, którzy gros swoich zarobków przeznaczają na konsumpcję i wystawny styl bycia. Dzieje się tak najczęściej wtedy, gdy ugrupowania polityczne będące aktualnie u władzy kierują swój atak na ludzi bogatych. W praktyce sprowadza się to do napaści na „ludzi najwyżej zarabiających". Większość polityków nie widzi bowiem różnicy między ludźmi o wysokich dochodach, a ludźmi o wysokim poziomie zamożności. Dla nich bogaci są tożsami z najlepiej zarabiającymi. Poza tym, ludzi majętnych znacznie trudniej jest „namierzyć".

Większość milionerów z grupy PBB, to ludzie pracujący dla siebie, „samozatrudniający się". Ludzie pracujący we własnych przedsiębiorstwach mają znacznie większą kontrolę nad swoimi dochodami, niż pracownicy najemni, zatrudniani przez innych. Zwłaszcza, że na dzisiejszym rynku pracy, nawet najlepiej zarabiający specjaliści najwyższej klasy mają dość ograniczony wpływ na swoją karierę zawodową. Gdy dochodzi do masowych zwolnień w wyniku redukcji zatrudnienia, spółki nie wahają się zwolnić nawet najwydajniejszych pracowników. W grupie wysoko zarabiających specjalistów, milionerów spotyka się rzadziej, niż wśród osób pracujących na własny rachunek.

Przedstawiciele kategorii NBB (w grupie pracowników najemnych) są znacznie bardziej narażeni na działanie „sił zewnętrznych", zagrażające ich możliwościom zarobkowania. Z naszych badań wynika, że tylko 19% PBB wobec 36% w grupie wysoko zarabiających nie-milionerów NBB obawia się o to, iż ich miejsca pracy mogłyby zostać zlikwidowane. Pomimo tych wszystkich lęków, zagrożeń i zmartwień, większość wysoko zarabiających pracowników najemnych kieruje się w życiu silną orientacją prokonsumpcyjną.

Cele materialne: słowa a czyny

Cele wielu wysoko zarabiających przedstawicieli PBB i NBB, gdy chodzi o budowę majątku, są niemal identyczne. Przykładowo, ponad 75% ankietowanych z obu grup – wśród tych celów – wymienia:

◊ Stać się człowiekiem bogatym przed osiągnięciem wieku emerytalnego.

◊ Podnieść wartość swojego majątku.

◊ Podnieść wartość własnego majątku na drodze „wzbogacenia" czyli wzrostu jego wartości.

◊ Budować kapitał, zachowując wartość tego, co się posiadało dotychczas.

Identyczne cele nie oznaczają jednak identycznych rezultatów. Potrzebna jest determinacja w ich osiąganiu. Wszyscy chcieliby być bogatymi, lecz tylko niewielki procent decyduje się w praktyce poświęcić na ten cel odpowiednią ilość energii, czasu i środków.

Rozkład zajęć

Większość przedstawicieli grupy PBB (w przeciwieństwie do NBB) podpisałoby się bez wahania pod następującymi stwierdzeniami:

◊ Planowaniu własnej przyszłości materialnej poświęcam dużo czasu.

◊ Zasadniczo nie brakuje mi czasu na podejmowanie własnych decyzji inwestycyjnych.

◊ Gdy chodzi o priorytety w moim rozkładzie zajęć, zawsze daję pierwszeństwo sprawom związanym z zarządzaniem własnymi zasobami finansowymi.

Przedstawiciele grupy NBB (w przeciwieństwie do PBB) podpisaliby się pod następującymi stwierdzeniami:

◊ Nie poświęcam swoim decyzjom inwestycyjnym wystarczającej ilości czasu.

◊ Mam zbyt wiele spraw na głowie, żeby jeszcze zajmować się planowaniem inwestycji.

Jak już wspomnieliśmy, PBB i NBB różnią się między sobą, co do ilości czasu poświęcanego planowaniu swoich inwestycji.

Planowanie takie charakteryzuje z reguły ludzi mających nie tylko skłonność, ale i łatwość gromadzenia majątku.

Pomiędzy planowaniem a ilością posiadanego majątku istnieje bardzo silna korelacja, i to nawet u osób o stosunkowo skromnych dochodach.

Potwierdziły to wyniki naszej ankiety, przeprowadzonej na próbce 854 respondentów, u których stwierdziliśmy m.in. wprost proporcjonalną zależność pomiędzy ilością czasu i energii przeznaczanych na planowanie inwestycyjne a wartością posiadanego majątku.

Jedno z naszych ciekawszych odkryć dotyczyło odpowiedzi na pytanie, dlaczego tak wielu ludzi, poświęca tak niewiele czasu planowaniu swoich własnych decyzji inwestycyjnych. Wielu wręcz w ogóle planowanie ignoruje, tłumacząc się tym, że:

Planowanie jest beznadziejne...

Mam mało czasu i nie opłaca mi się poświęcać go na coś takiego...

Nigdy nie miałem aż tylu pieniędzy, żebym w planowaniu wydatków widział jakiś głębszy sens... Zresztą im więcej zarabiam, tym mniej odkładam.

Kariera zawodowa pochłania cały mój czas.

Nie stać mnie na marnowanie dwudziestu godzin tygodniowo, aby się wygłupiać z jakimiś tam inwestycjami.

Wierzący w zasadność i skuteczność planowania osobnicy z grupy PBB nie poświęcają mu wcale 20 godzin tygodniowo. Z naszych badań wynika, że (statystycznie) nawet Przodownik w Budowie Bogactwa poświęca planowaniu swoich pociągnięć inwestycyjnych tylko ułamek czasu, jakim dysponuje. Konkretnie, w przypadku „średnio zarabiających" PBB nie jest to więcej niż 8,4 godziny miesięcznie. W skali rocznej oznacza to ok. 100 godzin. Przyjmując, iż rok liczy 8 760 godzin, planowanie inwestycyjne zabiera im zaledwie 1,2% całego czasu.

NBB poświęcają planowaniu inwestycyjnemu prawie połowę mniej czasu; średnio miesięcznie 4,6 godziny, czyli rocznie ok. 55 godzin. Wniosek z tego, że PBB poświęcają planowaniu inwestycyjnemu o 80% więcej czasu niż robią to NBB. Ci ostatni przeznaczają na planowanie inwestycji 1 godzinę na każde 160, PBB zaś 1 godzinę na każde 87 godzin.

Czy wystarczy, że NBB poświecą planowaniu inwestycji drugie tyle czasu i staną się automatycznie PBB? Mało prawdopodobne. Planowanie jest bowiem tylko jednym z podstawowych elementów prowadzących do akumulowania kapitału.

Większość przedstawicieli PBB posługuje się planowaniem w sposób rutynowy, żeby nie powiedzieć rygorystyczny. Nie ma tygodnia, miesiąca, roku, żeby nie planowali swoich pociągnięć inwestycyjnych. Poza tym zaczynają swoje planowanie wcześniej niż robią to inni, czyli NBB.

Ci ostatni przypominają pod tym względem ludzi z nadwagą, którzy od czasu do czasu przypominają sobie, że powinni dążyć do idealnej wagi i zaczynają się katować głodem. Po zakończeniu takich zrywów, w krótkim czasie przybierają na wadze wszystko co stracili, a bywa, że nawet dokładają sobie jeszcze parę kilogramów.

Wielu NBB rozpoczyna rok z gorącym postanowieniem zmiany swoich dotychczasowych obyczajów, właśnie w kierunku planowania decyzji inwestycyjnych. I rzeczywiście, podejmują jakieś plany, jakieś działania, inwestują pieniądze, mało tego, ograniczają drastycznie swoją konsumpcję i radykalnie zmieniają dotychczasowy styl życia. Robią to w sposób tak zdecydowany, tak gwałtowny, że nie są w stanie kontynuować go w praktyce. W szybkim czasie czują się rozczarowani, porzucają „sen o bogactwie" i powracają do swoich starych, wypróbowanych metod postępowania. Przestają planować, inwestować a zaczynają więcej kupować.

Wiele osób z grupy NBB uważa, że planowanie inwestycyjne to remedium, które zrobi z nich milionerów w jedną noc. Zapominają, albo może nie wiedzą, że nawet najlepszy plan jest nieskuteczny, o ile nie będzie się go realizować w praktyce. NBB bardzo często wydaje się, że ktoś inny się za nich „odchudzi".

Pouczającą lekcją postępowania może być dla NBB obserwacja i analiza tego, co robią PBB. Chodzi przede wszystkim o rutynę; systematycznie, w każdym tygodniu, w każdym miesiącu poświęcać analizie i planowaniu inwestycyjnemu trochę czasu – zaledwie 8,4 godziny miesięcznie. Gdyby NBB wiedzieli, że planowanie nie wymaga wcale rezygnacji z dodatkowej pracy, że wystarczy tylko te 8 godzin, może chętniej by się nim posługiwali. Powinni także zrozumieć, że zamożność buduje się powoli. PBB nie żyją wcale po spartańsku, posiadają jednak umiejętność harmonijnego bilansowania czasu i wysiłku poświęcanego na pracę, planowanie, inwestycje i konsumpcję.

Jesteś właścicielem swojego czasu

Praca jest istotnym czynnikiem pomagającym zrozumieć różnice w zachowaniu się osób z grupy PBB i NBB. Z naszych badań nad grupą ludzi o średnich dochodach wynika, że w kategorii PBB aż 59,1% to ludzie pracujący dla siebie, zaś pośród NBB, „samozatrudniających się" respondentów było tylko 24,7%. Zauważyliśmy ponadto, że istnieje silna korelacja między formą zatrudnienia a ilością czasu i energii poświęcaną planowaniu inwestycyjnemu. Mianowicie, pracownicy najemni poświęcają planowaniu znacznie mniej czasu i uwagi, niż robią to ludzie pracujący dla siebie. Przedstawiciele tej ostatniej grupy, nawet ci o średnio wysokich dochodach, traktują inwestowanie jako część swojej aktywności zawodowej, w przeciwieństwie do pracowników najemnych, dla których obowiązki zawodowe i inwestowanie to dwie niezależne od siebie sfery działania. Dlaczego tak jest?

Ludzie z grupy „samozatrudniających się", którym się w interesach powiodło, nie traktują swojego sukcesu ekonomicznego jako czegoś przypadkowego, czegoś, co im się należało. Większość z nich, przeżywała w trakcie budowy biznesu szereg wzlotów i upadków. Robią więc wszystko, żeby się maksymalnie zabezpieczyć przed, nieuchronnymi skądinąd, wahaniami koniunktury. Służy im do tego właśnie racjonalne planowanie i inwestowanie. Wiedzą, że mogą i muszą polegać wyłącznie na sobie. Sami muszą utworzyć własny fundusz emerytalny i nim zarządzać. Sami muszą troszczyć się o swoją bieżąca i przyszłą sytuację materialną. Jeśli przy tym potrafią narzucić sobie odpowiednią dyscyplinę, ich sytuacja ekonomiczna – przypominamy, że mowa tu o ludziach pracujących na własny rachunek – jest z reguły pomyślna.

Dla nikogo nie jest tajemnicą, że ludzie, o których tu mowa pracują ciężko. Gros z nich pracuje nie tylko ciężko, ale i nierzadko po 10–14 godzin dziennie. Jest to m. in. powód dla którego wielu pracowników najemnych boi się „iść na swoje". Takie zaangażowanie i poświecenie im się nie uśmiecha; wolą więc pracować dla kogoś. Zapominają jednak, że większość pracowników najemnych, nawet w grupie średnio zarabiających, to również ludzie pracujący dużo i ciężko. Ale ludzie zarabiający w granicach 100 000 dolarów rocznie także większość swego czasu i energii poświęcają pracy zawodowej. Muszą wykonywać polecenia i realizować cele narzucone im przez przełożonych, bez możliwości wygospodarowania choćby paru godzin tygodniowo na własne potrzeby inwestycyjne.

Właściciel biznesu, zwłaszcza gdy znajduje się w górnym przedziale zarobków, ma mimo wszystko dużo więcej swobody, chociażby dlatego, że sam sobie ustala zakres obowiązków. Sam też decyduje o swoich priorytetach zawodowych i celach, dla których pracuje. Jednym z nich jest niezależność materialna. Dla kontrastu, pracownik najemny jest najczęściej uzależniony od swojego pracodawcy. Ta podległość odbiera mu inicjatywę, co przejawia się m.in. w mniejszym zainteresowaniu inwestowaniem. Bez inwestowania możliwości akumulowania majątku są niewielkie!

Jest jeszcze jeden czynnik, od którego zależy skuteczność planowania inwestycyjnego. To, że osobnicy z kategorii NBB poświęcają planowaniu mniej czasu, wynika także z natury czynionych przez nich inwestycji. Dla nich inwestycje to z reguły gotówka, lub jej ekwiwalenty takie jak: konta oszczędnościowe, lokaty krótkoterminowe bądź krótkoterminowe obligacje skarbu państwa. Posiadanie co najmniej 20% majątku w postaci gotówki (lub jej ekwiwalentów) zdarza się wśród przedstawicieli grupy NBB dwukrotnie częściej niż u PBB. Większość tych gotówkowych inwestycji posiada gwarancje i ubezpieczenia rządowe. Łatwo je także upłynnić, co ma znaczenie zwłaszcza w chwili pojawienia się potrzeby konsumpcyjnej. Planowanie lokat gotówkowych jest z reguły prostsze i wymaga mniej czasu i wysiłku, niż planowanie inwestycji długoterminowych, charakterystycznych dla PBB.

Ci ostatni inwestują z reguły w instrumenty finansowe nabierające wartości z czasem i niedające bieżącego dochodu. Skutkiem tego, większa część ich majątku ulokowana jest w przedsięwzięciach produkcyjnych, nieruchomościach dochodowych, akcjach, funduszach emerytalnych, funduszach powierniczych i innych instrumentach, dla których wzrost wartości nie wiąże się z obowiązkiem płacenia bieżącego podatku dochodowego[2]. Tego typu inwestycje po pierwsze – wymagają planowania i zarządzania, po drugie – prowadzą do zamożności. Większość majątku znajdującego się w rękach NBB stanowią samochody i inne przedmioty, mające tendencję do spadku wartości.

Inwestor aktywny czy bierny

Prawie wszyscy (bo aż 95%) ankietowani przez nas milionerzy, co najmniej 20% posiadanego majątku lokują w giełdę. Myliłby się jednak ktoś, kto by przypuszczał, że zajmują się oni na co dzień aktywnym obrotem akcjami. Większość z nich ani nie śledzi bieżących notowań, ani nie telefonuje do maklerów z pytaniem, jakiej dzisiaj były kursy na zamknięciu giełdy w Londynie. Nie reagują nawet na najbardziej sensacyjne doniesienia mediów,

Jeśli aktywnym inwestorem nazwiemy kogoś, kto obraca akcjami często, a więc kupuje je na krótko, na kilka dni, to spośród ankietowanych przez nas milionerów tylko 1% podpada pod tę kategorię.

[2] Co najwyżej, po ich spieniężnieniu, płaci się z reguły niższy podatek od wzbogacenia – przyp. tłum.

Następną grupę, również ok. 1% ankietowanych stanowią ci, którzy obracają papierami wartościowymi często, jednakże kilkakrotnie rzadziej niż ci pierwsi. Mniej niż 7% obraca akcjami z miesiąca na miesiąc, a tylko ok. 9% trzyma swoje „papiery" mniej niż jeden rok. Jeden na pięciu, czyli 20%, inwestuje w akcje na okres od roku do dwóch lat, 25% na okres od dwóch do czterech lat, zaś 13% od czterech do sześciu lat. Prawie jedna trzecia część milionerów trzyma swoje akcje znacznie dłużej niż sześć lat.

Ponad 42% ankietowanych przez nas milionerów nie sprzedało, ani nie kupiło w ubiegłym roku (1995) ani jednej akcji lub obligacji.

Aktywny inwestor, to wśród ankietowanych milionerów jedna z najrzadziej spotykanych kategorii ludzi. A przecież taki facet, to dla maklera giełdowego klient – marzenie. Ze względu na tę aktywność (częsty obrót akcjami), makler może się na nim nieźle obłowić. Jednakże aktywnych inwestorów jest wśród milionerów bardzo niewielu. W czasie naszych badań napotkaliśmy znacznie więcej aktywnych inwestorów wśród nie-milionerów, niż wśród bogaczy. Jak to możliwe? Po prostu, obracanie akcjami na giełdzie – częste kupowanie, częste sprzedawanie – jest niezwykle kosztowne.

Bardzo często aktywny inwestor poświęca na obrót akcjami więcej czasu, niż poświęca go na analizę i planowanie swoich decyzji inwestycyjnych. A przecież powiedzieliśmy już, że milioner to człowiek, który na planowanie inwestycyjne czasu nie żałuje. Siłą rzeczy skupia się on na mniejszym segmencie rynku finansowego, lecz porusza się po nim po mistrzowsku.

Niewiele jest profesji, których obyczaje finansowe, a w szczególności sposoby dorabiania się interesowałyby nas bardziej niż w przypadku maklera giełdowego. Maklerzy, w porównaniu do innych profesjonalistów i biznesmenów, zarabiają znakomicie. Posiadają oni dostęp do nieosiągalnej dla wielu ludzi bazy informacji finansowych. Każda transakcja giełdowa kosztuje ich mniej, jako że sami sobie komisowego płacić nie muszą. Czy zatem ci wspaniali, doskonale zarabiający doradcy finansowi są naprawdę bogaci?

Ależ skąd, daleko im do tego!

Prosiliśmy wielu maklerów, by nam ten fenomen wyjaśnili. Myślę, że przynajmniej jeden z nich ujął to dość trafnie:

Gdybym potrafił kupione przeze mnie akcje na jakiś czas zatrzymać, byłbym człowiekiem naprawdę bogatym... Niestety, trudno mi się od ciągłego obracania nimi powstrzymać. Patrzę w monitor i sprzedaję, kupuję, sprzedaję...

Zauważmy, że makler, który wygłosił powyższą opinię zarabia „na rękę" ponad 200 000 dolarów rocznie. Ponieważ jednak jest on inwestorem aktywnym, nie pozwala „raz zasianemu ziarnu dojrzeć". Osiągane wskutek częstych obrotów krótkoterminowe zyski opodatkowane są dotkliwie, bo wg tabel podatku dochodowego, a nie podatku od wzbogacenia[3]. Za takimi maklerami milionerzy w rzeczy samej nie przepadają. Jaki typ pośrednika giełdowego wolą? Spokojniejszy, mniej aktywny. Wiedzą bowiem, że mniej aktywny inwestor ma więcej czasu na analizę, przemyślenia, a także jest bardziej do swej inwestycji przywiązany.

Wróćmy na moment do naszych starych znajomych, doktorów Northa i Southa i przyjrzyjmy się w jaki sposób oni radzą sobie z planowaniem.

Porównanie

Dr North poświeca studiom i analizom swych przyszłych decyzji inwestycyjnych prawie 10 godzin miesięcznie, czyli ok. 120 godzin rocznie. Natomiast dr South zaledwie 3 godziny w miesiącu; w ciągu roku niespełna 40 godzin.

Który z nich poświęca więcej czasu na zarządzanie swoimi funduszami? I w tym wypadku odpowiedź jest łatwa do przewidzenia. Dr North przeznacza na nie rocznie ok, 240 godzin, podczas gdy

[3] Maksymalna stopa podatku dochodowego wynosi w USA 39,6%, maksymalny podatek od wzbogacenia tylko 20% – przyp. tłum.

dr. Southowi wystarcza tylko 1 godzina miesięcznie. Ta różnica wyjaśnia przypuszczalnie dlaczego dr North jest człowiekiem bogatym, a dr South nim nie jest.

Dr North jest inwestorem „wyspecjalizowanym". Z całego rynku wybrał dwa segmenty, w które inwestuje. Są nimi: ziemia uprawna oraz przemysł produkujący na potrzeby służby zdrowia i medycyny.

Jak zwykle zaczęło się od przypadku... Jeden z kolegów, z którym studiowałem w akademii medycznej uratował życie pewnemu pacjentowi, który mu z wdzięczności doradził, że nic nie przynosi takich korzyści inwestycyjnych, jak najwyższej klasy ziemia uprawna. Kolega go posłuchał, po czym któregoś dnia wyjawił ten koncept mnie. Podkreślił, że nie jest to zajęcie trudne, bowiem ci, z którymi tą ziemią handluje, to ludzie mili i uczciwi. Wystarczyło jedno moje spotkanie z nimi, by te spostrzeżenia się potwierdziły. Spróbowałem i od tego czasu systematycznie inwestuję w tereny rolne.

Gros moich zysków na giełdzie pochodzi z inwestycji w przemysł farmaceutyczny i produkujący aparaturę medyczną... Po pierwsze, znam te zagadnienia, potrafię poszczególne produkty prawidłowo ocenić. Od lat pracuję przecież w służbie zdrowia... badam, oceniam lekarstwa... Podobną zasadą kieruje się Warren Buffet[4]*, który inwestuje przede wszystkim w branże, na których się zna i które rozumie. Wprawdzie do inwestowania w określony segment rynku potrzebne są duże pieniądze, ale nie mam z tym problemu. Na koncie firmowym*[5] *zgromadziłem ponad 2 mln dolarów. Mam więc czym obracać.*

---

[4] Legendarny właściciel i menedżer funduszu powierniczego Berkshire Hathaway, słynącego z niezwykłej wydajności i zysków – przyp. tłum.

[5] Chodzi o tzw. profit sharing, a więc konta, na które zakład pracy wpłaca pracownikowi część osiągniętych zysków. Konta te, stanowiące formę premii, są zachętą do pracy i wiążą pracownika z firmą. Od wypłaconych pracownikowi pieniędzy firma nie płaci podatku. Właściciel konta zwolniony jest od płacenia podatku tak długo, jak długo pieniędzy tych nie używa – przyp. tłum.

W rodzinie państwa Southów za wszystkie decyzje inwestycyjne odpowiedzialny jest dr South. To właśnie on zdecydował, że należy otworzyć konta inwestycyjne w czterech różnych firmach maklerskich. Po co mu aż cztery konta, aż czterech doradców inwestycyjnych, skoro obraca niewielkim (zaledwie 200 000 dolarów) kapitałem? Dr South zakłada mylnie, że czterech maklerów zwalnia go z obowiązku planowania finansowego. Choć z drugiej strony przyznał, że gdyby tych „ekspertów" nie słuchał, stałby finansowo znacznie lepiej; zła rada kosztuje. Szacujemy, że w ciągu roku, za wszelkiego rodzaju porady oraz opłaty komisowe dr South płaci ok. 35 000 dolarów. Pamiętajmy, że cały jego kapitał wynosi 200 000 dolarów, przy czym skuteczność tych, pożal się Boże, porad była bardzo słaba.

Z drugiej strony mamy dr. Northa, który w tym samym czasie na opłaty i porady finansowe nie wydał ani centa. Dr North jest swoim własnym doradcą finansowym, a poza tym on akcje głównie kupuje, rzadko kiedy sprzedając[6]. Inwestując w ziemie uprawną i jej płody nie płaci ani za doradztwo, ani komisowego.

Dr South, co jest zresztą charakterystyczne dla większości NBB, jest ofiarą własnych doradców finansowych. Ludzie tacy jak on zbyt często poddają się przypadkowym maklerom oferującym im przez telefon „okazje stulecia". Wskutek tej przypadkowości dr South podejmuje decyzje błędne; zbyt późno sprzedaje, zbyt wcześnie kupuje.

Przeciwną postawę reprezentują ankietowani przez nas przedstawiciele grupy PBB, którzy większość decyzji inwestycyjnych podejmują sami. Studiują je, analizują, korzystają od czasu do czasu z opinii specjalisty, ale ostateczny kształt tych decyzji jest wyłącznie ich dziełem.

Dr South słynie z decyzji pochopnych, podejmowanych za namową maklera, który najczęściej „nie ma wątpliwości, że to będzie supertransakcja". Wydaje na tych maklerów tysiące. Jeśli nawet na niektórych transakcjach zarabia, to i tak znaczną część zysków pożera podatek od wzbogacenia. Co gorsza, lekceważy sobie konieczność

---

[6] Komisowe dla maklera płaci się zarówno przy kupnie, jak i przy sprzedaży – przyp. tłum.

posiadania konta emerytalnego[7], na którym zgromadził zaledwie 40 000 dolarów!

KOGO SŁUCHAMY?

Kogo wynająłeś na swojego doradcę inwestycyjnego? Czy dokonując wyboru przejrzałeś wystarczająco długą listę ewentualnych kandydatów? Czy przejrzałeś wszystkie oferty, od wszystkich kandydatów? A czy skorzystałeś może z opinii swojego adwokata, księgowego lub znajomych?

Większość ankietowanych uważa, że takie szukanie nie ma sensu – za duży kłopot.

I to jest niestety błąd!

Im głębiej się nad tym wszystkim zastanowimy, im więcej czasu i energii poświęcimy na poszukiwania, tym lepszego doradcę inwestycyjnego sobie znajdziemy. Chyba że nie jesteśmy przekonani o konieczności posiadania takiego doradcy. Jeśli tak, to spójrzmy na problem z innej strony i odpowiedzmy sobie na następujące pytania:

Ile czasu zajęło nam znalezienie pracy, którą akurat wykonujemy? Czy żeby dostać dobrą pracę w General Motors, Microsoft czy IBM wystarczyłby jeden nasz telefon... Ciekawe, co byśmy personalnemu powiedzieli?

Cześć, nazywam się tak i tak i jestem znakomitym kandydatem do pracy w waszej firmie. Potrafię bez trudu zwiększyć zyski każdego wydziału, w którym znajdę zatrudnienie. Jestem inteligentny, bystry, skuteczny, doświadczony, dobrze wychowany, myślę pozytywnie i daję się lubić. Od kiedy chcecie mnie u siebie zatrudnić?

Nasze szanse otrzymania pracy tą drogą, zwłaszcza że był to telefon „w ciemno", są prawie zerowe. Dlaczego więc tak wielu ludzi korzysta

[7] Na koncie emerytalnym wszystkie zyski są wolne od podatku, aż do osiągnięcia przez posiadacza wieku emerytalnego – przyp. tłum.

z doradców finansowych, którzy się właśnie w taki sposób przedstawiają? Ponieważ nie mają oni doświadczenia w przyjmowaniu ludzi do pracy.

Dlaczego nie jesteś bogaty tak, jak na to zasługujesz? Pewnie dlatego, że nawet nie potrafisz gospodarować rodzinnym budżetem. Czyż jakakolwiek szanująca się firma zatrudniłaby kogokolwiek bez dogłębnego sprawdzenia jego umiejętności i doświadczenia zawodowego? Na pewno nie! Tymczasem większość ludzi, i to nawet tych najlepiej zarabiających, zatrudnia doradcę inwestycyjnego, o którym nie wie nic albo wie bardzo niewiele.

Niektórzy z ankietowanych przez nas osobników wyjaśniali to następująco: „Przecież ja nie zatrudniam pracownika! To jest tylko inwestycja za pośrednictwem faceta, który do mnie zatelefonował". Nasza rada jest w tym przypadku prosta: staraj się prowadzić własny dom tak, jak gdyby to była firma. Najlepsze firmy zatrudniają najlepszych pracowników. Zaopatrują się także u najlepszych dostawców. Korzystanie z najlepszych ludzi i najlepszych surowców to dwa najważniejsze warunki powodzenia w interesach. I odwrotnie, mierni pracownicy i marne surowce to pierwszy krok do klęski. Stąd, każdego telefonującego do nas, i oferującego swe usługi doradcę czy maklera traktować należy wyłącznie jako kandydata do pracy – potencjalnego dostawcę lub ewentualnego pracownika w naszym „domowym przedsiębiorstwie".

Jakich kryteriów używa przy zatrudnianiu pracowników odpowiedzialny kierownik personalny?

Czy doświadczony zaopatrzeniowiec zakupi surowce (w tym wypadku surowcem jest informacja) od pierwszego lepszego dostawcy?

W jaki sposób, w oparciu o jakie kryteria należy wybrać najlepszego dostawcę?

Zanim szanująca się firma zatrudni jakiegokolwiek doradcę finansowego, zanim zdecyduje się na wybór tego, a nie innego dostawcy wiedzy inwestycyjnej sporządza szczegółową listę czynników, mających wpływ na trafność wyboru. Są nimi:

◊ referencje;

◊ dyplom szkoły wyższej wraz z zakresem studiów;

◊ historia kredytowa;

◊ seria rozmów kwalifikacyjnych;

◊ obszerne i kompletne podanie o pracę;

◊ zaświadczenia potwierdzające posiadaną przez kandydata wiedzę, jego umiejętności i doświadczenie zawodowe.

Od wyboru właściwego doradcy finansowego zależy powodzenie naszych interesów, a w konsekwencji wartość posiadanego przez nas majątku. Umiejętność wyboru właściwego doradcy tłumaczy, dlaczego prywatni przedsiębiorcy, łatwiej od innych, dochodzą do majątku. Prywatni biznesmeni mają w dziedzinie doboru pracowników, czy w wyborze dostawcy, bogatsze od innych doświadczenie. Posiadanie biznesu wiąże się z ciągłą oceną ludzi i surowców.

Metoda Martina

Kilka lat temu mieliśmy przyjemność ankietować pana Martina, bystrego inwestora i człowieka, który sam dorobił się milionów. Pan Martin był członkiem specjalnej grupy, składającej się z dziewięciu milionerów, której kryterium przynależności było posiadanie majątku wartości minimum pięciu milionów dolarów. Zbudowanie takiej fortuny wymaga nie lada umiejętności i charakteru.

Pan Martin był w tej grupie prawdziwym ewenementem, nigdy bowiem nie zarobił w ciągu roku (z pracy) więcej niż 75 000 dolarów! Jakim sposobem stał się więc tak bogaty? Otóż, jest on jednym z najwspanialszych inwestorów, jakich udało nam się napotkać. Pan Martin zrobił majątek na giełdzie. Jest to niezwykle inteligentny i mądry człowiek, który o inwestowaniu wie bardzo dużo. Posiada przy tym umiejętność wyjątkowo trafnej oceny doradców finansowych.

Pan Martin, jak większość inwestorów, prenumeruje szereg periodyków o charakterze ekonomiczno – biznesowym. Większość z nich sprzedaje listy adresowe swoich subskrybentów. Tysiące doradców finansowych czy inwestycyjnych ma dostęp do adresu i numeru telefonu pana Martina, który szacuje, iż każdego tygodnia bombarduje go telefonami co najmniej czterech, pięciu maklerów, zachęcając do zainwestowania pieniędzy właśnie przez nich. W jaki sposób pan Martin traktuje te telefony? Otóż, poinstruował on sekretarkę, że na każdy taki telefon ma odpowiadać według scenariusza zwanego „Metoda Martina". Na czym ta metoda polega?

Reprezentuję biznes, który polega m.in. na testowaniu ludzi. Telefonuje do mnie wielu maklerów. Wszyscy oni twierdzą, że mają „ogromne doświadczenie w wynajdywaniu okazji na Wall Street... dzięki niemu zarobili dla swoich klientów fantastyczne pieniądze".

To świetnie – odpowiadam – czy ma pan (pani) dla mnie jakąś propozycję? Więc oni dalej, że „oczywiście, inaczej by nie dzwonili, tyle że muszę zainwestować za ich pośrednictwem minimum 200 000 dolarów".

Więc ja im na to: „Musi pan być naprawdę niezłym specjalistą. Wobec tego mam propozycję: niech mi pan prześle swoje zeznanie podatkowe za ostatnie trzy, cztery lata wraz z listą akcji, które posiadał pan w swoim portfelu inwestycyjnym w tym czasie. Jeśli stwierdzę, że zarobił pan na giełdzie więcej niż ja zarobiłem, zostanę pańskim klientem. Oto mój adres...".

Jeśli mi zaczną tłumaczyć, że nie mogą pokazać, bo to tajemnica albo wymyślą jakiś inny powód, dziękuję za rozmowę, bowiem wiem, że mam do czynienia ze zwykłym partaczem bądź naciągaczem. W ten prosty i skuteczny sposób sprawdzam tych doradców. I to działa. Uważam, że jest to postępowanie fair.

Można by sobie zadać pytanie, w jaki sposób pan Martin znajdzie czas na przeanalizowanie tych wszystkich zeznań podatkowych przesłanych mu przez maklerów. W ciągu kilkunastu lat, odkąd zajął się aktywnym inwestowaniem, otrzymał ich pewnie tysiące. Czy wiecie Państwo ilu telefonujących chciało zostać doradcami pana Martina i przysłało wymagane przez niego dokumenty? ZERO! Ani jeden! Żaden z setek telefonujących i oferujących swoje usługi tzw. doradców nie zadał sobie trudu, by mu przesłać dane o swoich zarobkach i historii własnych inwestycji.

Pan Martin uważa, że to wszystko lipa: „gdyby ci doradcy byli naprawdę tacy dobrzy, szkoda by im było czasu na telefonowanie do mnie". Zgoda, ale przecież niewielu ludzi w Ameryce posiada intelekt pana Martina, jego dochody i majątek. Większość przedstawicieli NBB potrzebuje doradców finansowych już choćby dlatego, że nawet ten telefonujący „w ciemno" makler wie na temat inwestycji więcej niż oni.

Sposób, w jaki dana osoba wchodzi w kontakt z doradcą, ma duży wpływ na poziom jej zamożności. To są bardzo silnie skorelowane czynniki.

W jaki sposób poznaje swoich doradców pan Martin? Podobnie jak większość PBB korzysta on z układów osobistych; poprosił kiedyś swojego księgowego, by mu zarekomendował dobrego doradcę. Księgowy zaproponował kilku kandydatów. Skontaktował go też z paroma swoimi klientami, którzy mieli w dziedzinie inwestowania w papiery wartościowe nie tylko wiedzę, doświadczenie ale i niezłe rezultaty.

Od tego czasu minęło wiele lat, w czasie których pan Martin nieraz korzystał z usług doradców przedstawionych mu przez księgowego (a także adwokata i specjalistę podatkowego). Uważa ich za doskonałe źródło informacji, słucha ich rad szczególnie dlatego, że zostali mu zarekomendowani przez księgowego i adwokata. Pan Martin zakłada, że z tego powodu doradcy ci traktują go wyjątkowo. I rzeczywiście, potwierdza się to w praktyce – otrzymywane rady są skuteczne, a prognozy i oceny prawidłowe. Dlaczego tak jest? Ponieważ w przeciwnym razie doszłoby do przerwania „sieci" wzajemnych powiązań. Jeśli pan Martin byłby niezadowolony z pracy poleconych mu doradców, powiadomiłby o tym księgowego, który mu ich rekomendował. Ten z kolei, nie chcąc tracić swoich najlepszych klientów, wykreśliłby nazwiska doradców z listy osób godnych rekomendacji.

Żaden specjalista nie może sobie na taką wpadkę pozwolić. Troska o dobrą reputację utrzymuje sieć powiązań towarzysko-zawodowych w doskonałej kondycji. Każdy z członków sieci stara się wciąż podnosić poziom swoich usług, bo to mu się po prostu opłaca.

Czego nas powyższy przykład uczy? Tego, że przy wyborze doradcy finansowego czy inwestycyjnego powinniśmy się posłużyć właśnie siecią; korzystać z usług specjalistów, którzy zostali nam zarekomendowani przez innych, godnych zaufania profesjonalistów czy poleceni przez inwestorów, którzy dzięki tym doradcom uzyskali rezultaty lepsze niż średnia rynkowa. Jeśli ktoś nie posiada jeszcze księgowego, niech się za nim rozejrzy.

Pozytywny wpływ na poziom bogactwa ma także właściwy wybór doradcy od spraw podatkowych, który z reguły zajmuje się nie tylko podatkami. On także może służyć dobrą radą w sprawach inwestycyjnych (chociażby dlatego, że pracuje na rzecz innych inwestorów, od których również ma okazje czegoś się nauczyć). Doradcę podatkowego wybieramy w analogiczny sposób – poprzez sieć znajomych (najchętniej z grupy PBB) lub specjalistów. Można się w tej sprawie poradzić na wydziale księgowości lokalnego uniwersytetu czy innej uczelni ekonomicznej. Szkoły wyższe dysponują z zasady listami swoich absolwentów, którzy są dobrymi księgowymi i specjalistami od podatków.

Uważamy ponadto, że w im bardziej renomowanej firmie człowiek pracuje, tym wyższej klasy jest specjalistą. Ten czynnik również ma ogromne znaczenie przy wyborze. Dobra reputacja, rekomendacja wyższej uczelni oraz zatrudnienie w dużej, renomowanej firmie księgowo-podatkowej, to kryteria trafnego wyboru księgowego czy doradcy podatkowego. Dlatego właśnie szanujący się księgowi i specjaliści od podatków robią wszystko, by się na liście uczelnianych rekomendacji znaleźć i pracować w firmach cieszących się najlepszą opinią.

Dobrze jest też sprawdzić, ilu spośród klientów danego księgowego czy doradcy podatkowego stanowią przedstawiciele grupy PBB. Wybierzmy tego profesjonalistę, który ma ich najwięcej. Jeśli przypadkiem nie dowiedział się jeszcze co oznacza PBB, nie zaszkodzi mu to wyjaśnić.

IV

Mój samochód nie świadczy o mnie

WIERZĄ, ŻE NIEZALEŻNOŚĆ MATERIALNA ZNACZY WIĘCEJ NIŻ POPISYWANIE SIĘ SWOJĄ RZEKOMO WYSOKĄ STOPĄ ŻYCIOWĄ

Pan W.W. Allan dorobił się milionów sam. Od czterdziestu lat mieszka wraz z małżonką, wciąż w tym samym trzysypialniowym domku, w całkiem przeciętnej dzielnicy. Pan Allan jest właścicielem dwóch fabryk w jednym z miast Środkowego Zachodu Stanów Zjednoczonych[1]. Przez całe swoje dorosłe życie jeździł wyłącznie samochodami firmy General Motors. Nigdy nie przyszło mu do głowy aby kupić jakiś inny, a już nie daj Boże, luksusowy samochód. Zarówno biznes, jak i gospodarstwo domowe pana Allana prowadzone są w sposób wzorowy. Dzięki zyskom z fabryk oraz stosunkowo umiarkowanej konsumpcji udało się państwu Allanom zgromadzić znaczną nadwyżkę gotówki. Zainwestowali ją częściowo we własny biznes, resztę przeznaczając na zakup dochodowej nieruchomości oraz szeregu akcji renomowanych firm amerykańskich. Pana Allana zaliczyć można do grupy super-PBB. Wartość jego majątku

[1] Środkowy Zachód to stany: Illinois, Indiana, Michigan, Ohio i Wisconsin – przyp. tłum.

netto przewyższa dziesięciokrotnie statystyczną wartość majątku ludzi z tej samej, co pan Allan grupy zarobkowej!

W czasie swojej bogatej kariery zawodowej i biznesowej pan Allan służył radą wielu początkującym przedsiębiorcom. Był dobrym doradcą dla dziesiątków mniej lub bardziej bezradnych biznesmenów, wielu z nich uratował od bankructwa m.in. poprzez prywatne pożyczki. Nigdy jednak nie pożyczył centa komuś, kto posługiwał się zasadą: „kupiłby wieś, lecz pieniądze gdzieś". W mniemaniu pana Allana tacy ludzie nie są w stanie spłacić swoich długów i zobowiązań. Znacznie łatwiej przychodzi im wydawanie pieniędzy i to na długo zanim je zarobili.

Zarówno biznesmeni, których wyciągał z tarapatów, jak i sami państwo Allanowie przyznają, że nigdy w życiu nie starali się wyglądać na ludzi bogatych. Pan Allan twierdzi wręcz, że „dzięki temu jest dzisiaj człowiekiem materialnie niezależnym".

Jeśli naprawdę chcesz osiągnąć bezpieczeństwo materialne osiągniesz je... Jeśli jednak motywem twojego działania jest zarabianie pieniędzy po to tylko, by nimi później szastać na prawo i lewo, by mieć tzw. dobre życie, bogatym człowiekiem nie zostaniesz nigdy!

Ludzie, którzy nie osiągną nigdy materialnej niezależności wierzą – tak przynajmniej wynika z odpowiedzi udzielonych w naszej ankiecie – iż głównym motywem działania człowieka jest praca i kariera zawodowa. Gdyby ich jednak zapytać, dlaczego tak ciężko pracują, dlaczego wybrali taką a nie inną karierę zawodową, okaże się, że w przeciwieństwie do pana Allana, nie zależy im wcale na osiągnięciach. To, co ich naprawdę interesuje to pieniądze, blichtr, życie na pokaz. Tacy właśnie są NBB, zwłaszcza ci najlepiej zarabiający. Jest to grupa ludzi, którzy nie pracują dla osiągnięcia niezależności materialnej, lecz po to, by wydawać. NBB widzą życie jako serię „skoków" z niższego poziomu konsumpcyjnego na wyższy.

Komu więc praca sprawia więcej przyjemności? Komu sprawia większą satysfakcje? Przedstawicielom grupy PBB czy NBB?

Większość ankietowanych przez nas przedstawicieli kategorii PBB to ludzie kochający swoją pracę. Gros NBB traktuje pracę jako sposób zaspokajania ich wybujałych potrzeb konsumpcyjnych.

Postawa i motywy tych ludzi drażnią i obrażają pana Allana. W czasie naszych spotkań kilkakrotnie podkreślał, że:

Ilość posiadanych pieniędzy nie wpływa na wartość człowieka... Pieniądze to tylko wizytówka tego, jak nam się powodzi.

PANOWIE, TYLKO NIE ROLLS-ROYCE

Pan Allan jest bardzo spostrzegawczy, zwłaszcza gdy chodzi o postępowanie ludzi z grupy NBB. Zauważył więc, że tych ludzi zmieniają „rzeczy". Wystarczy, że staną się właścicielami jednej luksusowej zabawki, a już chcą posiadać drugą, trzecią. Uważają bowiem, że bez tych rzeczy mogliby stracić swój status ludzi elity. W krótkim czasie stają się niewolnikami posiadania, konsumpcji. Pan Allan doskonale wie w jaki sposób kosztowne zabawki i inne wymyślne cacka wpływają na status społeczny człowieka. Z tego powodu nigdy o ich posiadanie nie zabiegał. Według pana Allana posiadanie tych pozornych oznak dobrobytu może być zagrożeniem jego prostego, lecz skutecznego sposobu życia:

Dorabianie się majątku nie zmienia naszego stylu życia ani o jotę. Nawet dzisiaj nie próbuję zmieniać sposobu, w jaki żyję.

System wyznawanych przez pana Allana wartości został ostatnio poddany próbie. Grupka przedsiębiorców, których kiedyś wyciągnął z kłopotów finansowych, zdecydowała kupić mu „specjalny" prezent urodzinowy. „Będzie to piękny gest z naszej strony" – myśleli ofiarodawcy. Nie zawsze jednak specjalny, drogi prezent od rodziców czy przyjaciół sprawia ofiarowanemu radość. Czasami nie przystaje zupełnie do wyznawanych przez niego wartości i prowadzonego stylu życia. Kosztowny prezent zobowiązuje osobę ofiarowaną do zmiany dotychczas wyznawanych zasad, chociażby po to, by sprostać oczekiwaniom związanym z jego posiadaniem.

Załóżmy, że zamożni rodzice kupują swemu synowi w prezencie elegancki dom w luksusowej dzielnicy. Znakomity pomysł, nieprawdaż? A przecież powinni sobie zdawać sprawę, że dom w takiej dzielnicy będzie dla ich dziecka, jak studnia bez dna; począwszy od podatku od nieruchomości, poprzez wymóg posiadania niebanalnego wnętrza, drogiego samochodu czy konieczność posyłania dzieci do drogich prywatnych szkół – wszystko to wymaga ogromnych pieniędzy. Dziecko wpada w kierat: zarobki – wydatki – zarobki – wydatki...

„Dziękuję Mamo, dziękuję Tato, ale ja tego domu nie chcę!"

Oto co powiedział pan Allan na temat prezentu:

Wydarzyło się ostatnio coś naprawdę dziwnego. Otóż grupka znajomych i współpracowników postanowiła zrobić mi niespodziankę i kupić... Rolls-Royce'a. Mój ulubiony kolor nadwozia, skórzana tapicerka zamówione specjalnie dla mnie... O prezencie dowiedziałem się cztery miesiące po tym, kiedy został zamówiony... Do terminu dostawy pozostało jeszcze pięć miesięcy...

Jak byście zareagowali, gdyby ktoś, komu chcecie podarować Rolls-Royce'a podziękował, mówiąc że takiego prezentu nie chce?

Oto dlaczego pan Allan odmówił przyjęcia Rolls-Royce'a:

Posiadanie Rolls-Royce'a nie ma dla mnie większego znaczenia. Nie mam wcale zamiaru zmieniać swojego życia po to tylko, by sprostać oczekiwaniom związanym z posiadaniem tak luksusowego samochodu. Czy wypadałoby mi po udanym połowie wrzucić na tylne siedzenie Rollsa kilka ryb? Oczywiście, że nie. W moim obecnym samochodzie nie mam z tym najmniejszych kłopotów. A wiadomo, że z wędkowania nie zrezygnuję, jeżdżę na ryby w każdy weekend. Nigdzie nie ma tak smacznych ryb, jak w naszym jeziorze. Mam tu swoją łódkę... wszystko prawie pod nosem.

Mówiąc o rybach, miał pan Allan na myśli nie tylko ich łowienie, ale i zwyczaj wożenia martwych ryb na tylnym siedzeniu swojego czteroletniego, wysłużonego „krążownika" made in USA. Na coś takiego nie mógłby sobie pozwolić prowadząc Rollsa. Czułby się nieswojo w tak luksusowym samochodzie. Dlatego więc albo musi zrezygnować z ryb, albo z prezentu.

Pójdźmy za sposobem rozumowania pana Allana dalej.

Jego biuro mieści się na terenie fabryki, której jest właścicielem, ta zaś zlokalizowana jest na terenie starej dzielnicy przemysłowej. Przecież luksusowy samochód do takiego miejsca nie pasuje. A poza tym, po co panu Allanowi dwa samochody? To, jego zdaniem, marnotrawstwo. Ponadto, posiadanie tak luksusowego wozu, jakim jest Rolls popsułoby mu relacje z załogą, która mogłaby się poczuć nieswojo. Zatrudnionym w fabryce robotnikom mogłoby się wydawać, że pan Allan ich wyzyskuje. Czym bowiem wytłumaczyć fakt posiadania tak drogiego pojazdu? Podobnych problemów pojawiłoby się znacznie więcej:

Rollsem nie wypada przecież jechać do trzeciorzędnej, skromnej restauracyjki, a ja takie uwielbiam... Posiadanie Rollsa zobowiązuje. Nie, dziękuję. Może się to wydać dziwne, ale zadzwonię i powiem, że nie mogę tego prezentu przyjąć. Jest cała masa rzeczy, które sprawiłyby mi większą radość niż posiadanie Rollsa.

Pan Allan wie, że większość tych wyszukanych cacek i kosztowności to tylko kłopot, czy wręcz przeszkoda na drodze do osiągnięcia niezależności materialnej. Życie i tak jest trudne. Po co dokładać sobie kłopotów?

Kupowanie samochodu w milionerskim stylu

W jaki sposób milionerzy kupują samochód?

Około 81% milionerów jeździ własnymi samochodami, reszta korzysta z leasingu. Tylko 23,5% milionerów posiada samochody nowe. Większość w ciągu ostatnich dwóch lat samochodu nie kupowała.

Dokładniej, 25,2% milionerów ostatni swój samochód kupiło ponad cztery lata temu.

Ile milionerzy płacą za swoje samochody?

Typowy milioner nie wydał na swój obecny wóz więcej niż 24 800 dolarów. Przy czym 20% ludzi z tej grupy nigdy nie zapłaciło za samochód więcej niż 19 500 dolarów

Warto w tym miejscu zaznaczyć, że przeciętny Amerykanin wydaje na swój nowy samochód ponad 21 000 dolarów. Nie jest to wcale dużo mniej niż 24 800 dolarów, czyli tyle ile wydają milionerzy. Co więcej, wielu milionerów nie kupuje nowych samochodów w ogóle. Blisko 37% z nich nabywa wyłącznie samochody używane. Znaczna grupa zapłaciła za swój obecny samochód mniej, niż kosztował jego poprzednik.

Jaki był najdroższy samochód na jaki sobie milionerzy pozwalają? Połowa ankietowanych przez nas ludzi zamożnych nigdy nie zapłaciła za samochód więcej niż 29 000 dolarów. Jedna piąta nie zapłaciła więcej niż 19 950 dolarów. Zaś prawie 80% wydało na swój najdroższy samochód 41 300 dolarów lub mniej.

Statystyka ta kształtuje się inaczej z chwilą wyłączenia z grupy milionerów tych wszystkich, którzy swój majątek odziedziczyli – grupa ta stanowi ok. 14% ankietowanych przez nas ludzi zamożnych.

Typowy milioner-spadkobierca wydaje na swój najdroższy samochód co najmniej 36 000 dolarów. Dla milionerów, którzy dorobili się majątku własną pracą, kwota ta nie przekracza z zasady 21 000 dolarów; 9 000 dolarów mniej niż u „dziedziców".

Z powyższych rachunków wynika, że statystyczny Amerykanin wydaje na swój najdroższy samochód aż 78% tego, co wydają najbardziej majętni ludzie tego kraju.

Spójrzmy na to zjawisko jeszcze z innej perspektywy.

Typowy milioner wydaje na swój najdroższy samochód 29 000 dolarów, co stanowi ekwiwalent 1 % wartości netto jego całego majątku. Wartość majątku przeciętnego posiadacza samochodu w USA stanowi zaledwie niespełna 2% tego, co posiadają milionerzy. Czy wobec tego statystyczny Amerykanin wydaje na samochód ekwiwalent 2% tego, co płacą milionerzy? Gdyby tak było, nie mógłby zapłacić za wóz więcej niż... 580 dolarów (2% z 29 000 dolarów). Tymczasem przeciętny obywatel tego kraju wydaje na samochód równowartość co najmniej 30% tego, ile jest wart.

Zwróćmy ponadto uwagę, że przeciętny Amerykanin kupuje nowy samochód za cenę równoważną 72% najwyższej ceny, jaką milioner zapłacił kiedykolwiek za nowy samochód. Czy teraz już wiemy, dlaczego tak nieliczni Amerykanie zostają milionerami?

Milionerzy, którzy zamiast kupować samochód, wolą leasing – są w mniejszości; leasing wybiera zaledwie 20% ludzi bogatych. Jaka była cena najdroższego samochodu, jaki wzięli ostatnio w leasing? W ponad 50% przypadków nie przekraczała ona 31 680 dolarów. Prawie 80% pojazdów wziętych w leasing miało wartość poniżej 44 500 dolarów.

Ludzie nas często pytają: czy opłaca się wziąć samochód w leasing? Nasza odpowiedź jest zawsze taka sama:

Ponad 80% milionerów swoje samochody kupuje. O ile połowa z nich zmieni zdanie, i zamiast kupować, będzie swe samochody brać w leasing, wówczas zmienimy naszą rekomendację.

Marka samochodu

Jakimi samochodami milionerzy jeżdżą najczęściej? Powód do prawdziwej dumy mogą mieć amerykańscy producenci samochodów – ponad 57,7% samochodów posiadanych przez milionerów stanowią wozy produkowane w USA, „Japończyki" stanowią 23,5%, podczas gdy samochody produkowane w Europie, to zaledwie 18,8% pojazdów znajdujących się w rękach najbogatszych ludzi Ameryki.

Jaka jest najpopularniejsza wśród milionerów marka samochodu? Oto lista rankingowa marek samochodów posiadanych przez najbogatszych Amerykanów, sporządzona w kolejności udziału danej marki w całości rynku samochodów „milionerskich":

1. **Ford** (9,4% rynku) – najpopularniejszy model to pick-up F-150 oraz Explorer z napędem na cztery koła. W ogóle wśród

milionerów panuje ostatnio moda na samochody typu jeep, z napędem na wszystkie koła. Mniej więcej jeden na trzech milionerów jeżdżących fordem posiada pick-upa model F-150. Esplorera posiada 25% posiadaczy fordów. Zauważmy, że pick-up F-150 jest najlepiej sprzedającym się samochodem w USA. Widać więc, że kierowcy pick-upów mają z milionerami wiele wspólnego.

2. **Cadillac** (8,8% rynku) Ponad 60% posiadaczy cadillaców prowadzi modele de Ville Brougham.
3. **Lincoln** (7,8%) Około połowa właścicieli lincolnów, posiada model Lincoln Town Car.
4. **Ex aequo: jeep, mercedes, lexus** (każdy po 6,4% rynku). Prawie wszyscy spośród milionerów, którzy zdecydowali się na samochód terenowy, posiada jeepa Grand Cherokee. Ten model zajmuje pierwszą lokatę na liście najpopularniejszych samochodów wybieranych przez milionerów. Niemal dwie trzecie właścicieli lexusa zdecydowało się na model LS 400. Ulubionym modelem mercedesa są samochody klasy „S".
5. **Oldsmobile** (5,9% rynku). Ulubiony model Olds 98.
6. **Chevrolet** (5,6% rynku), obejmuje 10 różnych modeli. Najpopularniejsze to terenowe z napędem na cztery koła: Suburban oraz Blazer.
7. **Toyota** (5,1% rynku) – ponad połowa milionerskich toyot to model Camry.
8. **Buick** (4,3% rynku) – największym uznaniem posiadaczy buicków cieszą się modele Le Sabre oraz Park Avenue.
9. **Ex aequo: volvo i nissan** (każdy po 2,9% rynku). Najpopularniejszy model nissana to terenowy Pathfinder; najpopularniejsze volvo – seria 200.
10. **Ex aequo: Chrysler i Jaguar** (po 2,7% każdy).

Inne popularne marki to: Dodge, BMW, Mazda, Saab, Infiniti, Mercury, Acura, Honda, GMC, Volkswagen, Land Rover, Subaru, Pontiac, Audi, Isuzu, Plymouth i Mitsubishi. Trzech największych producentów na liście to General Motors (26,7% samochodów posiadanych przez milionerów); Ford Motor Company (19,1%) oraz Chrysler (ok. 11,8%)

Jak z powyższego opracowania widać, gros milionerów prowadzi tzw. żelazo z Detroit. Taka sama kolejność odnosi się do całej populacji Amerykanów; dla nich żelazo z Detroit to nadal najpopularniejszy pojazd.

Czy widząc, że nasz sąsiad jeździ na co dzień cadillacem, fordem albo jeepem potrafimy stwierdzić, że jest on milionerem czy nie? Niestety, nie! Trudno bowiem oceniać majątek człowieka na podstawie marki samochodu jakim jeździ.

Coraz większa ilość amerykańskich milionerów kupuje samochody produkowane w USA, szczególnie Buick, Cadillac, Chevrolet, Chrysler, Ford, Lincoln i Oldsmobile. Trend ten zaznaczył się szczególnie mocno w związku ze zwiększoną (przez tych trzech producentów) podażą samochodów terenowych z napędem na cztery koła.

Co sprawia, że pojazdy z Detroit cieszą się wśród milionerów takim wzięciem? Aby udzielić odpowiedzi na to pytanie musimy się cofnąć do zdarzenia, które miało miejsce piętnaście lat temu.

Po zakończeniu ankiety dla grupki milionerów opuściliśmy budynek, w którym się zajęcia odbywały i udaliśmy się na pobliski parking. Ze zwykłej ciekawości przyglądaliśmy się do jakich to samochodów wsiadają ankietowani przez nas krezusi. Ku naszemu zaskoczeniu okazało się, że większość z nich wsiadła do „krążowników" rodem z Detroit: buicków, fordów i oldsmobile'ów. Spojrzeliśmy po sobie i niemal równocześnie powiedzieliśmy: „Przecież ci ludzie nie mają żadnej klasy; oni chyba kupują samochody na wagę!"

I to jest prawda. Wielu amerykańskich milionerów ma skłonność do kupowania samochodów, których kilogram wagi kosztuje najmniej. Przeciętna cena 1 kg przeciętnego samochodu fabrycznie nowego wynosi 15,09 dol. Pełnowymiarowy, czterodrzwiowy buick sedan sprzedaje się obecnie w cenie ok. 13,20 dol. za kg; 1 kg chevroleta Caprice kosztuje ok. 11,65 dol.; potężny ford Crown Victoria kosztuje 12,10 dol. za kg; lincoln Town Car – 22,00 dol. za kg; cadillac Fleetwood – 18,12 dol. za kg. 1 kg forda Explorera kosztuje 13,16 dol. Najpopularniejszy wśród milionerów jeep Grand Cherokee także nie jest drogi, bowiem 1 kg kosztuje tylko 15,52 dol.

Jak się te ceny mają do pełnowymiarowych sedanów produkowanych w Europie czy Japonii? Otóż, BMW 740 kosztuje na wagę ok. 33,00 dol. za kg; mercedes Benz 500 SL – 48,40 dol., zaś lexus LS400 – 30,80 za kg. Czy wiecie ile kosztuje kilogram ferrari F40? Prawie 385 dolarów za kg!

Wielu zamożnym ludziom jazda „zwykłym" samochodem, nie należącym do klasy wozów luksusowych, sprawia prawdziwą radość. Dla nich samochód nie jest miarą wartości człowieka. Wierzą w znacznie bardziej obiektywne kryteria oceny. Wprawdzie niektórzy milionerzy decydują się na samochody luksusowe, ale takich jest mniejszość. Przykładowo, w zeszłym roku (1995) sprzedano w USA 70 000 mercedesów. Stanowi to niespełna 0,5% wszystkich samochodów (ponad 14 mln szt.) sprzedanych w USA. Pamiętajmy, że rodzin z majątkiem wartości 1 mln dolarów i więcej jest w USA 3,5 mln. O czym to świadczy? Że większość członków tych rodzin mercedesami i innymi luksusowymi wozami nie jeździ. Jeśli chodzi o ścisłość, na każdych trzech posiadaczy samochodów najwyższej klasy, aż dwóch nie posiada statusu milionera.

Samochody amerykańskie cieszą się wśród milionerów popularnością od dawna. Ostatnio także młodsi milionerzy jakby się do nich przekonali. Czym to wytłumaczyć? Otóż gros milionerów to tzw. *entrepreneurs,* osobnicy z natury przedsiębiorczy i gospodarni. Ludzie tacy zwracają z reguły większą uwagę niż zwykli śmiertelnicy na cenę i efektywność. Po nich oceniają sens i celowość jakiegoś zakupu. Kupując samochód zadają sobie szereg pytań m.in. jaki wpływ będzie miał ten, stosunkowo duży wydatek na mój biznes, jak wpłynie on na poziom mojego majątku? Bardzo często dochodzą do wniosku, że kampania reklamowa czy nowa maszyna znacznie lepiej wpłyną na ich interesy, niż drogi, „szpanerski" samochód.

Postępowanie kupującego

Przez jaki proces myślowy przechodzą milionerzy zanim kupią samochód? Przeprowadziliśmy obszerne badanie procesu decyzyjnego w odniesieniu do samochodów różnych marek, kupowanych przez milionerów. Na tej podstawie doszliśmy do wniosku, że milionerzy posługują się bardzo różnymi kryteriami decyzyjnymi. Analiza tych kryteriów i sposobów zakupu mówi nam wiele o zachowaniach i postawach prowadzących ludzi do bogactwa.

Wśród milionerów istnieją cztery zasadnicze typy nabywców. U źródeł tego podziału leżą dwa czynniki: pierwszy to lojalność wobec dealera, drugi to wiek samochodu – fabrycznie nowy lub używany.

Wielu kupujących ma skłonność do ciągłego korzystania z tej samej firmy dealerskiej. Innymi słowy, gdy dojdą do wniosku, że powinni kupić nowy samochód, udają się do tego dealera, który sprzedał im ich ostatni, przedostatni a czasem nawet pierwszy wóz. Prawie 45,7% milionerów to ludzie lojalni wobec swych dealerów.

Wszyscy inni polują na okazje. Takich jest pośród najbogatszych ludzi Ameryki 54,3%. Ludzie ci nie są wierni żadnemu dealerowi. Większość z nich to nabywcy zwracający dużą uwagę na cenę. Potrafią szukać korzystnej okazji przez miesiąc albo i dłużej.

Drugim czynnikiem wpływającym na przebieg transakcji jest, jak wspomnieliśmy, wiek samochodu; innymi słowy, czy kupujemy samochód fabrycznie nowy czy używany. Aż 63,4% ludzi z grupy zamożnych woli i kupuje samochody nowe. Pozostałe 36,6% ma dużą skłonność do samochodów używanych i tylko takie kupują. Złożenie obu tych czynników razem tworzy nam cztery typy kupujących:

Typ 1 – kupują tylko samochody nowe – lojalni wobec swojego dealera – takich jest 28,6%;

Typ 2 – kupują wyłącznie samochody nowe, przy czym nie są wierni jednemu dealerowi; szukają najkorzystniejszej okazji – takich jest 34,8%;

Typ 3 – kupują wyłącznie samochody używane i to ciągle u tego samego dealera, wobec którego są wciąż lojalni – takich jest 17,1%;

Typ 4 – kupują wyłącznie samochody używane, przy czym szukają okazji – takich jest 19,5%.

Typ 1 – nowy samochód, ten sam dealer (28,6%)

Ludzie o tej orientacji kupują wyłącznie samochody nowe i to najczęściej u tego samego dealera, któremu są wierni, przynajmniej do czasu. Większość ludzi zamożnych posiada określone i zdecydowane preferencje jeśli chodzi o markę kupowanego wozu. Gdy zatem decydują się na kupno samochodu, znając markę o jaką im chodzi, wiedzą do którego dealera się udać. W kupowaniu nowych samochodów wciąż od tego samego sprzedającego widzą dla siebie pewne korzyści. Co nie znaczy, że poddają się swemu dealerowi jak bezwolne owieczki. Przeciwnie, nawet dla nich odpowiednia cena jest sprawą ważną. Można się zastanawiać nad powodami lojalności w stosunku do dealera, podejrzewać, że nabywcy są tak bierni iż nie chce im się po prostu szukać innego sprzedawcy. A może polubili swojego dealera i darzą go dozgonną sympatią? Nie, uczucia nie grają tu roli. Wobec tego co ich z tym konkretnym dealerem wiąże?

To proste – miłośnicy nowych samochodów, lojalni wobec dealera starają się minimalizować swój wysiłek konieczny zwykle do znalezienia odpowiedniego dealera i upragnionego samochodu. Nabywcy nowych samochodów, z grupy „lojalistów", to ludzie poświęcający swojej pracy zawodowej i wysokim dochodom ogromną ilość czasu i wysiłku. Uważają oni, iż znacznie więcej pieniędzy można zarobić pracując niż jeżdżąc od dealera do dealera w poszukiwaniu super okazji. Ta grupa trzyma się swojego dealera, bo wierzy, że w ten sposób uzyska maksymalnie korzystne warunki na tzw. wyposażenie dodatkowe, którego cena w wielu przypadkach może przekraczać wartość samego pojazdu.

Dlaczego ci milionerzy, zamiast używanych kupują samochody nowe? Dlaczego na cenę zwracają mniej uwagi niż robią to nabywcy samochodów używanych?

Primo, amatorzy nowych samochodów po prostu nowe samochody lubią, chociaż nie to jest powodem, dla którego je kupują. W ich mniemaniu kupowanie samochodu nowego jest znacznie łatwiejsze i prostsze niż kupowanie samochodu używanego; wymaga mniej czasu i mniej starań. Uważają także, że nowy samochód jest pewniejszy, można na nim bardziej polegać. Łatwiej jest nabyć ulubiony kolor karoserii czy tapicerki oraz pożądane akcesoria. Summa summarum, przekonani są, że aby dostać więcej, trzeba więcej zapłacić.

Nie można jednak powiedzieć, że dla tej grupy nabywców cena jest bez znaczenia. Wielu z nich (46%) zanim uda się do swego ulubionego dealera, sprawdza ile wynosi tzw. cena dealerska, czyli jaki jest koszt kupna samochodu przez dealera. Dwóch na trzech kupujących odwiedza kilka innych firm dealerskich w celu zasięgnięcia opinii czy wysondowania ceny. Inni, aby się lepiej zorientować w cenie studiują ogłoszenia prasowe, poradniki konsumenckie i inne periodyki fachowe. Czynnikiem wpływającym na zachowanie się podczas kupna jest lokalizacja dealera. Mimo iż wielu potencjalnych nabywców kontaktuje się z firmami spoza rejonu, w którym mieszkają, robi to wyłącznie w celach orientacyjnych. Tylko jeden na dziesięciu korzysta stale z dealera znajdującego się poza miastem.

Jest jeszcze jeden czynnik, który wyjaśnia postępowanie amatorów nowych samochodów, z grupy lojalistów:

Ponad 20% z nich korzysta z dealera, który jest zarazem ich klientem.

Korzystanie z sieci biznesowo-towarzyskich to praktyka wśród ludzi bogatych bardzo popularna. Wielu bogatych właścicieli biznesów wierzy we wzajemność świadczonych sobie usług czy przysług. Pomyślmy chwilę...

Do kogo powinien się udać właściciel firmy budowlano-betoniarskiej: do dealera, którego nie widział dotąd na oczy, czy takiego, który dał mu niedawno zlecenie na wybetonowanie swojego placu parkingowego? Odpowiedź jest oczywista.

Wielu lojalistów z grupy profesjonalistów – adwokaci, księgowi, architekci, doradcy finansowi – również wierzy w zasadę wzajemności. Im bardziej ktoś światły, tym chętniej korzysta z usług firmy, która korzysta z jego własnych usług. Stąd, dość powszechne jest utrzymywanie przez firmy dealerskie ponad stu różnych dostawców surowców i usług. Istnieje duże prawdopodobieństwo, że każdy z dostawców zechce się kiedyś zrewanżować za dane mu zlecenie. Wielu takich lojalnych milionerów otrzymuje od swych dealerów listy referencyjne klientów, z których mogą skorzystać we własnym interesie. Co więcej, aż 25,5% lojalistów rekomenduje wybranego przez siebie dealera poszukującym samochodu przyjaciołom czy współpracownikom. Dealerzy rewanżują się za te referencje udzielając rekomendowanym osobom dużej zniżki przy kupnie samochodu.

Wielu ludzi bogatych – mniej więcej 20% całej milionerskiej populacji – okazuje dealerowi lojalność jeszcze z innego powodu. Otóż, zdarza się, że dealerzy są ich krewnymi, przyjaciółmi lub bardzo bliskimi znajomymi.

Wielu woli negocjować bezpośrednio z właścicielem firmy; 37% kupuje wyłącznie od właściciela. Dlaczego? Ponieważ uważają, iż jest to jedyny sposób na wytargowanie najniższej ceny za możliwie najlepszy pojazd.

Typ 2 – nowy samochód, różni dealerzy (34,8%)

Milionerzy należący do tej orientacji zakładają, że najlepszą cenę uzyskają w drodze intensywnych negocjacji z wieloma różnymi dealerami, oraz że cena ta uzasadnia ilość czasu i wysiłek przeznaczony przez nich na te negocjacje. Statystycznie, na swój najkosztowniejszy wóz wydają oni o ok. 9% mniej niż nabywcy nowych samochodów z grupy lojalistów. Za swój ostatni samochód zapłacili nawet 14% mniej niż lojaliści.

Lojaliści mają skłonność do kupowania nieco droższych samochodów, co przejawia się w stosunkowo dużym zróżnicowaniu płaconych przez nich cen. Poszukiwacze okazji są z reguły bardziej wyczuleni na różnice cen u konkurujących ze sobą dealerów, a ponieważ są z reguły doświadczonymi negocjatorami, wielu targuje się do upadłego.

W przeciwieństwie do lojalistów, rzadko kiedy korzystają z firm będących własnością krewnych czy przyjaciół. Jeszcze rzadziej rekomendują jakiegoś dealera przyjaciołom czy współpracownikom, nawet za cenę udzielenia im większego rabatu. Kupując samochód, rzadko kiedy pertraktują z właścicielem firmy, nie kupują też od dealerów, z którymi sami robią interesy.

Z drugiej strony potrafią poświęcić na poszukiwanie najkorzystniejszej oferty („po koszcie dealera", „poniżej kosztu dealera" albo „z bezpłatnym – bo promocyjnym – wyposażeniem dodatkowym") kilka tygodni czy nawet miesięcy.

Kupowanie przez fax

Jeśli na myśl o kupowaniu samochodu przechodzą cię ciarki, spróbuj skorzystać z następującej metody. Mark R. Stuart jest naszym przyjacielem, który wszystkie swoje samochody kupował dotychczas metodą wizytacji kolejnych dealerów w poszukiwaniu najlepszej okazji. Nigdy dotąd nie kupował jednak samochodu terenowego. Mimo iż brak mu doświadczenia w kupowaniu tego typu wozów, pomyślał, że zaoszczędzi wiele czasu i wysiłku posługując się „sposobem". Poniżej drukujemy treść pisma, które pan Stuart wysłał faxem do sześciu okolicznych dealerów Forda.

Trzech *salesmanów* odpowiedziało natychmiast, przesyłając – również faxem – swoje najlepsze oferty cenowe, z których pan Stuart wybrał jego zdaniem najkorzystniejszą. Przydało mu się przy tym doświadczenie z wojska, gdzie przez kilka lat pan Stuart był oficerem zaopatrzeniowym.

Jeśli macie fax, a przypadkiem macie zamiar kupić samochód terenowy, możecie skorzystać z metody pana Stuarta.

Do_
Działu Sprzedaży Nowych Samochodów
Od: Mark R. Stuart
fax (404)XXX-XXXX
Dot. oferty kupna samochodu

Jeśli Wasza firma zainteresowana jest włączeniem mnie do grona swoich klientów, proszę o odpowiedź na niniejsze pismo za pośrednictwem faxu. Jestem zainteresowany kupnem za gotówkę (nie zmieniam starego wozu) następującego samochodu:

- Najnowszy model Ford Explorer, seria Limited 4x4
- Kolor kość słoniowa – metalik, tapicerka skórzana w kolorze naturalnym.
- Dodatkowo: otwierany dach
- Odtwarzacz płyt kompaktowych
- Dodatkowy uchwyt na tablice rejestracyjne z przodu wozu.

Jeśli nie posiadacie takiego samochodu na składzie, nie ma pośpiechu. Mogę zaczekać.

Wasza odpowiedź powinna zawierać: dokładną cenę całego samochodu, z rozbiciem na poszczególne jej składniki, ponadto podatek od sprzedaży, muszą być wliczone opłaty rejestracyjne, tablice i wszelkie inne opłaty wymagane przez prawo.

Proszę o odpowiedź na mój fax. Nie telefonujcie do mnie. Jeśli macie jakieś pytania przekażcie je również faxem. Jeśli ja będę chciał o coś zapytać, skontaktuję się z wami telefonicznie.

Dziękuję
Mark R. Stuart

TYP 3 – SAMOCHODY UŻYWANE, LOJALNI WOBEC SWOICH DEALERÓW (17,1%)

Dlaczego milionerzy, ludzie, których dochód roczny przekracza 300 000 dolarów a wartość ich majątku wynosi blisko 4 mln dolarów, muszą kupować stare samochody? Wcale nie muszą! Kupują bo chcą.

Zasadniczo, kupowanie używanych samochodów sprawia tym ludziom satysfakcję. Kupując dwu lub trzyletni samochód uważają, iż jego pierwszy właściciel zapłacił za te lata eksploatacji nieproporcjonalnie wysoką cenę. Sami, bardzo często po dwóch, trzech latach pozbywają się swojego samochodu odzyskując niejednokrotnie znaczną część tego co zapłacili przy kupnie. Wielu z nich uważa, że angażowanie się w poszukiwanie najkorzystniejszej okazji jest stratą czasu i energii. Są także przekonani, iż cena fabryczna czy nawet cena dealerska samochodu jest z reguły mocno zawyżona. Przekonanie, że można samochód kupić poniżej ceny hurtowej (koszt dealera) jest ich zdaniem marzeniem ściętej głowy. Dla tego typu nabywców prawdziwą zniżkę uzyskuje się kupując samochód używany.

Nabywcy samochodów używanych, lojalni względem dealerów, posiadają w swych szeregach najwyższy procent przedsiębiorców, a ten typ ludzi zwraca wyjątkową uwagę na płaconą za samochód cenę. Ich skłonność do lokowania pieniędzy w produkty inwestycyjne walczy tutaj z silną chęcią posiadania dobrego samochodu. Kompromisem jest dla nich właśnie samochód luksusowy, lecz używany. Ich ulubione modele, to: Jeep Cherokee, Cadillac de ViIle, pick-up Ford F-150, Explorer, Lincoln Town Car, Chevrolet Caprice, Suburban i Infiniti Q45s.

Przedstawiciele tej grupy wydają na zakup samochodu z reguły mniej niż wydają ci milionerzy, którzy kupują wozy fabrycznie nowe. Najniższy jest także procent dochodu przeznaczanego na kupno samochodu. Statystycznie, płacą za samochód równowartość 7,6% swoich rocznych poborów. Za swój najdroższy wóz zapłacili nie więcej niż ekwiwalent 9,9% tego co w danym roku zarobili. Wydatki te stanowią odpowiednio 0,68% i 0,89% wartości ich majątku netto.

W jaki sposób członkowie tej grupy podejmują decyzję wyboru dealera i kupna samochodu?

Zaczynają od sprawdzenia jaka jest cena fabrycznie nowego samochodu; chodzi oczywiście o wóz interesującej ich marki. Następnie szacują jego amortyzację. Ta informacja właśnie przybliża ich do decyzji kupna samochodu używanego. Porównują ją z cenami rynkowymi i hurtowymi samochodów używanych publikowanymi w prasie i fachowych periodykach. Często dane te dostarcza klientom księgowy lub doradca podatkowy.

Po tej procedurze wstępnej – przypominam, że mówimy o amatorach samochodów używanych, z grupy lojalnych wobec swoich dealerów – następuje analiza ofert pochodzących od różnych firm dealerskich. Robi się ją po to, by zweryfikować rzetelność tego wybranego (najczęściej lokalnego) dealera; „zależy mu na tej transakcji, czy nie?" Niektórzy nabywcy sprawdzają ponadto ceny wozów z ogłoszeń prasowych w rubryce *Sprzedam samochód.* Zdarza się dość często, że telefonują pod podane w ogłoszeniu numery i pytają sprzedającego, czy gotów byłby obniżyć swą cenę wywoławczą. W większości przypad ków jest to tylko „śledztwo" mające doprowadzić do poznania najniższej (realnej) ceny jaką za poszukiwany model można obecnie zapłacić. Wszystkie zdobyte informacje służą później negocjacjom cenowym z wybranym przez nas dealerem. W większości przypadków dealer stara się zaproponować cenę niższą niż konkurencja, a w najgorszym przypadku jej dorównać.

Milionerzy z powyższej grupy korzystają z wybranego dealera wielokrotnie. Uważają bowiem, że w ten sposób nie tylko uzyskają najlepszą cenę, ale również pewne koncesje jeśli chodzi o późniejszy serwis samochodu. Nie są to jednak wyłączne powody ich lojalności wobec dealera. Ponad 36% przedstawicieli tej grupy korzysta z usług dealera, który jest równocześnie ich partnerem w interesach. Wielu milionerów korzysta z dealerów, którzy z kolei im samym rekomendują klientów. Pamiętajmy, że do omawianej grupy należy stosunkowo wielu prywatnych przedsiębiorców, biznesmenów, *salesmanów* i specjalistów od marketingu. Wszyscy oni wyznają zasadę: „ja pomogę tobie – ty pomożesz mnie".

Prawie 25% nabywanych samochodów stanowią wozy kupowane od przyjaciół, krewnych i znajomych zatrudnionych w branży automobilowej. Jeden na trzech lojalistów, amatorów używanych samochodów negocjuje wyłącznie z właścicielem firmy dealerskiej. Jeden na pięciu włącznie z kierownikami działu sprzedaży, wierzy bowiem, że w ten sposób skraca sobie drogę do menedżera czy właściciela, który ostatecznie decyduje o cenie.

TYP 4 – SAMOCHODY UŻYWANE, OBOJĘTNE OD KOGO (19,5%)

Tego typu nabywcy są najagresywniejsi, najbardziej wyczuleni na cenę pojazdu. Na swój samochód wydają mniej niż przedstawiciele wszystkich innych grup. Na swój aktualny samochód wydali (statystycznie) 22 500 dolarów, zaś na najdroższy jaki kiedykolwiek posiadali, 30 000 dolarów. Wartość ich obecnego samochodu nie przekracza 0,7% wartości ich majątku netto; w przypadku samochodu najdroższego, odpowiednio – 0,9%.

Przedstawiciele tej grupy najrzadziej korzystają z usług firm dealerskich będących własnością ich krewnych, przyjaciół czy partnerów w interesach. Załóżmy nawet, że nikogo w branży samochodowej nie znają, jak więc podejmują decyzję kupna samochodu?

Po pierwsze, członkowie tej grupy w ogóle nie kupują wozów fabrycznie nowych! Warto zwrócić uwagę także na pełną nazwę tej grupy – nie zawiera ona słowa „dealer". Ci ludzie kupują samochody ze wszystkich możliwych źródeł. Najczęściej kupują je z rąk prywatnych, ale także od dealera, od firm leasingowych, od banków i innych wierzycieli, a także na aukcjach.

Przedstawiciele tej grupy są niezwykle cierpliwi. Żaden inny milioner nie jest w stanie czekać na swoją wymarzoną okazję kilka miesięcy; ludzie należący do typu „4" potrafią. Robią wrażenie, jakby się im nigdy do kupowania nie spieszyło. Zawsze jednak gotowi są skorzystać z właściwej sposobności. Znajdują się w stanie ciągłego poszukiwania okazji kupna.

Pewien milioner polował na stary model chevroleta przez ponad siedem miesięcy. Wbrew pozorom, nie poświęcił tym poszukiwaniom nawet tyle czasu co dr South z rozdziału III. Prawie codziennie, jadąc z domu do pracy wstępował do trzech, mijanych po drodze dealerów. Jeśli dostrzegł akurat samochód, który go interesował, kontaktował się z dealerem telefonicznie. Polując na okazję nie przestawał śledzić ogłoszeń prywatnych w prasie. Ostatecznie skorzystał z jednego z nich i samochód kupił. Zapłacił o wiele mniej, niż za podobny model żądali dealerzy. Oto jak dobijał targu z właścicielem samochodu:

Wcale mi się nie spieszy. Jeśli pan nie sprzeda, proszę do mnie zadzwonić i złożyć mi ofertę gdzieś za miesiąc. Na razie, żądana przez pana cena nie odbiega od tej, jaką proponują dealerzy.

Wszystkim sprzedającym odpowiadał tak samo.

Twierdził, że najlepiej, czyli najskuteczniej negocjuje mu się w drugiej połowie grudnia i lutego. Zimą kupujących jest mniej, sprzedawca ma większe kłopoty ze zbyciem samochodu. Świąteczne wydatki oraz mroźna pogoda zniechęcają do kupna wielu potencjalnych nabywców samochodów. Nie zniechęcają jednak specjalistów od szukania okazji. Stąd, zdarza się, że właśnie członkowie grupy „4", właśnie o tej porze roku trafiają równocześnie na cztery, a czasem i więcej okazji; kilku sprzedających konkuruje między sobą o tę transakcję.

Przedstawiciele tej grupy kupują przeważnie samochody o niewielkim przebiegu, w wieku od dwóch do czterech lat. Ich ulubione marki to: Ford, Cadillac, Lexus, Chevrolet, Nissan i Acura.

Czego nas to uczy?

Analizując obyczaje milionerów związane z kupnem samochodu można się bardzo wiele nauczyć. Na przykład, że większość milionerów lojalistami nie jest; większość poluje na okazję. Różnica między tymi grupami nie jest wielka (54,3% wobec 45,7%), ale to właśnie może być mylące...

Wyłączmy z grupy lojalistów wszystkich tych, którzy kupują samochód u wybranego dealera tylko dlatego, iż jest on ich krewnym, przyjacielem czy partnerem w interesach, a wtedy okaże się, że na jednego lojalistę przypada wśród milionerów dwóch amatorów okazji.

Co możemy powiedzieć o nabywcach samochodów w ogóle? To, że większość z nich to nie są ludzie bogaci. Można więc z tego wnioskować, że w takim razie poświęcają kupowaniu (szukaniu odpowiedniej okazji i negocjowaniu ceny) więcej czasu i energii. Badania dowodzą czegoś dokładnie przeciwnego. Właśnie ludzie ubożsi rzadziej niż milionerzy rozglądają się za okazją czy negocjują. Obserwacja postępowania nabywców samochodów wyjaśnia nam dlaczego pewni ludzie są bogaci, a większość nie jest i nigdy nie będzie.

Poszukiwacze okazji nie ograniczają się tylko do samochodów. W podobny sposób nabywają również inne dobra i produkty. Ci ludzie poza tym swoje wydatki planują.

Analizując cztery powyższe typy, który z nich powinien się oznaczać największą gospodarnością?

Chyba nietrudno zgadnąć, iż są to nielojalni amatorzy używanych samochodów? Żadna inna grupa nie potrafi tak umiejętnie szukać okazji i targować się; żadna inna grupa nie jest tak wyczulona na cenę samochodu. Skutkiem tego wszystkiego typ „4" płaci za nabywany samochód mniej niż inni.

Amatorzy używanych samochodów, nie-lojaliści to, z punktu widzenia badacza, najbardziej interesujący przykład dochodzenia do pieniędzy. Dlaczego? Ponieważ ten typ ludzi posiada najwyższy stosunek wartości posiadanego majątku do wysokości osiąganych dochodów. Na każdego dolara, który zarabiają, posiadają co najmniej 17,2 dolarów majątku. Ludzie ci mają wśród milionerów najniższe zarobki, a mimo to udaje im się zgromadzić (statystycznie) majątek wartości 3 mln dolarów na rodzinę. Sposób w jaki tego dokonują, wart jest bliższej analizy.

Milionerzy z grupy nielojalnych amatorów używanych samochodów

Jakie czynniki wpływają na zróżnicowanie pod względem majątkowym?

Jednym z nich są na pewno zarobki. Można się zatem spodziewać, iż im wyższe uposażenie danej osoby, tym większy jej majątek. Zwróćmy jednak uwagę, że przedstawiciele grupy, którą analizujemy to ludzie zarabiający stosunkowo skromnie. Prawie dwie trzecie z nich zarabia w granicach 100 000 dolarów lub mniej.

Innym czynnikiem jest rodzaj wykonywanej pracy. Podkreślaliśmy już nie raz, że wśród amerykańskich milionerów nieproporcjonalnie dużą grupę stanowią prywatni przedsiębiorcy i biznesmeni.

I odwrotnie, wśród osób o najwyższych dochodach procent milionerów jest stosunkowo niski. Do grupy tej należą lekarze, średni szczebel zarządzania w spółkach, dentyści, księgowi, adwokaci, inżynierowie, architekci oraz profesorowie wyższych uczelni. Ale nawet wśród nich istnieją wyjątki i dlatego można ich także spotkać w grupie „nielojalnych amatorów używanych samochodów".

Przedstawiciele interesującej nas grupy to ludzie wyjątkowi, nawet jak na standardy milionerskie. Pod względem gospodarności nie mają sobie równych. Są także wierni wyznawanym przez siebie zasadom...

Po pierwsze, wierzą w korzyści płynące z niezależności materialnej. Po drugie w to, że kluczem do tej niezależności jest właśnie gospodarność. Wpoili sobie przekonanie, że ludzie żyjący na tzw. wysokiej stopie, posiadający kosztowną biżuterię, luksusowe samochody, drogie ubrania czy baseny z podgrzewaną wodą z reguły nie mają pieniędzy. Przekonanie to powstrzymuje ich przed zbędną konsumpcją i popełnieniem podobnych błędów. Tej samej zasady uczą swoje dzieci. Jeden z ankietowanych przedstawicieli omawianej grupy przytoczył nam rozmowę z synem który zapytał go, dlaczego nie mogą sobie pozwolić na wybudowanie basenu koło domu. Ojciec, tłumacząc dziecku, posłużył się przykładem ludzi żyjących ponad stan.

Oczywiście, że nas na ten basen stać. Problem w tym, że jeśli wydamy na basen nie będzie nas stać na posłanie ciebie, synku, do Cornell[2].

Dzisiaj Carl, m.in. dzięki temu, że wychował się w domu bez basenu, jest absolwentem Cornell University. Czy i Carl udzieli kiedyś podobnej lekcji gospodarności swoim dzieciom? Czy stać go będzie na obronę zasad kosztem rezygnacji z rozkosznej konsumpcji? Okazuje się, że w grupie gospodarnych „nielojalnych amatorów samochodów używanych" słyszy się przeważnie, iż:

◊ moi rodzice są (byli) gospodarni.

---

[2] Prestiżowa uczelnia w Pensylwanii – przyp. tłum.

Jeden z przedstawicieli analizowanej grupy opowiedział nam tę oto historię. Jego szalenie gospodarni rodzice byli farmerami:

Wychowałem się w Nebrasce, a moja rodzina rozumiała wartość pieniądza. Tata powtarzał, że „pieniądze są jak ziarno siewne. Można je skonsumować, albo można zasiać. Gdy się przekonasz, co z zasianego ziarna wyrośnie, gdy widzisz tę piękną, dorodną kukurydzę, wtedy wiesz, że nie wolno ci tego ziarna marnować". Dzisiaj stając przed dylematem: „konsumować czy uprawiać" uświadamiam sobie radość, jaką przynosi człowiekowi oglądanie, gdy mu coś rośnie.

Temu człowiekowi wystarczy radość z posiadania przeciętnego, czterodrzwiowego, trzylatka rodem z Detroit. Wierzy ponadto, że pojazd, którym jeździ, nie ujawnia na pewno majątku, który posiada. Dzięki czemu nie jest on pokusą dla złodziei, którym mogłoby przecież przyjść do głowy włamanie się do jego domu. O swoim samochodzie zwykł mówić, iż „jest to ostatnia rzecz, jaka mogłaby zostać przez kogokolwiek skradziona".

Gospodarność przekłada się na zamożność

Gospodarność jest głównym powodem, dla którego przedstawiciele grupy „nielojalnych amatorów używanych samochodów" dorabiają się milionów. Dzięki niej są w stanie oszczędzić pieniądze, które potem inwestują. Faktem jest, że lokują w inwestycje dużą część swoich zarobków, więcej niż jakakolwiek inna grupa milionerów. Odnosi się to również do wpłat na ich prywatne konta emerytalne. Nikogo zatem nie zdziwi fakt, że właśnie pośród członków tej grupy spotykamy najwyższy odsetek Przodowników w Budowie Bogactwa. Większość przedstawicieli charakteryzowanej grupy przyznaje, że:

- ◊ ich gospodarstwo rodzinne działa w oparciu o dobrze przemyślany budżet.

Dobry budżet wymaga skrupulatnej rejestracji wydatków. Pod tym względem omawiana grupa jest również wyjątkowa. Większość jej przedstawicieli przyznaje, iż:

◊ wie, ile poszczególni członkowie rodziny wydają na odzież, żywność i mieszkanie.

Milionerzy z tej grupy mają również skłonność do okazyjnego kupowania odzieży. Pod tym względem są nie do pobicia przez innych milionerów:

◊ kupują wyłącznie podczas wyprzedaży i promocji.

Częściej także niż inni milionerzy korzystają podczas zakupów ze sklepów fabrycznych i sprzedających z rabatem.

W związku z tym, częściej robią zakupy w sieci sklepów „Sears". Znacznie mniej też wydają na inne dobra i usługi. Dwa rozdziały temu mówiliśmy o tym, ile wydają milionerzy na kupno: zegarka, garnituru lub ubrania czy butów. Przedstawiciele grupy „nielojalnych amatorów używanych samochodów" odznaczają się pod tym względem szczególną gospodarnością. I tak, na zegarek wydają średnio 59%, na ubranie 83% zaś na buty 88% tego, co wydają inni milionerzy.

Większość ludzi nie jest w stanie lub nie potrafi jakoś znacząco wpływać na poziom swych zarobków. A przecież powiedzieliśmy, że niewiele jest czynników, które na poziom bogactwa wpływają tak pozytywnie, jak właśnie zarobki. Co wobec tego począć?

Jeśli nie jesteśmy w stanie wzbogacić się poprzez pracę, należy szukać innej drogi. Na przykład poprzez ograniczanie wydatków. W taki właśnie sposób dorobiło się milionów wielu przedstawicieli grupy „nielojalnych amatorów używanych samochodów". Ludzie ci, w przeciwieństwie do niektórych swoich sąsiadów, potrafili się skutecznie ustrzec przed nadmiernie konsumpcyjnym stylem życia.

Ponad 70% ich sąsiadów zarabia tyle co oni lub więcej, lecz tylko połowa z nich posiada majątek wartości netto jednego miliona dolarów lub więcej.

Większość z tych sąsiadów (dobrze uposażonych, lecz posiadających stosunkowo niewielki majątek) oparła się na fałszywym założeniu, że wystarczy tylko dobrze zarabiać a bogactwo przyjdzie samo. Trudno o bardziej błędne przekonanie. Większość z tych ludzi mieści się w 3–4% najlepiej zarabiających ludzi Ameryki, wielu wręcz wygląda na milionerów, tymczasem bogaci wcale nie są. Nie potrafią grać w obronie i to jest ich problem. Wielu z nich wyznało nam w trakcie rozmów, że:

Znacznie łatwiej jest zarobić w Ameryce duże pieniądze, niż dorobić się większego majątku.

Dlaczego tak jest? Dlatego, że jesteśmy społeczeństwem konsumpcyjnym. Z tego właśnie powodu sąsiadami przedstawicieli grupy „nielojalnych wobec dealera amatorów używanych samochodów" są wysoko zarabiający nie-milionerzy.

Z ŻYCIA WZIĘTE

PRZYPADEK PANA J.S., KSIĘGOWEGO, LOJALISTY, AMATORA FABRYCZNIE NOWYCH SAMOCHODÓW.

Nasz bohater jest jednym ze wspólników niewielkiej, lecz dobrze prosperującej firmy księgowej. Pan J.S. jest milionerem. Kupuje wyłącznie samochody fabrycznie nowe i wyjątkowo mu nie odpowiada pomysł posiadania wozu używanego. Samochód używany kojarzy mu się bowiem z noszeniem czyichś ubrań. Wobec swojego dealera jest lojalistą, ponieważ jego czas jest więcej wart niż tzw. zniżka przy kupnie, poza tym kupuje wyłącznie u dealera, z którym jest w układach biznesowych.

Przypomnijmy, że wzajemne świadczenie sobie usług i referencje to dla amatorów nowych samochodów ważny czynnik wpływający na decyzję kupna.

W jaki sposób dealer, od którego pan J.S. kupuje samochody, stał się jego klientem? Skierował do księgowego kilkunastu potencjalnych klientów, na długo zanim pan J.S. w ogóle się u niego pojawił. Przez wiele lat dealer korzystał z usług innego księgowego. Przekonał się jednak, że tamten nie polecił mu nigdy żadnego klienta.

Dzisiaj pana J.S. i jego dealera łączą silne więzy biznesowe. Jednym z atutów posiadania własnego biznesu jest możność wpływania na wybór partnerów i współpracowników. Pan J.S. skrupulatnie z tej możliwości korzysta, kierując swoich klientów do tego, a nie innego dealera. Rekomendując im dealera nie ukrywa, że jest on także jego klientem. Dealer ze swojej strony stara się rewanżować rekomendowanym przez pana J.S. klientom niższą ceną czy własnymi referencjami. Można powiedzieć, że w przeciągu ostatnich dziesięciu lat, księgowy J.S. sprzedał swoim klientom ok. 40 samochodów. Dealer nie pozostał dłużny, dając zarobić firmie księgowej pana J.S. wiele tysięcy dolarów.

PRZYPADEK PANA T.F., MAKLERA – LOJALISTY, AMATORA SAMOCHODÓW UŻYWANYCH

Pan T.F. jest maklerem i milionerem, zwykle kupuje samochody luksusowe, ostatnie modele, tyle że używane. Kupiwszy od tego samego dealera kilka kolejnych samochodów, pan T.F. wpadł na pomysł zatelefonowania do właściciela firmy i zaproponowania mu swoich usług. Na wstępie rozmowy uzmysłowił dealerowi, że jest jego klientem, że w ciągu ostatnich pięciu lat kupił od niego trzy samochody, że rekomendował go wielu swoim znajomym i przyjaciołom, w końcu zapytał, czy może liczyć na wzajemność tzn. rekomendacje swojej firmy. Dealer był szczery. Powiedział, że pan T.F. nie jest jedynym maklerem, który u niego kupuje samochody, i mimo najszczerszych chęci, nie jest w stanie robić interesów z wszystkimi swoimi klientami – maklerami.

Makler uznał argument dealera za rzeczowy. Zmodyfikował więc swoją propozycje, poprosił dealera o listę pięciu największych dostawców zaopatrujących jego firmę:

Załóżmy, że miałby pan wytypować najlepszych dostawców usług czy części zamiennych w naszym stanie, kogo umieściłby pan na czele? Kto, przykładowo, robił panu remont dachu? Czy telefonując do tej firmy mogę wspomnieć, że to pan mi ich polecił?

Dealer zarekomendował maklerowi w ten sposób kilku swoich dostawców. Pan T.F. nadal kupuje od niego samochody i w rewanżu poleca usługi dealerskie swoim znajomym i współpracownikom, za co wdzięczny dealer przysyła mu coraz więcej klientów.

Autor, Tom Stanley sprzedaje swój samochód

Tuż przed Bożym Narodzeniem zamieściłem w lokalnym piśmie ogłoszenie o sprzedaży naszej rodzinnej Acura Legend. Zanim to zrobiłem, zatelefonowałem do dealera, od którego wyciągnąłem informacje co do ceny; czyli ile mogę się za swój samochód spodziewać. W ogłoszeniu podałem właśnie cenę sugerowaną przez dealera. Nasza Legend posiadała wszelkie możliwe wyposażenie, łącznie z otwieranym dachem, klimatyzacją, doskonałym systemem audio, wspomaganiem drzwi, okien, kierownicy, hamulców etc. Dbaliśmy o samochód, zawsze trzymaliśmy go w garażu. Przeglądy odbywały się regularnie, w sprawach konserwacji wozu postępowaliśmy dokładnie tak, jak zalecał producent. Zrezygnowaliśmy nawet z oleju naturalnego, stosując w to miejsce drogi, syntetyczny Mobil. Samochód miał prawie nowe opony i to nie byle jakie, bo Michelin MXV4, a co najważniejsze posiadaliśmy Acure od nowości. W ogłoszeniu podkreśliłem wszystkie te atuty.

Pozwólcie mi państwo zatrzymać się chwilę przy kilku osobach, które na nasze ogłoszenie odpowiedziały i nieco je scharakteryzować.

Nabywca nr 1 – kobieta, wyższy urzędnik, specjalista d.s. marketingu.

Na lustracje naszej Acury zajechała Infiniti Q45, zapytałem więc, dlaczego decyduje się na Acure, skoro ma prawie nowe Infiniti. Wyjaśniła, że Inifiniti jest samochodem jej męża, że kupili go rok temu, również jako używany. Ona szuka samochodu dla siebie i zaczęła właśnie rozglądać się za używanymi Legend i Infniti. Była w tej sprawie m.in. u kilku dealerów. Nie ukrywała, że w jej rodzinie samochody używane cieszą się wzięciem. Nie mają jakiegoś ulubionego producenta, jednakże interesują ich tylko wybrane modele, wśród nich właśnie Acura Legend, Infiniti Q45 oraz Lexus 400.

Żeby zobaczyć nasz samochód wzięła sobie wolne popołudnie. Miała ze sobą mapę Atlanty, na której nanosiła punkciki odpowiadające lokalizacji poszczególnych dealerów oraz listę prywatnych sprzedawców, takich jak my. Dawała w ten sposób do zrozumienia, iż wie co robi, że spośród ofert wybierze dla siebie najkorzystniejszą. Co więcej, wie jak tego wyboru dokonać. Wiedziała co w samochodzie sprawdzić, gdzie zajrzeć, w co zastukać. W końcu spytała dlaczego sprzedaję. Powiedziałem, że moje dorastające dzieci mają awersję do czterodrzwiowych samochodów, uważając, iż są to pojazdy dla emerytów i wolałyby coś bardziej sportowego albo nowocześniejszego, na przykład jeepa z napędem na cztery koła.

Kobieta nagle zamilkła, jakby zastanawiając się nad tym co powiedziałem. Dzisiaj wiem dokładnie, że nie była z mojego wyjaśnienia zadowolona. Na pewno wolałaby, żebym powiedział, iż powodem, dla którego pozbywam się samochodu są trudności finansowe. Dawałoby jej to znacznie korzystniejszą pozycję przetargową. Tym niemniej próbowała negocjować cenę: „Jaka jest najniższa cena, za jaką byłby pan gotów ten samochód sprzedać" – spytała. Powtórzyłem cenę z ogłoszenia, dodając, że jeśli nie sprzedam samochodu za te pieniądze w ciągu 30 dni, wówczas rozważę obniżkę. Pokazałem jej papiery wozu, kwitki z warsztatu, gdzie robiłem przeglądy, rachunki za nowe opony etc. Odwróciła się na pięcie, wsiadła do mężowskiego Q45 i odjechała bez słowa. Nigdy ponownie nie zadzwoniła. Jestem pewien, że w końcu znalazła to czego szukała: mało używany, w miarę nowy model, za niewielkie pieniądze od kogoś, komu się akurat ze sprzedażą spieszyło.

Nabywca nr 2 – mężczyzna, wiceprezes lokalnej firmy finansowej.

Historia ta nabiera rumieńców w kontekście pełnego tytułu zawodowego Nabywcy nr 2. Brzmi on mianowicie: wiceprezes wydziału leasingu samochodów. Nie ma więc wątpliwości, że kto jak kto, ale ten człowiek musiał się na wartości samochodów znać. Rozumiał też zasadę wyższości kupowania samochodu nad jego leasingiem. I oto ten ekspert od leasingu nowych samochodów polował na okazję kupna samochodu używanego.

Interesowały go wozy japońskie, chociaż podobnie jak Nabywca nr 1, nie preferował żadnej konkretnej marki. Długą chwilę przeglądał papiery wozu, rachunki za przeglądy mojej Acury po czym zadał identyczne pytanie, jak Nabywca nr 1: „Nie chciałbym pana urazić, ale jaka jest najniższa cena, za jaką jest pan gotów ten wóz sprzedać?”. Dałem mu identyczną odpowiedź, jak w przypadku Nabywcy nr 1. Pożegnał się, obiecując zatelefonować. Wciąż na ten telefon czekam.

Nabywca nr 3 – mężczyzna, człowiek bogaty, były właściciel biznesu.

Ze wszystkich ludzi, którzy się do mnie zgłosili, Nabywca nr 3 był człowiekiem najbardziej interesującym. W czasie rozmowy telefonicznej powiedział, że właśnie zamierzał udać się z żoną na zakupy, a ponieważ mój dom zlokalizowany jest w pobliżu centrum handlowego, wpadną aby obejrzeć samochód. Przyjechali zaraz po telefonie, nowiuteńkim BMW serii 5. Ponieważ samochód wyglądał jak spod igły, zapytałem dlaczego chce kupić Acure. Okazało się, że BMW należy do żony.

Oglądał Acure bardzo szczegółowo, sprawdzał każdy detal, każdy element. Od żony dowiedziałem się, że sprzedał właśnie swój biznes komputerowy, jest tam wprawdzie nadal konsultantem, ale ma teraz znacznie więcej czasu na inne zajęcia. Z konwersacji z żoną wynikało też, iż są milionerami. Powiedziała również, że w ciągu trzydziestu lat ich małżeństwa mąż nigdy nie kupił nowego samochodu. Z tego jak scharakteryzowała męża wynikało, iż jest to człowiek, który nieustannie poszukuje okazji. Szczególnie interesują go „japończyki" oraz wozy niemieckie. Nigdy mu się z kupowaniem nie spieszy. Podobnie, jak dla większości osób z grupy amatorów używanych samochodów, znalezienie korzystnej okazji, czyli dobrego samochodu za niewielkie pieniądze, sprawia im ogromną radość.

Przypuszczam, że właśnie z tego powodu zadawał mi mnóstwo pytań. A więc, z czego żyję, jak działa mój biznes. Podejrzewał pewnie, że jestem jakimś menedżerem, który akurat stracił pracę i dlatego w środku dnia jestem w domu, zamiast w firmie. Powiedziałem mu więc, że piszę książki, i właśnie pracuję nad swoim czwartym z kolei dziełem. Zaczął więc wypytywać jak mi się te książki sprzedają. Odpowiedziałem, że znakomicie. Skrzywił się w tym momencie i zapytał: „Czy gotów byłby pan zaakceptować cenę o 1 500 dolarów niższą niż wynosi cena wywoławcza?". Powtórzyłem to co poprzednio, że owszem, ale dopiero w przypadku, gdybym nie mógł samochodu sprzedać w ciągu 30 dni.

Widziałem, że zrobił na nim wrażenie sposób utrzymania mojego samochodu. Odchodząc spytał więc, czy nie mam na sprzedaż jakiegoś innego samochodu. Miał na myśli stojące w garażu Camaro Z28. Gdy mu oświadczyłem, że nie jestem zainteresowany, pożegnał się i odjechał. Wciąż czekam na telefon od Nabywcy nr 3.

Nabywczyni nr 4 – nauczycielka.

Czy nie jest to zastanawiające, że tak wielu amatorów samochodów używanych rekrutuje się spośród nauczycieli i profesorów szkół wyższych? Nabywczyni nr 4 zatelefonowała do mnie w piątek wieczorem (może dlatego, że o tej porze obowiązują niższe stawki na rozmowy telefoniczne?). Zarzuciła mnie lawiną pytań. Po krótkim wprowadzeniu wyjaśniła, że mieszka kilkaset kilometrów od Atlanty, w rejonie znanym jako „kraina bawełny", oraz że jest w trakcie obdzwaniania osób ogłaszających chęć sprzedaży Acury Legend.

Obiecała skontaktować się ze mną ponownie w najbliższą środę. Słowa dotrzymała, poprosiła abym przefaksował jej dokument stwierdzający, iż tytuł własności samochodu wolny jest od jakichkolwiek obciążeń. Prosiła także o listę dodatkowych akcesoriów i elementów wyposażenia samochodu. Przesłałem jej faksem kopię tytułu, dowód rejestracyjny oraz opis wyposażenia. Po ich otrzymaniu zatelefonowała informując, że w najbliższy piątek ma zamiar udać się do Atlanty, gdzie obejrzy kilka, wystawionych na sprzedaż pojazdów.

Przyjechała do nas w piątek, razem z mężem, dobrze prosperującym plantatorem bawełny w doskonale utrzymanym Nissanie Maxima. Nabywczyni nr 4 zabrała małżonka i mnie na dwudziestominutową przejażdżkę testową po okolicy, w czasie której ucięliśmy sobie pogawędkę. Wypytałem ich więc, dlaczego jechali aż taki kawał drogi po samochód; po co im tak kosztowny samochód, przecież farmerzy uchodzą raczej za ludzi oszczędnych?

Z tego co usłyszałem wynikało, iż nasi farmerzy rozglądają się za takim samochodem – mało używanym „japończykiem" w dobrym stanie – przynajmniej raz na dwa, trzy lata. Dawno już zauważyli, że ceny w miastach są niższe niż na prowincji. Zresztą najbliższy dealer Acury zlokalizowany jest prawie 250 km od ich domu. Kupiony w dużym mieście samochód po dwóch, trzech latach eksploatacji odsprzedają u siebie na wsi i to prawie bez straty.

Zaraz też okazało się, że Nabywczyni nr 4 jest jednak gospodarna. Przyjechała oglądać samochód z gotowym czekiem, opiewającym na tysiąc dolarów mniej niż wynosiła cena wywoławcza. Po powrocie z jazdy próbnej mąż zachęcał ją do targowania się ze mną. „To nie ma sensu – odparła żona – ten facet nie jest w sytuacji przymusowej, a poza tym samochód jest w znakomitym stanie". Mąż nie miał wyjścia, dołożył do czeku dziesięć banknotów stu dolarowych, podpisaliśmy dokumenty i samochód został sprzedany. Na odjezdnym powiedziała mi tylko: „Za taki sam wóz u dealera musiałabym zapłacić 3 000 dolarów więcej". Pogratulowałem jej i dodałem, że gdy w poniedziałek rano zajedzie pod szkołę wzbudzi w swych kolegach nauczycielach zazdrość.

„Byliby na pewno zazdrośni, gdyby wiedzieli jak mało zapłaciliśmy" – skomentował mąż.

Szczególnie zapadło mi w pamięci jedno zdanie, które od niego usłyszałem: „Żona pracuje z kobietą, która prowadzi mercedesa. Nie kupiła go, lecz wzięła w leasing i płaci 600 dolarów miesięcznie. Wyobraża pan sobie, ile bawełny trzeba zebrać, żeby tyle pieniędzy zarobić?"

Oszczędny profesor ma w sąsiedztwie wielu NBB

Zastanówmy się w jaki sposób Bill, wykładowca inżynierii zdołał zostać milionerem, nie zarobiwszy nigdy więcej niż 80 000 dolarów rocznie i zważywszy, że nie odziedziczył spadku, nie wygrał na loterii, a tym bardziej nie korzystał z rady żadnego finansowego guru, który „potrafi przemieniać piasek w złoto". U źródeł sukcesu finansowego profesora leży umiejętność życia poniżej własnych możliwości. Jest on klasycznym przykładem „nielojalnego amatora używanych samochodów", który podobnie jak większość przedstawicieli tej grupy dba o swoją rodzinę. Zgromadził pieniądze na studia dla dzieci oraz zapewnił im komfortowy dom w przyzwoitej dzielnicy. Większość przedstawicieli tej grupy posiada domy wartości od 300 000 do 500 000 dolarów.

O ile niezależność materialna była marzeniem jego życia, o tyle nigdy nie chciał zostać biznesmenem. Wiedział wprawdzie, że praca przedsiębiorcy może przynosić efekty i majątek, wiąże się jednak z dużym ryzykiem oraz wymaga umiejętności kierowania ludźmi. A Bill nie ukrywa, że nigdy go coś takiego nie interesowało. Chciał być profesorem, tylko tyle. Takich jak on jest więcej.

Większości obywateli tego kraju działalność biznesowa czy prowadzenie własnego interesu nie interesuje. Nie znaczy to, że nie mogą oni zostać milionerami.

Wielu ludziom się te sprawy mylą. Utrzymując, że między byciem biznesmenem, a wielkością majątku istnieje prosty związek przyczynowo-skutkowy, nie twierdzimy wcale, że tylko prywatni przedsiębiorcy mogą dorobić się majątku. Nie chodzi nam, broń Boże, o to, by porzucać swoją pracę lekarza, inżyniera, adwokata etc. i dołączać do rzeszy biznesmenów. Przeciwnie, wszystkim zarabiającym co najmniej dwa razy tyle, ile wynosi amerykańska średnia dochodów – czyli ok, 65 000 – 70 000 dolarów rocznie – gwarantujemy, że o ile tylko nauczą się odpowiedniej „gry w obronie" dojdą do milionów.

Większość sąsiadów Billa nie posiada ani budżetu domowego, ani planu wydatków i konsumpcji. Skutkiem tego, jedynym czynnikiem limitującym ich wydatki są ich dochody. To właśnie tacy ludzie są najzagorzalszymi krytykami gospodarności reprezentowanej przez rodzinę naszego profesora.

Dr Norman mieszka w domu wartości 400 000 dolarów, jest wysokim urzędnikiem jakiejś spółki i sąsiadem Billa. Jego całkowity dochód za ostatni rok wyniósł 150 000 dolarów. Wszystko w co ubiegłego roku ulokował pieniądze, to spłaty pożyczki hipotecznej, samochody i na poły obowiązkowa kontrybucja na zakładowe konto emerytalne. Majątek dr. Normana wart jest ok. 200 000 dolarów. Państwo Normanowie liczą sobie po 50 lat, dokładnie tyle ile Bill i jego żona. Bill zarabia połowę tego co dr Norman, jednakże wartość jego majątku jest dziewięciokrotnie wyższa. Jak to możliwe?

Ano możliwe! Nie tylko zresztą możliwe, ale i do przewidzenia.

Umiejętność gry ofensywnej i słaba gra w obronie sprawiają, iż gracz przynależy do ligi Nieudaczników w Budownie Bogactwa.

Normanowie nie są wcale wyjątkiem. W tej dzielnicy przedstawicieli ligi NBB jest znacznie więcej niż Przodowników w Budowie Bogactwa, takich jak rodzina Billa.

Państwo Normanowie, za przykładem większości NBB, wstydziliby się nawet kupować używany samochód. U nich coś takiego w ogóle nie wchodzi w grę. Bill przeciwnie, w kupowaniu używanego, ale dobrego samochodu nie widział nigdy nic upokarzającego, a trafienie na dobrą okazję było dla niego zawsze powodem nieskrywanej satysfakcji. Właśnie dzięki kupowaniu samochodów używanych, a nie nowych udało mu się na przestrzeni lat zgromadzić fundusze na edukację jednego z dzieci.

Od kogo Bill kupił swój ostatni nabytek, trzylatka BMW serii 5? Od Gary'ego, doskonale zarabiającego *salesmana* skomplikowanych urządzeń technologicznych. Gary kupuje wyłącznie samochody zagraniczne i to fabrycznie nowe. Gary, podobnie jak większość przedstawicieli grupy NBB uważa, że skoro Bill kupuje samochód używany, musi być w znacznie gorszej sytuacji materialnej niż on sam. Takie przekonanie jest jednym z symptomów przynależności do kategorii NBB. Ludzie z tej grupy uważają bowiem, że są od swoich sąsiadów znacznie bogatsi. Wielu NBB zakłada bowiem, że ludzie jeżdżą najlepszymi samochodami, na jakie ich stać.

Odwróćmy ten sposób myślenia.

W naszym przykładzie Gary (NBB) subsydiuje w pewnym sensie kupno samochodu przez Billa. Bierze na siebie lwią część spadku wartości (amortyzacja), jaka ma miejsce przez pierwsze trzy lata posiadania samochodu. Kiedy już koszty amortyzacji zapłacił, zupełnie dobry wóz sprzedaje jakiemuś gospodarnemu milionerowi, w tym przypadku Billowi. Ponieważ Gary nie jest przedsiębiorcą prywatnym, nie przysługuje mu prawo odpisu amortyzacji od dochodu do opodatkowania. Co więcej, Gary nie zna w branży automobilowej nikogo, nie ma zatem możliwości nabycia samochodu z jakimś super dyskontem, zniżką czy w zamian za usługi wyświadczone mu przez dealera. Gary z posiadania samochodu nie ma nic prócz przyjemności.

O czym Gary, dr Norman i inni przedstawiciele grupy NBB wiedzieć powinni? Ano, że wydają na swoje samochody więcej niż wydają statystyczni milionerzy. Gary zarabia mniej więcej tyle, ile zarabia typowy milioner, lecz Gary milionerem nie jest. Być może próbuje to sobie rekompensować ekstrawagancką konsumpcją? Albo może naśladuje styl życia szefa firmy, w której Gary pracuje? Co to to nie! Szef Gary'ego jest milionerem, współwłaścicielem firmy i, w przeciwieństwie do Gary'ego, swój pierwszy, naprawdę drogi samochód kupił dopiero wtedy gdy był człowiekiem zamożnym. Wcześniej większość zarobionych pieniędzy inwestował we własną firmę. Gary decyduje się na drogie samochody i inne luksusy w oczekiwaniu na bogactwo, które ma go spotkać. Niestety, taki moment najprawdopodobniej nie nastąpi nigdy.

V

AMBULATORIUM

RODZICE NIE ZAPEWNILI IM AMBULATORYJNEJ OPIEKI EKONOMICZNEJ

Drodzy Panowie, dr Stanley i dr Danko,

Przeczytałem właśnie Wasz artykuł na temat milionerów. W związku z tym mam do panów sprawę. Otóż rodzice mojej żony przeznaczyli dla niej specjalny zapis, którego nie chcą wykonać. Moja teściowa zasłania się wciąż jakimiś przeszkodami prawnymi. Obawiam się, że moment przekazania zapisanego żonie majątku nie nastąpi nigdy.

Czy przypadkiem nie natrafiliście panowie w trakcie swoich badań na rodziców mojej żony?

Nazywają się oni.... A może macie panowie jakieś sugestie, w jaki sposób możemy z tych pieniędzy skorzystać.

Z poważaniem
L.S.

Autor powyższego listu oraz jego żona na gwałt potrzebują pieniędzy. Mężczyzna, który ten list napisał (nazwijmy go Lamar) jest mężem kobiety (nazwijmy ją Mary) pochodzącej z niezwykle zamożnej rodziny. Mary każdego roku otrzymuje od swoich rodziców darowizny i upominki o wartości ponad 15 000 dolarów. Te podarunki, jak również inne formy pomocy materialnej, otrzymuje Mary od czasu gdy trzydzieści lat temu poślubiła Lamara.

Dzisiaj oboje, Mary i Lamar, mają po pięćdziesiątce. Mieszkają w wytwornej dzielnicy, w pięknym domu. Oboje należą do elitarnego klubu golfowego i tenisowego, kochają bowiem uprawiać sport. Oboje poruszają się luksusowymi samochodami z importu, noszą najdroższe ubrania i są aktywni na niwie dobroczynnej. Ostatnio uczestniczyli w zbiórce pieniędzy na potrzeby pewnej ekskluzywnej szkoły prywatnej, do której uczęszczają ich dzieci. Oboje delektują się starymi winami, raczą smakiem wykwintnej kuchni, cieszą wytworną biżuterią i podróżami po świecie.

Sąsiedzi są przekonani, że Lamar i Mary to ludzie zamożni. Niektórzy uważają ich wręcz za multimilionerów. Niestety to tylko zewnętrzne pozory. Lamar i Mary nie są wcale bogaci. Może więc przynajmniej doskonale zarabiają? Też nie, ani on, ani ona nie zarabiają wiele. Mary prowadzi dom, Lamar jest kierownikiem administracyjnym w jednym z lokalnych college'ów. Podczas całego ich trzydziestoletniego małżeństwa, mimo że żyją na poziomie ludzi zarabiających ponad 120 000 dolarów rocznie, nie udało im się zarobić nawet połowy tej kwoty.

Może więc Lamar i Mary są aż tak gospodarni i znakomicie planują swój budżet. Inaczej przecież nie byliby w stanie żyć na tak wysokiej stopie, zarabiając tak niewiele.

Niestety, ani Lamarowi, ani Mary nie przyszło nawet do głowy zastanawiać się nad budżetem domowym. Przeciwnie, wydają znacznie więcej niż zarabiają. Zresztą wydają nawet to co Mary dostaje od swoich rodziców. Mary i Lamar mogą sobie pozwolić na tak wystawny styl życia dzięki temu, że są pod nieustanną ambulatoryjną opieką ekonomiczną (AOE) ze strony swoich rodziców i dziadków, która polega na mniej lub bardziej systematycznym wyposażaniu dzieci i wnuków w znacznej wartości upominki i dary. W niniejszym rozdziale zajmiemy się szczegółowo implikacjami takiej pomocy oraz jej skutkami zarówno w odniesieniu do obdarowanych, jak i obdarowujących.

AOE

Wielu z tych, którzy dzisiaj tak chętnie AOE udzielają to niegdyś wybitni specjaliści w dziedzinie akumulacji kapitału. Jeśli chodzi o konsumpcję i styl życia, są to z reguły ludzie oszczędni i gospodarni. Niestety, gospodarność ta ogranicza się wyłącznie do nich samych, i kończy, gdy w grę wchodzą dzieci czy wnuki. Rodzice czują się bowiem zobowiązani, a często i zmuszeni do pomagania swoim dzieciom i ich rodzinom.

Jakie są skutki tej hojności?

Ci rodzice, którzy w jakiejkolwiek formie pomagają swoim dzieciom posiadają znacznie mniej majątku, niż rodzice, z tej samej grupy wiekowej, dochodowej czy zawodowej, których dzieci są materialnie niezależne.

Generalnie jest tak, że im więcej pieniędzy otrzymują dzieci (wnuki) od rodziców, krewnych czy dziadków, tym mniej ich pozostaje w rękach tych, którzy tej pomocy udzielają.

Dostarczyciele AOE są przekonani, że bez tych wszystkich subsydiów ich dorosłe dzieci nie byłyby w stanie żyć na przyzwoitym poziomie klasy średniej. W konsekwencji tej pomocy, coraz więcej dzieci pochodzących z rodzin należących do grupy PBB może sobie pozwolić na „odgrywanie"' przedstawicieli klasy średniej czy nawet wyższej, i prowadzenie charakterystycznego dla nich wystawnego stylu życia. Pamiętajmy jednak, że jest to tylko fasada.

Wysoka stopa życiowa synalków i córeczek z rodzin milionerskich przejawia się głównie w konsumpcji; od luksusowych samochodów począwszy, poprzez imponujące rezydencje i inne „cacka" takie, jak członkostwo w klubie golfowym, na elitarnych szkołach prywatnych dla dzieci skończywszy. Adresaci AOE są żywym dowodem prostej zasady, że „Czyjeś pieniądze wydaje się znacznie łatwiej, niż pieniądze zarobione przez siebie".

Zakres AOE w Ameryce poszerza się. Ponad 46% rodziców z grupy PBB udziela swoim dorosłym dzieciom (lub dzieciom ich dzieci) pomocy wartości 15 000 dolarów lub większej, rocznie. Blisko połowa dzieci w wieku do 35 lat, pochodzących z rodzin zamożnych, otrzymuje od swoich rodziców zastrzyki pieniężne. Zakres pomocy zmniejsza się z wiekiem. I tak, w wieku od 45 do 55 lat pomoc otrzymuje tylko 20% dzieci. Zwróćmy uwagę, że dane te uzyskaliśmy z wywiadów przeprowadzonych z dziećmi milionerów, a te, jak się można domyślać, mają tendencje do zaniżania wartości pomocy, jak i częstotliwości jej udzielania. Dane uzyskane od rodziców, czyli dawców upominków przypuszczenia te potwierdzają; zarówno w odniesieniu do wysokości pomocy, jak i jej częstotliwości.

Większość AOE udzielana jest w postaci przypadkowych darowizn oraz mniej lub bardziej regularnych kwot – zasiłków. Na przykład, zamożni rodzice czy dziadkowie chętnie obdarowują swoje dzieci czy wnuki kolekcjami znaczków pocztowych, monet czy podobnymi zbiorami. Mniej więcej jeden na czterech zamożnych rodziców (dziadków) takiej darowizny już dokonał. Podobnie, gdy chodzi o opiekę medyczną czy dentystyczną, ponad 45% rodziców (dziadków) pokrywa potrzeby swoich dorosłych dzieci (wnuków) w tym zakresie.

W ciągu najbliższych 10 lat tempo wzrostu populacji ludzi bogatych (czyli takich, których majątek wart jest przynajmniej 1 mln dolarów lub więcej) będzie pięć do siedmiu razy szybsze niż ogólne tempo przyrostu ludności. A zatem, zamożni rodzice rodzić będą więcej dzieci niż kiedykolwiek. Tym samym zapotrzebowanie na AOE znacznie wzrośnie w tym okresie.

W ciągu następnej dekady liczba rodzin posiadających majątek o wartości miliona dolarów lub więcej wzrośnie o 246%. Oznacza to, że w rękach tych rodzin znajdzie się majątek wartości ponad 2 bilionów dolarów – liczone w cenach stałych z 1990 roku. Zakłada się, że mniej więcej taka sama będzie wartość darowizn przekazanych dzieciom przez rodziców. Duża część majątku znajdzie się w rękach dzieci (wnuków) jeszcze zanim ich zamożni rodzice (dziadkowie) zejdą z tego świata.

W najbliższych latach wzrośnie także koszt AOE. Wzrośnie bowiem wysokość czesnego w prywatnym szkolnictwie, droższe będą luksusowe wozy z importu, domy w prestiżowych dzielnicach; więcej będzie trzeba płacić za lekarza czy dentystę, za studia i wiele innych towarów czy usług, za które płaci się ze środków AOE, a których cena rośnie szybciej niż ogólny wskaźnik wzrostu kosztów utrzymania.

Co więcej, z upływem lat, nasze społeczeństwo staje się coraz starsze, coraz więcej zamożnych rodziców (dziadków) dożywa swego zmierzchu. Pozostałe po nich wdowy i wdowcy mają świadomość, że podatek spadkowy (55% lub więcej masy spadkowej) jest okrutny. Aby go zminimalizować trzeba jak najwięcej masy spadkowej „rozprowadzić" za życia. Wzrośnie zatem wartość i częstotliwość pomocy w ramach AOE.

Mary i Lamar

W jaki sposób Mary i Lamar mogli sobie pozwolić na posłanie swoich dzieci do drogich, elitarnych szkól prywatnych? Sami nie byliby w stanie; czesne ich dzieci zapłacili rodzice. Coś w tym dziwnego? Wprost przeciwnie. Z naszych ankiet wynika, iż 43% reprezentantów grupy milionerów, o ile tylko posiada wnuki, płaci za ich edukację. Tę formę pomocy nazywać będziemy „międzypokoleniowym wspomaganiem edukacyjnym".

Analizowaliśmy niedawno, z grupą zamożnych dziadków i babć, różne formy ambulatoryjnej opieki ekonomicznej. Przedstawiliśmy im wyniki naszych ankiet i testów, starając się postępowania darczyńców nie oceniać. O tę ocenę poprosiliśmy samych ankietowanych. Oto co nam jedna z babć powiedziała:

Diabli mnie biorą, gdy pomyślę jakie wydatki mnie czekają. Rodzina mojej córki przeżywa trudności finansowe i nie może związać końca z końcem. Wszyscy znamy problemy szkolnictwa publicznego, nie mogę przecież pozwolić, żeby moje wnuki chodziły do szkół państwowych.

Było dla nas oczywiste, że osoba, która te słowa wypowiedziała, nie jest zbytnio uradowana z konieczności łożenia na pomoc dla córki.

Prawdziwy bowiem kłopot nie leży wcale w problemach szkolnictwa publicznego, lecz w trudnościach materialnych, w jakich znalazła się rodzina jej córki. Matkę boli to, że córka wyszła za mąż za kogoś, kto nie jest w stanie zagwarantować jej odpowiedniej stopy życiowej. W związku z tym, córka i wnuki nie są w stanie żyć na poziomie, na jakim żyje matka (babcia). Zmusza to matkę do nieustannej pomocy finansowej na rzecz rodziny córki. Dzięki hojnej darowiźnie dziecko było w stanie kupić sobie dom, o którym samo nie mogłoby nawet pomarzyć. Rezydencja zlokalizowana jest w prestiżowej okolicy, gdzie większość mieszkańców posyła swoje dzieci do szkół prywatnych. Aby wnuki mogły uczęszczać do szkół prywatnych, babcia musiała dostarczyć dodatkowej AOE. Pomagając córce przy kupnie domu, nie zdawała sobie niestety sprawy z tego, iż posiadanie go nieść będzie ze sobą więcej problemów niż korzyści, i że byłoby o wiele lepiej, gdyby córka żyła skromniej i wyłącznie za swoje pieniądze.

Sytuacja Mary przypomina przypadek relacjonowany przez jedną z naszych babć. Obie córki otrzymują od swych matek pomoc ambulatoryjną. Sprawczynie tej pomocy wychodzą z założenia, że dzięki niej *córki przezwyciężą trudny okres* i w przyszłości nie będą już pomocy potrzebowały. Matka Mary jest jednak w błędzie. Udziela córce pomocy już od ponad 25 lat. Byt rodziny jej dziecka jest od tej pomocy wręcz uzależniony.

Lamar również z tej pomocy korzysta. Tuż po ślubie z Mary, porzucił pracę, żeby dokończyć pracę magisterską. Koszty czesnego i utrzymania podczas studiów pokryli jego rodzice. Nie jest to wcale czymś wyjątkowym. Ponad 32% milionerów opłaca koszty nauki swoich dorosłych dzieci.

Ich pierwszy syn przyszedł na świat tuż po tym, jak Lamar uzyskał dyplom ukończenia studiów. Matce Mary nie podobało się mieszkanie uniwersyteckie, w którym młodzi mieszkali. Wzięła więc na siebie koszty odświeżenia go i wymalowania. Nie na długo zresztą, gdyż zaraz potem zrodził się w jej myślach pomysł przeniesienia młodych do własnego domu. Matka zaproponowała pomoc przy jego kupnie. Lamar wiązał jakoś koniec z końcem, zarabiając kilkaset dolarów miesięcznie, jako asystent na uniwersytecie. Mary w tym okresie prowadziła dom. Jeśli chodzi o ścisłość, w trakcie trwania ich małżeństwa Mary nigdy zawodowo nie pracowała.

Kupno domu było możliwe dzięki znacznemu zastrzykowi gotówki ze strony matki Mary. Blisko sześciu milionerów na dziesięciu (dokładniej 59%) pomaga dzieciom finansowo przy kupnie domu. Matka Mary nie ograniczyła się do wpłaty zaliczki na dom, spłaca także co miesiąc raty pożyczki hipotecznej córki. Podobnie postępuje blisko 17% ankietowanych przez nas milionerów. Początkowo pomoc ta miała być nieoprocentowaną pożyczką dla córki. Z czasem jednak bezprocentowa pożyczka przekształciła się w inny, typowy instrument finansowy. Tym najbardziej rozpowszechnionym wśród dawców AOE mechanizmem finansowym jest... darowanie długu dzieciom. 61% milionerów udzielało swoim dorosłym dzieciom podobnych pożyczek.

Co się działo, gdy dzieci zamieniły dom na droższy?

Matka Mary zapłaciła różnicę. Mary również i ten drugi dom sprzedała, przenosząc się do swej obecnej rezydencji. Znaczna część środków na nowy dom pochodziła również z kieszeni matki.

Lamar spędził na studiach magisterskich prawie cztery lata. Skończył wprawdzie dwa fakultety i dziś pracuje na stanowisku dyrektora administracyjnego w jednym z lokalnych college'ów, lecz przy zarobkach w wysokości zaledwie 60 000 dolarów, związanie końca z końcem sprawia im nie lada trudność. Nawet 15 000 dolarów, które otrzymują regularnie każdego roku od teściowej Lamara, nie wystarcza na prowadzenie wyrafinowanego stylu życia, do jakiego przywykli. Lamar i Mary nie są w swoich problemach odosobnieni. Ponad 30% amerykańskich posiadaczy domów o wartości 300 000 dolarów zarabia 60 000 dolarów rocznie, lub mniej. Czyżby ludzie ci posiedli jakąś cudowną umiejętność gospodarowania? A może po prostu są odbiorcami coraz popularniejszej w USA pomocy materialnej rodziców? Nie trzeba być ekspertem, żeby zauważyć, iż większość NBB korzysta z AOE.

Zdaniem Mary, pensja Lamara plus zastrzyk finansowy od matki wystarczają w zupełności na podstawowe potrzeby bytowe rodziny. Problem pojawia się w momencie kupna samochodu, bowiem zarówno Lamar, jak i Mary kochają się w kosztownych cackach z importu. W jaki sposób udaje im się „wcisnąć" tak drogi samochód w ograniczony skądinąd budżet? Czy starają się na przykład szukać okazji, albo amortyzować pojazd przez wiele lat? Nic podobnego! Lamar i Mary kupują nowe samochody co trzy lata. Dlaczego tak często? Taki cykl wyznaczyła im matka Mary, która mniej więcej co trzy lata obdarowuje córkę częścią swojego portfela akcji – podobnie postępuje 17% amerykańskich rodziców-milionerów. Niektóre dzieci zatrzymują te akcje na później. Nie Lamar i Mary – oni je natychmiast spieniężają. Mają dzięki temu środki na nowy wóz!

Pomyślmy tylko, co się stanie z Mary, gdy zabraknie matki? Problem ten spędza młodym sen z powiek. Nikt nie jest wróżką, żeby przewidzieć wartość zasobów finansowych matki, w każdym razie życzymy Lamarowi i jego małżonce dużo szczęścia. Nie trudno jednak zauważyć, że nawet duża masa spadkowa może zostać skonsumowana w krótkim czasie. Lamar i Mary nie ukrywają, że w swoich planach i kalkulacjach biorą pod uwagę spadek po matce Mary; mają zamiar kupić większą, a więc droższą rezydencję, chcą budować dom wakacyjny, chcieliby się wybrać na wycieczkę dookoła świata...

Co tu się dzieje?

Dorośli, którzy zamiast wziąć się do roboty, siedzą i czekają na zastrzyk AOE nie są z zasady ludźmi produktywnymi. Otrzymywane od rodziców (dziadków) pieniądze przeznaczają na konsumpcję, na zbytki. Przykład Lamara i Mary jest tego dokładnym potwierdzeniem. Zarabiane przez nich 60 000 dolarów rocznie to tyle, ile zarabia wraz z godzinami nadliczbowymi przeciętna amerykańska rodzina robotnicza. Przy czym w rodzinie tej, zarówno mąż, jak i żona jeżdżą do pracy autobusami. Ludzie ci mają ponadto znacznie bardziej realistyczne wyobrażenie na temat zajmowanej pozycji społecznej. Nie przewraca im się w głowie tak, jak to ma miejsce w przypadku Lamara i Mary, dla których celem życiowym jest popisywanie się swoim wysokim standardem życia.

Czy to oznacza, że wszystkie dzieci zamożnych rodziców czeka los Lamara i Mary? Skądże znowu! Statystyka uczy, że jest wręcz odwrotnie:

im więcej majątku zgromadzili rodzice, tym większe jest prawdopodobieństwo, że ich dzieci będą pod względem ekonomicznym zdyscyplinowane. Zwróćmy uwagę, że odsetek lekarzy wśród dzieci amerykańskich milionerów jest pięciokrotnie wyższy niż wśród „zwykłych ludzi". Prawników jest wśród dzieci milionerów czterokrotnie więcej niż wśród potomstwa ludzi należących do innych grup społecznych.

Płacenie za edukację własnego dziecka jest równoznaczne z uczeniem go jak ma łowić ryby. Matka Mary nauczyła swoją córkę i zięcia czegoś całkiem innego, a mianowicie, jak pieniądze wydawać. Skutkiem tego, dzieci traktują ją jak dystrybutora darmowych ryb.

Ambulatoryjna opieka ekonomiczna przybiera wiele form; niektóre z nich mają pozytywny wpływ na produktywność adresata pomocy. Do takich należy właśnie finansowanie edukacji dziecka czy podarowanie synowi czy córce pewnej kwoty, która umożliwi im start we własnym biznesie. Wielu milionerów, którzy dorobili się majątku własną pracą rozumie te sprawy wręcz intuicyjnie. Dlatego też, w przeciwieństwie do Mary, jeśli darują dziecku akcje, to tylko takie, które nie są w obiegu na giełdzie. Żeby przypadkiem nie zostały zaraz spieniężone i użyte do kupna nowego, luksusowego wozu z importu.

Jakie są skutki darowizny, o której ofiarodawca wie, że i tak zostanie ona przeznaczona na konsumpcję czy podtrzymanie ekstrawaganckiego stylu życia?

Okazuje się, że nic tak nie oducza dorosłych dzieci odpowiedzialności oraz gospodarności, jak właśnie tego typu upominki od rodziców. Przeznaczana na konsumpcję pomoc finansowa rodziców zabija w dziecku inicjatywę, przedsiębiorczość i zwalnia od odpowiedzialności za siebie. Z czasem postawa taka się utrwala. Obdarowanemu coraz trudniej obyć się bez pomocy rodziców, stąd musi ona trwać przez całe życie.

Subsydiowany styl bycia ma także inne konsekwencje. Sąsiedzi widząc na jakim poziomie żyje Mary i Lamar wyciągają wnioski. Jakie? Ano takie, że ta ich nadmierna konsumpcja jest czymś zupełnie normalnym, naturalnym. Przykładowo, Mary i Lamar od lat, z krótkimi przerwami, zasiadają w lokalnej radzie osiedlowej i paru innych organizacjach dobroczynnych. Pamiętamy też, że są aktywni, jeśli chodzi o zbiórki pieniędzy na potrzeby szkoły, do której uczęszczają ich dzieci. Można rzec, iż są wzorowymi obywatelami, z których pewnie należy brać przykład. Jakim przykładem będą oni dla swego nowego sąsiada, energicznego, trzydziestopięcioletniego wiceprezesa korporacji do spraw sprzedaży, który zamieszkał właśnie wraz z rodziną w sąsiedztwie Lamara i Mary? Wiceprezes zarabia trzykrotnie więcej niż Mary i Lamar i ma trójkę dzieci w wieku szkolnym.

W chwilę po uroczystym powitaniu nowych sąsiadów, Lamar, który z ramienia rady osiedla imprezie przewodniczył, przedzierzgnął się w energicznego kwestora na rzecz szkoły swoich dzieci. Powiedział więc, że okoliczne szkoły publiczne są złe, stąd jedynie słusznym rozwiązaniem kwestii edukacji dzieci jest szkoła prywatna. I tu wyłuszczył wszystkie zalety prywatnej edukacji. Nowi sąsiedzi uważnie słuchali. Następnie spytali o wysokość czesnego. Lamar odpowiedział sugestywnie, że i tak „korzyści z prywatnej edukacji przewyższają jej koszty". Czesne w pobliskiej szkole średniej wynosi raptem 9 000 dolarów rocznie. Lamar podkreślił, że jak na tak wysoki poziom nauczania, jest to cena naprawdę niewysoka. Dlaczego Lamar tak tę szkołę lubi i reklamuje? Dlatego, że nie kosztowała go ona ani centa; 100% czesnego pokryła przecież teściowa.

Nowi sąsiedzi, wiceprezes i jego małżonka, postanowili mimo wszystko rozpoznać problemy lokalnego szkolnictwa publicznego. Okazało się, że pobliska szkoła publiczna jest zupełnie przyzwoita. Wbrew przestrogom Lamara, całą trójkę dzieci posłali jednak do szkoły publicznej i są do dzisiaj ze swojej decyzji zadowoleni.

Jaką wagę przykłada człowiek do prywatnej edukacji, luksusowych samochodów, podróży zagranicznych czy eleganckich posiadłości? Czy zastanawia się nad ceną tych produktów i usług? Dla Lamara cena, nawet jeśli wysoka, nie gra roli. Dla wiceprezesa – odwrotnie. Lamar cudze pieniądze wydaje lżejszą ręką niż swoje własne. Wiceprezes odwrotnie, jemu – poza częściową pomocą na studiach – nikt nigdy AOE nie udzielił. Dlatego jest on dzisiaj samowystarczalny finansowo. Większość swojej aktywności życiowej poświęca na pracę oraz mądre inwestowanie. Lamar i Mary zajmują się głównie wyczekiwaniem na kolejny zastrzyk finansowy ze strony jej matki.

OTO JEST PYTANIE

Można zapytać: jakie są skutki dawania pieniędzy dorosłym dzieciom? Czy przypadkiem ich to nie psuje?

Trudno w jednym rozdziale wyczerpująco na te pytania odpowiedzieć. Zauważmy jednak, że adresaci pomocy, o której mowa nie są obibokami chętnie opisywanymi przez prasę czy ludźmi brzydzącymi się pracą. W rzeczywistości są to często ludzie dobrze wykształceni, zatrudnieni na wysokich i odpowiedzialnych stanowiskach. Oto dziesiątka zawodów cieszących się największym wzięciem wśród dzieci amerykańskich milionerów:

1. wysoki urzędnik w biznesie,
2. przedsiębiorca prywatny,
3. menedżer średniego szczebla,
4. lekarz,
5. specjalista od reklamy, sprzedaży i marketingu,
6. adwokat,
7. inżynier, architekt, naukowiec,
8. księgowy,
9. wykładowca wyższej uczelni,
10. nauczyciel szkoły średniej lub podstawowej.

Nie ulega kwestii, że dorosłe dziecko, które otrzymuje od swoich rodziców pomoc materialną, różni się od tych, którzy takiej pomocy nie otrzymują. Porównajmy poziom majątku i dochody obu tych grup. Ze względu na to, że wiek ma istotny wpływ na wartość zgromadzonego majątku i dochód rodziny, dla uproszczenia rachunku przyjmijmy dla obu tych grup wiek constans, gdzieś pomiędzy 45 a 55 rokiem życia.

Dla jasności wywodu i wygody ograniczmy się w porównaniach wyłącznie do powyższej dziesiątki profesji.

Przeanalizujmy następującą tabelkę (100% odnosi się do osób, które pomocy rodziców nie otrzymują):

TABELA III

Zawód	Procent majątku	Pozycja	Roczny dochód	Pozycja
Księgowy	57	10	78	7
Adwokat	62	9	77	8
Marketing, sprzedaż	63	8	104	1
Biznesmen	64	7	94	2
Wysoki urzędnik	65	6	79	6
Inżynier, naukowiec	76	5	74	10
Lekarz	88	4	75	9
Menedżer	91	3	80	5
Wykładowca	128	2	88	4
Nauczyciel	185	1	92	3
Pozostałe zawody	81,1	–	91,1	–

Zwróćmy uwagę, że w ośmiu spośród dziesięciu wymienionych grup zawodowych, wartość majątku osób otrzymujących pomoc od rodziców jest niższa niż w przypadku osób, takiej pomocy nieotrzymujących.

Przykładowy księgowy (w wieku ok. 50 lat) otrzymujący pomoc pieniężną od rodziców, posiada majątek równy 57% tego, co posiada księgowy w identycznym wieku, pomocy takiej nieotrzymujący. I dalej, analogiczny księgowy zarabia 78% tego, co zarabia jego rówieśnik, pomocy takiej nieotrzymujący.

Uwaga: poziom zarobków wziętych pod uwagę w powyższej tabeli nie uwzględnia zasiłków pieniężnych otrzymanych od rodziny. Gdyby i zasiłki dodać do dochodów, wówczas dzieci otrzymujące pomoc od rodziny zarabiałyby ekwiwalent 98% tego, co zarabiają dzieci pomocy takiej nieotrzymujące. Pomimo tego, wartość ich majątku netto nie przekracza 57% tego, co posiadają dzieci nieotrzymujące pomocy od rodziców.

Statystyczni księgowi otrzymujący pomoc od rodziców nie są jedyną grupą zawodową posiadającą niższy dochód i mniejszą wartość majątku netto. W podobnej sytuacji są przedstawiciele siedmiu innych profesji: adwokaci – 62%, specjaliści od sprzedaży i marketingu – 63%, biznesmeni – 64%, wyżsi urzędnicy – 65%, inżynierowie i naukowcy – 76%, lekarze – 88% i menedżerowie średniego szczebla – 91%.

Tylko w dwóch przypadkach (profesorowie wyższych uczelni i nauczyciele), dzieci otrzymujące pomoc od rodziców posiadają większy majątek niż dzieci pomocy tej pozbawione. Pomimo niższych zarobków, nauczyciele – adresaci pomocy od rodziców – posiadają (przeciętnie) większy majątek niż dzieci „niewspomagane". Nauczyciele korzystający z pomocy rodziców posiadają 185% tego, co posiadają ich rówieśnicy, (nauczyciele) pomocy takiej nieotrzymujący. Przy czym, ci ostatni zarabiają tylko 92% tego, co pierwsi. Wspomagani przez rodzinę profesorowie wyższych uczelni posiadają (średnio) 128% tego, co ich rówieśnicy przez rodziny niewspierani, zarabiając 88% tego co ci ostatni.

Rodzice – milionerzy mogą się z tej statystyki wiele nauczyć, zwłaszcza z danych dotyczących nauczycieli i wykładowców uniwersyteckich, którzy mają większą skłonność do gromadzenia majątku, niż przedstawiciele pozostałych specjalności zawodowych.

Aby ten szczególny fakt wytłumaczyć, zastanówmy się najpierw dlaczego dzieci korzystające z pomocy rodziców akumulują generalnie mniej majątku niż te z grupy dzieci pozbawionych pomocy rodziców. Oto kilka pomocniczych spostrzeżeń:

1. Upominki sprzyjają konsumpcji, a nie oszczędzaniu i inwestowaniu

Bogaci rodzice z zasady pomagają swoim dzieciom przy kupnie domu. Intencją tej pomocy jest szybsze postawienie dziecka na nogi. Rodzice zakładają bowiem, że taki upominek będzie jednorazowy, potem dzieci poradzą już sobie same. Wielu ankietowanych przez nas milionerów twierdzi, iż byli przekonani, że po tym jak kupią dzieciom dom, nie będą musieli pomagać im w ogóle. Niestety, w ponad połowie przypadków, rodzice ci byli w błędzie.

Dzieci otrzymujące pomoc od rodziców z reguły mało zarabiają. Rzadko kiedy ich zarobki nadążają za poziomem konsumpcji. Pamiętajmy też, że drogie domy zlokalizowane są najczęściej w otoczeniu charakteryzującym się wysoką konsumpcją. Mieszkanie w takich okolicach wymaga dochodów przewyższających poziom spłacalności pożyczki hipotecznej. Trzeba się tam także umieć odpowiednio ubrać, jeździć odpowiednimi samochodami, potrzebne są odpowiednie meble, ogrodnik, dekorator, konserwator i tak dalej. Nie zapominajmy też dodać do tej listy podatku od nieruchomości, który w dzielnicach o „odpowiednim" standardzie jest bardzo wysoki.

Stąd więc pomoc w postaci (mniejszej lub większej) zaliczki gotówkowej na kupno domu może zaprząc jej adresata w kierat niekończących się potrzeb i wydatków. Zauważmy, że większość osób zamieszkujących te prestiżowe dzielnice to osoby takiej pomocy pozbawione. Ludzie ci, w przeciwieństwie do korzystających z systematycznej AOE, lepiej sobie radzą ze swoimi potrzebami życiowymi. Ci ostatni są wręcz uzależnieni od takiej pomocy. Zamiast zająć się pracą, czy znalezieniem sposobu samozaspokojenia potrzeb, skupiają się oni wyłącznie na oczekiwaniu na pomoc. Wyjaśnia to po części dlaczego są stosunkowo mało wydajni i mają ogromne trudności z gromadzeniem kapitału.

Upominek w postaci zaliczki na dom[1] nie jest jedynym czynnikiem wywołującym wzrost konsumpcji. Rozważmy przypadek zamożnych rodziców, którzy swemu synowi Billowi i jego małżonce Helen podarowali dywan wartości 9 000 dolarów, a więc bardzo drogi. Bill jest inżynierem budownictwa lądowego i pracuje dla władz stanowych. Zarabia ok. 55 000 dolarów rocznie. Rodzice uznali, iż muszą zrobić coś, co umożliwi synowi życie na poziomie godnym absolwenta prestiżowego uniwersytetu.

---

[1] Zaliczki te oscylują zwykle w granicach 25–30% ceny nieruchomosci – przyp. tłum.

Drogi dywan nie pasuje do skromnych mebli i byle jakiego oświetlenia, więc żeby się odpowiednio prezentował, Bill i Helen zmuszeni byli kupić porządne meble z orzecha, kryształowy żyrandol, antyczną lampę i srebrny serwis stołowy. W ten prosty sposób, upominek wartości 9 000 dolarów pociągnął za sobą drugie tyle wydatków.

Jakiś czas później Bill wspomniał w obecności matki, że szkoła publiczna, do której chodzą jego dzieci, nie jest tak dobra jak wówczas, gdy uczęszczał do niej Bill. Uprzedzając jakąkolwiek sugestię syna, matka zobowiązała się partycypować w kosztach czesnego prywatnej szkoły wnuka i wnuczki. Bill i Helen nie oponowali, postanowili przenieść dzieci do szkoły prywatnej od zaraz. Matka płaciła dwie trzecie czesnego, oni resztę. Z rachunku w wysokości 18 000 dolarów, Billowi i Helen przychodziło zapłacić za szkołę dzieci 6 000 dolarów rocznie.

Bill i Helen nie wzięli pod uwagę dodatkowych (poza czesnym) wydatków związanych z prywatną szkołą, na przykład, ciągłych zbiórek pieniędzy, apeli o granty czy darowizny. Zostali zmuszeni także do partycypowania w programie dowożenia uczniów do szkoły, co wymagało kupna siedmioosobowego kombi. Droższe były też książki itp. opłaty. Poza tym ich dzieci kontaktowały się teraz z dziećmi znacznie lepiej sytuowanych, niż Bill i Helen, rodziców. W szkole publicznej tego nie było. Latem na przykład, klasa wybiera się na wycieczkę szkolną do Europy, w ramach nauki i przygotowania do życia w społeczeństwie.

Rodzice korzystający z AOE znacznie chętniej wysyłają swoje dzieci do szkół prywatnych. (Populacja dzieci pochodzących z rodzin pozbawionych pomocy rodziców jest w amerykańskich szkołach prywatnych liczniejsza, bowiem liczniejsza jest grupa ludzi, którzy pomocy od rodziców nie otrzymują).

2. Dzieci subsydiowane nie dostrzegają z reguły różnicy między tym, co posiadają oni, a co posiadają ich rodzice.

Najlepiej ujął to Tony Montagne, menedżer jednego z funduszy inwestycyjnych, który powiedział tak:

Dorosłe dzieci na utrzymaniu rodziców uważają, że to co posiadają ich majętni „starzy" jest źródłem ich własnych dochodów... Dochodów, które - rzecz jasna – przeznaczone zostaną na konsumpcję.

Jednym z głównych powodów, dla których adresaci pomocy rodziców uważają się za ludzi dobrze sytuowanych, są właśnie subsydia od rodziców. Ludzie, którzy uważają siebie za zamożnych, mają łatwość wydawania pieniędzy. Mają poza tym skłonność do traktowania siebie jako ludzi zamożnych, i to w równym stopniu, w jakim robią to ludzie rzeczywiście zamożni, którzy pomocy rodziców nie otrzymują. Dzieje się tak, pomimo iż dzieci subsydiowane osiągają statystycznie 91% dochodu i 81 % zamożności niedotowanych.

Spójrzmy na to z pozycji Williama, pewnego dorosłego dziecka otrzymującego pomoc od rodziców. William ma 48 lat i każdego roku otrzymuje od rodziców wolny od podatku upominek w postaci 10 000 dolarów. Jakiego kapitału potrzeba, aby przy założeniu ośmioprocentowego zwrotu z inwestycji, przyniósł on 10 000 dolarów w ciągu roku? Z rachunku wynika, że 125 000 dolarów. Otrzymując co roku 10 000 dolarów. William przyjmuje, że posiada również kapitał pieniądze te wytwarzający. Innymi słowy, on te 125 000 dolarów dodaje (w myślach) do wartości swojego majątku.

Posłużmy się tu analogią. Czy ktoś z was natknął się kiedyś na ośmioletniego chłopca strzegącego wejścia na teren posiadłości jego rodziców? Niech no tylko wasza noga stanie na chodniku prowadzącym do domu, a usłyszycie od chłopca: „Nie możesz tu wchodzić, to jest mój dom." Dzieci, czy to będzie Billy czy Janie, są przekonane, że to naprawdę ich dom. I, dopóki mają osiem lat, nie mylą się. W tym wieku zarówno dom, jak i ogród oraz samochód stanowią własność rodziny, a dziecko to rodzina. Jednakże w miarę upływu lat dzieci się indywidualizują, rodzice uczą ich jak stać się samodzielnymi, niezależnymi i dorosłymi członkami społeczeństwa.

Niestety, coraz większa część dorosłych już dzieci ma kłopoty z osiągnięciem pełnej niezależności emocjonalnej i ekonomicznej; rodzice ich tego nie nauczyli. W jaki sposób można tę niezależność dziecka sprawdzić? Chociażby przy użyciu „testu Montage'a"...

Po zakończonej właśnie uroczystej kolacji z okazji Święta Dziękczynienia James uciął sobie ze swoimi rodzicami pogawędkę. W trakcie rozmowy dowiedział się, że mają oni zamiar przekazać kawałek własnego gruntu w formie darowizny dla jednego z prywatnych college'ów, „Mam nadzieje, że zdajesz sobie sprawę z korzyści, jakie osiągnie szkoła dzięki tej darowiźnie." – rzekł ojciec.

Gdyby reakcje James'a zapisać w formie tytułu prasowego, wyglądałaby ona mniej więcej tak:

Syn zamożnych rodziców podnosi krzyk:
„To także moja ziemia i college nie ma prawa jej zajmować!"

Reakcja Jamesa była do przewidzenia. Przez całe swoje dorosłe życie otrzymywał od rodziców pieniądze. Aby związać koniec z końcem, potrzebował każdego roku od rodziców kwoty równej 20% swoich zarobków. Trudno się więc dziwić, że pomysł rodziców uznał za zagrożenie dla jego przyszłych dochodów.

Jak większość dzieci wspieranych przez rodziców James uważa się za samowystarczalnego. Jeśli chodzi o ścisłość, dwie trzecie dorosłych dzieci znajdujących się w sytuacji Jamesa uważa, że „wszystko zawdzięczają samym sobie". Byliśmy naprawdę zaskoczeni słysząc, że „nikt im w życiu nic nie dał".

3. Dzieci otrzymujące pomoc rodziców mają większą skłonność do zaciągania kredytu.

Dzieci otrzymujące systematyczną pomoc od rodziców oceniają swoją sytuację materialną bardzo entuzjastycznie. Euforia ta dotyczy w zasadzie ich potrzeb i możliwości konsumpcyjnych. Niestety, gros potrzebnych na konsumpcję pieniędzy nadejdzie dopiero w przyszłości, jako rezultat opieki ekonomicznej ze strony „ambulatorium" czyli rodziców. Do czasu jej otrzymania dzieci muszą sobie radzić same. Jak? Przy pomocy kart kredytowych, które służą łagodzeniu ewentualnych niedoborów gotówki. Po co czekać, skoro wystarczy sięgnąć po pożyczkę. Dzieci otrzymujące pomoc od rodziców żyją ze świadomością czekającego je, obfitego dziedzictwa.

Mimo iż zarabiają one i posiadają mniej niż dzieci pozbawione pomocy rodziców, znacznie chętniej korzystają z pożyczek i kredytów. Dorosłe dzieci, nieotrzymujące pomocy rodziców, jeśli już pożyczają, to przeważnie na cele inwestycyjne, a nie konsumpcyjne.

Pod względem kredytów i pożyczek dzieci subsydiowane biją swoich niesubsydiowanych rówieśników na głowę, zarówno gdy chodzi o ilość pożyczanych pieniędzy, jak i wysokość płaconych od długu odsetek. Odnosi się to w równym stopniu do pożyczek na cele osobiste, jak i obciążeń kart kredytowych. Różnice znikają, gdy chodzi o pożyczki hipoteczne na kupno domu. Przy czym dzieci subsydiowane znacznie częściej otrzymują zaliczkę na dom od rodziców.

4. Dzieci subsydiowane z reguły mniej inwestują

Z naszych ankiet wynika, że dzieci otrzymujące pomoc od rodziców inwestują corocznie najwyżej 65% tego, co inwestują dzieci pomocy takiej nie otrzymujące. Jest to i tak bardzo optymistyczny szacunek, jako że dzieci subsydiowane mają skłonność do zawyżania swoich osiągnięć inwestycyjnych. Bilansując swoją konsumpcje i inwestycje zapominają niekiedy o kosztach kredytów, które po drodze zaciągnęli.

Od tej reguły istnieją wyjątki. Dotyczą one subsydiowanych przez rodziców nauczycieli i wykładowców wyższych uczelni, którzy pod względem gospodarności potrafią niesubsydiowanym dorównać, a niekiedy ich nawet przewyższają. Ci nauczyciele i wykładowcy – jak żadna inna grupa zawodowa – gros otrzymanych w darze pieniędzy oszczędzają i inwestują. Kwestię tę przedyskutujemy szczegółowo pod koniec tego rozdziału.

Powtórzmy dla jasności, że dzieci subsydiowane nie tylko więcej konsumują, ale i chętniej sięgają po pożyczki. Żyją ponadto na dużo wyższej stopie niż przedstawiciele innych grup o podobnym dochodzie. Uważa się ich często za istoty egoistyczne, samolubne, skupiające się wyłącznie na własnych pragnieniach i potrzebach. Tak jednak nie jest. Dzieci subsydiowane przeznaczają na cele dobroczynne znacznie więcej niż przedstawiciele innych grup, o porównywalnych dochodach. Przykładowo, zarabiające 100 000 dolarów rocznie, dorosłe dziecko korzystające z pomocy rodziców przeznacza na cele charytatywne ok. 6% swojego dochodu. Średnia krajowa dla tej kategorii zarobkowej wynosi 3%. Dzieci subsydiowane przeznaczają na cele dobroczynne tyle, ile „normalne" osoby zarabiające dwa do czterech razy więcej od nich.

Bez względu na cel, czy to dobroczynny czy konsumpcyjny, dzieci subsydiowane wydają więcej, stąd mniej inwestują. Co to za radość być dobrze zorientowanym w inwestycjach, a nie mieć pieniędzy, żeby ze swej wiedzy skorzystać. W takiej właśnie sytuacji znalazł się niedawno pewien początkujący (subsydiowany przez rodziców) wykładowca „teorii biznesu". Zaproponowano mu prowadzenie kursów w ramach „ciągłej edukacji zawodowej" dla grupy słuchaczy składającej się z osób o doskonałym wykształceniu i wysokich zarobkach. W ramach zajęć, poruszał nasz profesor tematykę zdobywania informacji nt. inwestycji oraz metod szacowania wartości akcji poszczególnych spółek. Wykłady te cieszyły się uznaniem słuchaczy. Trudno się zresztą dziwić, profesor był specjalistą w tej dziedzinie; posiadał tytuł doktora biznesu ze specjalnością – finanse. Jednakże pod koniec wykładu jeden ze słuchaczy zadał profesorowi proste, zdawałoby się, pytanie:

Panie doktorze E, czy mógłby nam pan zdradzić, w co pan sam inwestuje? Z jakich akcji składa się pański portfel inwestycyjny?

Odpowiedź wykładowcy była dla słuchaczy zaskoczeniem:

Mój portfel jest aktualnie bardzo... no, skromny. Zbyt wiele kosztują mnie dwie pożyczki hipoteczne, czesne dzieci, pożyczki na samochody...

Po wykładzie jeden z jego uczestników skomentował to następująco:

To tak, jakby facet, który napisał poradnik pt. „Sto sposobów postępowania z atrakcyjną kobietą" nie znał ani jednej kobiety, która byłaby atrakcyjna.

Dlaczego subsydiowani przez rodziców doradcy finansowi z grupy NBB nie namawiają swoich słuchaczy do oszczędzania? Ponieważ ich horyzonty są pod tym względem zbyt ograniczone. Skupiają się bowiem niemal wyłącznie na doradztwie inwestycyjnym, a nie na planowaniu i gospodarności. Niezręcznie jest im także krytykować czyjś zbyt konsumpcyjny styl bycia.

Ponadto, wielu wysoko zarabiających osobników oraz ich doradcy inwestycyjni mają marne pojęcie o tym jak oceniać czyjąś „spodziewaną wartość". Doradcy inwestycyjni często nie wiedzą, że ich klienci otrzymują od rodziny „zastrzyki" finansowe, wskutek czego ich rady i opinie bywają wypaczone. Oto przykład:

Jak na człowieka w wieku 44 lat i zarabiającego 70 000 dolarów rocznie, Bill ma się całkiem dobrze: posiada piękny dom, łódź, wóz z importu, stać go na dobroczynność, a nawet na inwestycje.

Czy jakikolwiek doradca wygłosiłby podobną opinię wiedząc, że Bill otrzymuje co roku od Mamy i Taty 20 000 dolarów?

Warto w tym miejscu podkreślić pewną ważną tezę, mianowicie, że nie wszystkie dzieci zamożnych rodziców wyrastają na NBB. Te, którym się to zdarzyło, to przeważnie dzieci intensywnie subsydiowane przez swoich rodziców. Posiadamy dowody na to, by twierdzić, że wiele dzieci rodziców gospodarnych i zdyscyplinowanych, którym mama i tata wszczepili nie tylko swoje własne cnoty i zasady, lecz także pragnienie bycia niezależnymi, osiąga w swoim dorosłym życiu status Przodownika w Budowie Bogactwa.

Prasa woli jednak popularyzować inny stereotyp, mianowicie: „od ubogiego pucybuta do milionera", od dziecka z biednej robotniczej rodziny, które doszło do pozycji doskonale prosperującego prezesa koncernu. Takie historyjki są bardzo chwytliwe, prasa je uwielbia, opierają się one jednak na fałszywym założeniu, że właśnie nędza jest w Ameryce warunkiem awansu społecznego. Gdyby to była prawda, mielibyśmy dzisiaj w USA nie 3,5 mln, lecz 35 mln milionerów.

Większość amerykańskich milionerów to synowie i córki nie-milionerów, bowiem populacja nie-milionerów jest aż trzydziestokrotnie liczniejsza od populacji ludzi zamożnych. Jeszcze jedno pokolenie temu, nie-milionerów było siedemdziesiąt razy więcej niż milionerów. Dzięki tak ogromnej populacji nie-milionerów mamy dziś w Ameryce tylu ludzi zamożnych. Chociaż statystycznie, wciąż większe szansę zostania milionerem ma „osobnik" urodzony przez rodziców milionerów. I odwrotnie, trudniej zostać milionerem, jeśli pochodzi się z rodziny uboższej.

Przypadek adwokata i nauczyciela

Henry i Josh są braćmi, co wcale nie znaczy, że są do siebie podobni. Henry ma 48 lat, Josh – 46. Henry jest nauczycielem matematyki w szkole średniej, Josh – adwokatem, wspólnikiem niewielkiej firmy prawniczej.

Pochodzą z liczącej sześcioro dzieci rodziny milionerów. Ich rodzice, Berl i Susan dorobili się pieniędzy na własnym biznesie. Rodzice zawsze byli dla swych dzieci bardzo hojni. Każdego roku, Henry, Josh i reszta rodzeństwa otrzymywali od nich po ok. 10 000 dolarów w gotówce. Upominki nie ustały nawet wtedy, gdy dzieci były już dorosłe. Berl i Susan uważali bowiem, że rozdawanie pieniędzy dzieciom zmniejszy wartość ich masy spadkowej, a co za tym idzie – wymiar ewentualnego podatku spadkowego, który pewnego dnia przyjdzie dzieciom płacić.

Berl i Susan nie ukrywali, że chcą, aby ich dzieci miały w życiu lepszy start. Wierzyli, że zastrzyki gotówki pomogą im stanąć na nogi i stać się ludźmi niezależnymi materialnie. Obdzielali swoje dzieci demokratycznie; każde z nich dostawało tyle samo pieniędzy. Prócz corocznych darowizn, rodzice pomogli każdemu przy kupnie domu.

Można by oczekiwać, że dzieci w tej rodzinie staną się materialnie niezależne. Tak przynajmniej wydawało się Berlowi i Susan, którzy ponadto uważali, że sami o wiele dalej by zaszli, gdyby ich rodzice dawali im pieniądze czy sfinansowali studia. Jednakże ich rodzice byli ludźmi ubogimi. To, że Berl i Susan dorobili się później majątku zawdzięczać mogą nie pieniądzom, lecz wychowaniu jakie w rodzinnym domu otrzymali. Rodzice nie tylko zaszczepili w nich dyscyplinę, ale także umiejętność pokonywania przeciwieństw. Właśnie trudności i przeciwieństwa sprawiły, że są dzisiaj tym kim są – to znaczy milionerami. W czasach kryzysu czy recesji słabe biznesy przegrywają. Berl i Susan nie poddawali się nigdy, umieli walczyć, w odpowiednim momencie zacisnąć pasa i trudny okres przeżyć. Odnosi się to nie tylko do biznesu, ale i do ich gospodarstwa domowego również.

Do dzisiaj, mimo że ich na to stać, nie pozwolili sobie na kupno luksusowego samochodu. Nigdy nie wyjeżdżali na narty, nie podróżowali po świecie. Nigdy też nie starali się o członkostwo klubu golfowego. Niemniej jednak uznali, że dzięki edukacji uniwersyteckiej, podróżom po świecie i obcowaniu z przedstawicielami wyższych sfer, status materialny ich dzieci przewyższy ich własny.

Niestety, Berl i Susan przyjęli błędne założenie. Dzieci bogatych rodziców nie stają się automatycznie równie zamożne, co ich mama i tata. Nie znaczy to wcale, że taki Henry czy Josh nie będą w stanie przewyższyć osiągnięć swoich rodziców. Niejedno milionerskie dziecko bije pod względem materialnym swoich „starych". Takich dzieci jest jednak mniejszość. Zauważmy, że szansę dorobienia się kiedykolwiek miliona ma w rodzinach milionerów jedno dziecko na pięcioro; w rodzinach niemilionerskich, tylko jedno na trzydzieścioro.

Czy dzieci Berta i Susan są dzisiaj milionerami? Nie! Właściwie tylko jedno z nich ma szansę zostać, i to już wkrótce, posiadaczem siedmiocyfrowego majątku. Kto taki? Henry, Josh a może inne z rodzeństwa?

Pozostałe dzieci są od Henry'ego i Josha młodsze, a wiek jest w silnej korelacji z wartością majątku. Prawdopodobieństwo zgromadzenia dużego majątku w młodym wieku jest niskie. Tym bardziej, że czwórka młodszego rodzeństwa otrzymywała AOE od rodziców znacznie krócej niż ich starsi bracia. Henry i Josh.

W związku z powyższym podejrzewać można, że to Josh, ponieważ jest starszy, jako pierwszy zgromadzi siedmiocyfrową fortunę, tym bardziej, że adwokaci z reguły zarabiają lepiej niż nauczyciele. A wiadomo, że między wartością majątku a wysokością zarobków również istnieje silna korelacja. Zeszłoroczny dochód rodziny Henry'ego (nie wliczając w to upominku od mamy i taty) wyniósł 71 000 dolarów; w tym samym czasie Josh zarobił 123 000 dolarów. Już choćby z tego porównania widać, że Joshowi łatwiej jest zostać bogatym człowiekiem; w końcu jego dochód jest prawie dwukrotnie wyższy niż brata, Henry'ego. Jednakże ktoś, kto tak twierdzi, pomija fundamentalną zasadę bogacenia się, która brzmi:

Bez względu na to ile zarobisz,
staraj się żyć poniżej swoich możliwości.

Henry, mimo swoich skromniejszych zarobków żyje poniżej swoich możliwości, w przeciwieństwie do Josha, który żyje wyraźnie ponad stan.

Bez tych 10 000 dolarów od rodziców, starszy brat ma trudności ze zbilansowaniem własnego budżetu. Kwota ta dodana do 123 000 dolarów, które zarobił plasuje go w pierwszych 4% najlepiej zarabiających Amerykanów. (Pamiętajmy, że tylko 3,5% amerykańskich gospodarstw domowych posiada majątek wartości 1 mln lub większy). Jednakże majątkowi Josha, niechby nawet liczonemu bardzo optymistycznie, daleko jeszcze do miliona. Wartość tego co starszy brat posiada, łącznie z wolną od zadłużenia częścią domu, wartością udziału w kancelarii adwokackiej, kontem emerytalnym itp. nie przekracza 553 000 dolarów

A Henry? Pomimo znacznie niższych zarobków zgromadził dużo większy majątek. Licząc bardzo konserwatywnie, Henry jest wart netto 834 000 dolarów. Jak to możliwe, żeby zwykły nauczyciel posiadał większy majątek niż zarabiający dwukrotnie więcej jego brat, adwokat?

To bardzo proste. Henry i jego żona są ludźmi gospodarnymi, podczas gdy Josh i jego żona są nastawieni na wysoką konsumpcję. Różnica ta wynika w dużym stopniu z odmienności wykonywanych przez obu braci zawodów. Okazuje się, że nauczyciele jako grupa zawodowa są zwykle gospodarniejsi. Co więcej, adwokaci korzystający z pomocy materialnej rodziców wydają więcej i inwestują mniej niż adwokaci – ich rówieśnicy, którzy pomocy takiej nie otrzymują. Jak już wcześniej zaznaczyliśmy, adwokaci otrzymujący pomoc od rodziców posiadają 62%, i zarabiają 71%, tego, co (posiadają i zarabiają) adwokaci, w tym samym przedziale wiekowym, pomocy tej nieotrzymujący.

Jak to porównanie wygląda w przypadku zawodu nauczyciela? Gospodarstwo domowe nauczyciela otrzymującego pomoc od rodziców posiada 185% tego, co posiada rodzina nauczyciela nieotrzymującego pomocy rodziców; jeśli chodzi o zarobki, pierwszy z nich zarabia 92% tego, co drugi.

Nauczyciele otrzymujący AOE pracują częściej (niż nauczyciele niesubsydiowani) w szkołach prywatnych, w których pensje są z reguły niższe niż w szkołach publicznych. Być może, Berl i Susan, swoimi zastrzykami gotówki subsydiują poniekąd, nie zdając sobie z tego sprawy amerykańskie szkolnictwo prywatne, bowiem właśnie dzięki tym dodatkowym pieniądzom Henry godzi się na niższą pensję i zamiast pracować w lepiej płacącej szkole publicznej, uczy w prywatnej. Mimo iż szkoła jest prywatna, Henry nie widzi niczego szczególnego w tym, że jeździ do pracy czteroletnią hondą accord albo minivanem żony.

Josh działa w całkowicie odmiennych warunkach. Większość samochodów parkujących przed centrum biurowym, w którym pracuje, to luksusowe wozy z importu i samochody sportowe. Josh odpowiedzialny jest częściowo za promocję swojej kancelarii, więc jeśli nawet chciałby, nie wypada mu jeździć czteroletnią hondą, jako że nieraz przychodzi mu wozić klientów swoim samochodem; mogliby odnieść niekorzystne wrażenie.

Josh i jego żona jeżdżą trzema stosunkowo nowymi samochodami; BMW serii 7, volvo kombi – oba samochody wzięte w leasing – oraz ich własną, toyotą Supra. Ich obyczaje samochodowe nie różnią się wcale od obyczajów ludzi zarabiających znacznie więcej. Josh wydaje na samochody trzykrotnie więcej niż Henry.

Josh wydaje także więcej (dwukrotnie) na spłaty pożyczki hipotecznej, ponieważ dom Josha jest większy, bardziej luksusowy i zlokalizowany jest w dzielnicy prestiżowej. Henry mieszka o wiele skromniej i w skromniejszej dzielnicy. Jego sąsiadami są: nauczyciele, średni szczebel zarządzania, urzędnicy administracji i kierownicy sklepów. Henry i jego rodzina wtopili się doskonale w swoją dzielnicę. Żyją jak przedstawiciele klasy średniej, mimo że majątek, jaki posiadają wart jest cztery do pięciu razy tyle, co majątek ich sąsiadów.

A w jakim otoczeniu mieszka Josh? Główna rezydencja Josha (bo posiada on także udział, tzw. time-sharing, w apartamencie w górach) mieści się w doskonałej dzielnicy. Sąsiadami Josha są świetnie zarabiający: lekarze, wyżsi urzędnicy ogromnych spółek, adwokaci, wysoko uposażeni specjaliści od sprzedaży i marketingu oraz zamożni przedsiębiorcy. Josh czuje się wśród nich, jak ryba w wodzie, ma wymarzoną okazje do zdobycia nowej klienteli dla swojej kancelarii. Jest jednak coś co Josha martwi, bo o ile pod względem zarobków znajduje się on niewiele poniżej połowy tego, co zarabiają jego sąsiedzi, o tyle, gdy chodzi o wartość majątku netto, jest niemal na samym dnie.

Josh i jego rodzina żyją na poziomie ludzi, których wartość majątku jest dwu, trzy a nawet czterokrotnie wyższa. Nie oni jedni. W podobnej sytuacji jest 20% rodzin mieszkających w sąsiedztwie Josha. One również znajdują się na AOE. I również wydają więcej, a inwestują mniej niż reszta ich sąsiadów.

W jaki sposób Josh gospodaruje pieniędzmi? Jak radzi sobie z nadmiernie wybujałymi potrzebami konsumpcyjnymi?

Josh, jak wielu mu podobnych, należy do grupy NBB. Josh najpierw wydaje to, co zarobił. Oszczędza zaś, i inwestuje, to co mu po wydatkach pozostało. Słowem oszczędza i inwestuje tylko to, co mu potrącają z pensji na prywatne konto emerytalne. Dwie trzecie tego co Josh posiada, stanowi wolna od długów część domu, udział w kancelarii adwokackiej i fundusz emerytalny. W praktyce, rodzina Josha inwestuje zero swoich dochodów. Nie przeszkadza im to wcale czuć się ludźmi zamożnymi. Josh regularnie dostaje od rodziców 10 000 dolarów rocznie, a poza tym w perspektywie ma przecież duży spadek.

A dzieci Josha? Czy i one otrzymywać będą od swojego ojca tak hojne upominki? Bardzo mało prawdopodobne. Co gorsza, wyrastają one w atmosferze nieposkromionej konsumpcji, w związku z czym istnieje duże prawdopodobieństwo, że i one przesiąkną konsumpcyjnym stylem bycia rodziców. Nie będzie to dla nich łatwe zważywszy, że ich rodziców nie stać na jakąś znaczną AOE w przyszłości.

Odwrotnie niż w rodzinie Henry'ego, gdzie dzieci czeka całkiem spora fortuna. Jednakże Henry i jego żona nigdy nie żyli ponad stan. Henry wygląda jak nauczyciel, jeździ samochodem typowym dla nauczycieli, ubiera się jak oni i kupuje w tych samych co oni sklepach. Henry nie posiada żadnego z ekskluzywnych „cacuszek", którymi otacza się jego brat. Nie ma więc basenu, sauny, nie ma jacuzzi, żaglówki, jak również nie jest członkiem klubu golfowego. Posiada dwa garnitury i trzy sportowe marynarki – to wszystko.

Sposób życia Henry'ego jest prostszy i mniej kosztowny. W przeciwieństwie do brata, Henry nie jest nastawiony na życie na pokaz. Henry co drugi dzień biega, często uczestniczy wraz z rodziną w rajdach pieszych i kampingach. Posiadają do tego celu dwa namioty, kilka śpiworów oraz dwa kajaki (w tym jeden mocno zużyty). Henry dużo czyta, jest aktywny w swojej parafii i, w afiliowanych przy niej, organizacjach młodzieżowych. Ten stosunkowo mało skomplikowany tryb życia przekłada się na więcej dolarów oszczędzonych i zainwestowanych. W początkach swej kariery nauczycielskiej, jeden ze starszych kolegów doradził mu odkładanie części zarobków na wolne od podatku konto emerytalne. Henry skwapliwie z rady tej skorzystał. Na inwestycje przeznacza większą część otrzymywanej od rodziców zapomogi.

Powiedzcie sami, który z braci będzie miał spokojniejszą i bezpieczniejszą emeryturę, Henry czy Josh?

Adresatami pomocy rodziców są już nie tylko dzieci, lecz od pewnego czasu, także i wnuki. Zatem spodziewany spadek po rodzicach może być naprawdę skromny.

Przy tym tempie konsumpcji, Josh nigdy nie będzie w stanie bezpiecznie przejść na emeryturę. Co innego Henry, który przed osiągnięciem ustawowych 65 lat zgromadzi naprawdę duży majątek.

UCZ DZIECI ŁOWIENIA RYB

Słuchacze naszych wykładów i pogadanek pytają niekiedy; „Jeśli nie gotówka, to co? W jaki sposób możemy skutecznie pomóc swoim dzieciom?". Wielu z nich pragnie zrobić wszystko, by poprawić byt swoich pociech. Powtarzamy im do znudzenia, że kluczem do dobrobytu dzieci jest nauczenie ich gospodarności. Często bowiem dzieci, których do gospodarności za młodu nie przyzwyczajono, w wieku dorosłym bywają ludźmi rozrzutnymi, wymagającymi przez długie lata pomocy rodziców.

Co zrobić, żeby poprawić „wydajność" własnych dzieci? Co można im dać, żeby prędzej stanęły na nogi?

Na pewno dobre wykształcenie!

Spytaliśmy ankietowanych milionerów, czy podpisaliby się pod następującym zdaniem?

◊ Wiedza wyniesiona ze szkoły (uczelni) jest (była) mało przydatna w moim dorosłym życiu – w zarabianiu na życie.

Tylko 14% zgodziło się z tym twierdzeniem, 6% nie miało na ten temat zdania, a pozostali, było ich aż 80%, ostro zaprotestowali. To wyjaśnia dlaczego milionerzy wydają tak dużo na edukację swoich dzieci. Jaki upominek jest w rodzinach milionerskich najczęściej praktykowany? Właśnie czesne na edukację dzieci!

Inne formy darowizn czy subsydiów spotyka się rzadziej. Około jedna trzecia zamożnych rodziców pomaga dzieciom przy kupnie pierwszego domu, jedna piąta udziela bezprocentowych pożyczek, tylko jedno dziecko na 35 otrzymuje od rodziców pieniądze na spłatę pożyczki na dom.

W jaki sposób można utrwalać w dziecku gospodarność i odpowiedzialność materialną? Właśnie łożąc na jego edukację, a ponadto poprzez stwarzanie atmosfery szacunku dla indywidualnych osiągnięć, nagradzanie niezależności i odpowiedzialności za swoje czyny.

Pamiętajmy, że najlepsze rzeczy w życiu dostajemy najczęściej gratis. Uczmy dzieci finansowej samowystarczalności. Mniej nas to kosztuje, a na dłuższą metę opłaci się zarówno nam, jak i im samym.

Między subsydiowaniem dzieci a ich indywidualną produktywnością istnieje zależność odwrotnie proporcjonalna. Dowodzą tego wyniki naszych własnych badań i analiz, gromadzonych na przestrzeni dwudziestu lat. Pomijając pomoc na opłacenie studiów, ponad dwie trzecie amerykańskich milionerów nie otrzymało od swoich rodziców żadnej pomocy materialnej. Odnosi się to także do tych milionerów, których rodziców na taką pomoc było stać bez trudu.

Osłabianie słabości

Cóż więc powinni bogaci rodzice robić ze swoim majątkiem? W jaki sposób i kiedy powinni go przekazać swoim pociechom? Problem ten przedyskutujemy szczegółowo w następnym rozdziale. W tym miejscu chcielibyśmy jedynie zastanowić się nad pewnymi faktami. Większość członków Ligi Milionerów posiada co najmniej dwoje dzieci. Te spośród dzieci, które otrzymały od rodziców najmniejszą pomoc, są o wiele bardziej niezależne i samowystarczalne materialnie, niż rodzeństwo obsypywane hojnie upominkami i innymi formami pomocy.

Wyobraź sobie, że jesteś typowym, zamożnym rodzicem. Zauważyłeś, dajmy na to, że twój najstarszy syn czy córka jest od najmłodszych lat dzieckiem energicznym, pracowitym, zdyscyplinowanym i niezależnym intelektualnie. Starasz się wręcz instynktownie unikać ingerencji w jego (jej) decyzje, skupiając swoją aktywność na pozostałych, mniej do życia przygotowanych dzieciach; pomagasz im podejmować decyzje, a właściwie podejmujesz je za nie. Jakie są tego skutki?

Wzmacniamy charakter dziecka mocniejszego, osłabiamy słabszego.

Przypuśćmy, że jesteś ojcem czy matką dziesięcioletniego chłopca, z którym udałeś się właśnie na badanie lekarskie. Od lekarza dowiadujesz się, że twój syn ma niedowagę i w ogóle ustępuje w rozwoju fizycznym swoim rówieśnikom. Jak zareagujesz na taką diagnozę? Postarasz się, oczywiście, stan zdrowia dziecka poprawić, a więc zachęcisz dziecko do ćwiczeń fizycznych, może nawet i do ćwiczeń siłowych. Dostarczysz mu więcej witamin i zapiszesz pewnie na jakieś zajęcia sportowe. W każdym razie będziesz działać energicznie i zdecydowanie. Trudno sobie w ogóle wyobrazić inne podejście. Nie mieści się w głowie, że mogliby istnieć rodzice, którzy zachęcaliby takie dziecko, żeby mniej jadło, i mniej ćwiczyło. Tymczasem tę właśnie metodę osłabiania stosują rodzice w przypadku problemów związanych z osobowością dziecka; świadomie ją jeszcze bardziej osłabiając.

Rodzice zostali poinformowani przez nauczyciela, że ich syn ma z powodu ubogiego słownictwa trudności z pisaniem. Jak na tę wiadomość mama i tata zareagowali? Ano, najpierw przenieśli chłopaka do innej szkoły. Nie poprawiło to w niczym umiejętności pisarskich syna, jednakże ojciec zaczął odtąd pisać za chłopca wypracowania. Syn zdaje za rok maturę, lecz ojciec wciąż wyręcza go w pisaniu.

W innym przypadku, zamożnym rodzicom przyszło zmagać się z wyjątkową nieśmiałością córki, która przestała się wręcz odzywać. W trosce o stan psychiczny dziecka, matka napisała list do wychowawcy szkolnego, aby przeniósł córkę z pierwszej ławki do ostatniej, gdzie będzie jej z pewnością lepiej. Matka uznała bowiem, że dzieci siedzące w pierwszych rzędach częściej wyrywane są do odpowiedzi. Nauczycielka prośbę matki zignorowała. Spotkało się to z ostrym protestem ze strony rodzicielki. Ponieważ wychowawczyni w dalszym ciągu polecenia matki nie wykonała, córka została przeniesiona do innej szkoły.

Jeszcze w innym przypadku, pewien wybitny profesor uniwersytetu otrzymał telefon od swojego sąsiada. Rozmówca byt wyraźnie podenerwowany:

Panie doktorze – zaczął sąsiad – jest pan człowiekiem zorientowanym. Proszę mi zatem powiedzieć, co zrobić żeby spowodować usunięcie wykładowcy z pracy?

Profesor: Kogo ma pan na myśli?

Sąsiad: Pan tego człowieka nie zna, chodzi o kogoś z uniwersytetu stanowego.

Profesor: A dlaczegóż to chce go pan usunąć ze stanowiska?

Sąsiad: Moja córka oblała ostatnio u niego egzamin. On twierdzi, że brak jej podstawowej wiedzy... Wie pan, to dziwny człowiek: nosi długie włosy, nie chodzi w garniturze... Wyjątkowy palant! Rozmawiałem właśnie z jego przełożonym. Niech mnie to kosztuje, ale ja tego faceta z pracy usunę!

Profesor: Zamiast się go pozbywać, czyż nie łatwiej byłoby zabrać od niego córkę?

Sąsiad: Musiałaby zdawać egzaminy poprawkowe.

Profesor: Świat się przecież nie zawali. Są przecież gorsze zmartwienia.

Sąsiad: Łatwo panu mówić. Jeśli przyjdzie jej zdawać poprawkę, nie będzie mogła pojechać z nami do Europy. Planowaliśmy tę podróż od dwóch lat. Znam swoją żonę, bez córki nie pojedzie. Nie mam wyjścia!

Rodzice z powyższych przykładów mają co najmniej jedną wspólną cechę. Robią wszystko, żeby pogłębić słabość swojego dziecka. Jeśli syn ma trudności z pisaniem i brak mu słów, postaraj się nad nim popracować.

W innym przypadku, ojciec dowiedział się, że jego wyjątkowo uzdolniony matematycznie syn ma kłopoty z językiem. Ojciec postanowił chłopcu pomóc. Co wieczór, przy wspólnej kolacji, kazał mu zdefiniować trzy konkretne wyrazy. W ten sposób, dzień za dniem ojciec doskonalił umiejętności syna. Wynajął także dla niego zawodowego korepetytora. Pracowali wspólnymi siłami. Dzisiaj chłopak jest absolwentem jednego z najlepszych amerykańskich uniwersytetów (Ivy League), który ukończył z dyplomem prymusa.

Efekty AOE

Co dzieje się w późniejszym wieku z dzieckiem, które rodzice swoim nierozumnym postępowaniem osłabiali? Przeważnie brak mu inicjatywy. Jest ono nie tylko nieudaczne pod względem materialnym, ale i ma skłonności do nadmiernej konsumpcji. Stąd, przez większość swego dorosłego życia będzie wymagać specjalnej opieki ze strony rodziców. Nie potrafi się bez niej utrzymać na odpowiednim poziomie.

Podkreślmy to z naciskiem:

Im więcej pieniędzy podarujemy dorosłemu dziecku, tym mniej jest ono w stanie zgromadzić samo. Im mniej pieniędzy damy dorosłemu dziecku, tym lepiej poradzi sobie ono w życiu.

Poprawności powyższej tezy dowodzi statystyka. Mimo to, wielu rodzicom wydaje się, że ich własna zamożność jest wystarczającą gwarancją dostatniego bytu dziecka. Niestety, są w błędzie. Dyscyplina, inicjatywa i odpowiedzialność to nie samochód czy wieszak na ubranie, które można kupić w sklepie.

Ilustracją tej tezy niech będzie poniższy przykład.

Bogaci rodzice zdecydowali się dać swej córce, pannie BPF, wszelką możliwą pomoc. Gdy BPF oświadczyła, że ma zamiar założyć własny biznes zareagowali w sposób typowy, „stwarzając córce sprzyjające warunki". Najpierw zdecydowali, że dziecko nie może zaczynać biznesu od długów, więc wyłożyli za córkę (która nie wydała ani centa) cały kapitał początkowy, dzięki czemu nie musiała się starać o pożyczkę. Następnie, rodzice doszli do wniosku, że ich pomoc finansowa przyniesie dziecku ulgę i pomoże córce szybciej stanąć na nogi i być konkurencyjną. A poza tym najlepiej dla BPF będzie, jeśli zamieszka z rodzicami, gdyż w ten sposób nie tylko nie będzie musiała płacić za mieszkanie, ale i marnować czasu na porządki, zakupy, a nawet ścielenie łóżka. Całą swoją aktywność skupi zatem na prowadzeniu interesu. Pomoc ta wykraczała daleko poza normalną AOE.

Czy mieszkanie za darmo jest dla młodego przedsiębiorcy idealnym rozwiązaniem? Albo otrzymanie biznesu w formie upominku? Naszym zdaniem, nie! Najlepiej prosperujący przedsiębiorcy, to ci, którzy na swój biznes zapracowali, którzy wyłożyli nań własne pieniądze. Wielu z nich osiągnęło sukces, bo nie mieli innego wyjścia. Zaangażowali przecież swoje własne pieniądze, wiedzę i reputację. Nikt nie rozciągnął pod nimi siatki bezpieczeństwa. Mogli polegać wyłącznie na sobie, na nikim innym.

Po trzecie, rodzice BPF dodali tu jeszcze jeden element. Pomyśleli, że lepiej będzie jeśli ich córka nie będzie miała zmartwień z powodu braku zysków z interesu. Ze „spokojną głową" interesy pójdą jej jak po maśle. W ten sposób panna BPF stała się kolejnym dzieckiem, żyjącym z subsydiów rodziców, którzy dawali jej co roku zapomogę w wysokości ok. 60 000 dolarów

Jakie są skutki stworzenia dziecku tak cieplarnianych warunków?

Panna BPF ma dziś pod czterdziestkę. Wciąż mieszka z rodzicami. Nie jest zadłużona, gdyż rodzice nadal finansują jej biznes, który w ostatnim roku przyniósł 50 000 dolarów zysków. Nie przeszkadza to rodzicom kontynuować pomocy w wysokości... 60 000 dolarów rocznie. Wierzą oni przy tym, że któregoś dnia BPF stanie samodzielnie na nogi. My takimi optymistami nie jesteśmy.

Większość ludzi, którym się w biznesie powiodło, postępuje inaczej. No, bo zastanówmy się, kogo byłoby stać na to, co zrobiła BPF, która tylko w ostatnim roku:

- ◊ kupiła samochód wartości 45 000 dolarów, nie zadając sobie nawet trudu przejrzenia ofert konkurencyjnych dealerów;
- ◊ za 5 000 dolarów kupiła zegarek, za 2 000 dolarów kostium, za 600 dolarów buty;
- ◊ łącznie na ubrania wydała ponad 20 000 dolarów;
- ◊ same odsetki od długów na kartach kredytowych kosztowały ją 7 000 dolarów;
- ◊ za członkostwo prywatnego klubu sportowego zapłaciła ponad 10 000 dolarów.

Odpowiedź brzmi: bardzo niewielu!

Biznes panny BPF to żaden biznes. Działa tylko dzięki hojności jej rodziców, którzy go po prostu utrzymują. Córka nawet nie wie czy poradziłaby sobie bez pomocy mamy i taty. Cała ta pomoc sprowadziła się właściwie do ułatwienia jej ekstrawaganckiej konsumpcji. Czy trudno się potem dziwić, że traktuje ona swój biznes po macoszemu?

Jak myślicie, kto ma więcej zmartwień – panna BPF, czy normalny, odpowiedzialny za to co robi i dobrze prosperujący biznesmen? Logika wskazuje, że panna BPF nie powinna mieć żadnych problemów, bowiem w razie ich pojawienia się jest natychmiast „reanimowana" finansowo przez rodziców. Tymczasem, w porównaniu z dziećmi z bogatych domów, które pomocy rodziców nie otrzymują, życie panny BPF to jedno wielkie zmartwienie.

Typowy przedsiębiorca z grupy ludzi zamożnych ma właściwie tylko trzy zmartwienia, wszystkie zresztą związane z funkcjonowaniem rządu i państwa. Boi się ustaw i regulacji wymierzonych w interes właścicieli biznesów i w ludzi bogatych.

A czego lęka się panna BPF? Podczas rozmowy z nami wyznała, że obawia się aż dwunastu „rzeczy". Jak to możliwe, żeby osoba pozbawiona problemów finansowych miała cztery razy tyle zmartwień, co statystyczny biznesmen?

Ano możliwe!

Typowy biznesmen uczy się z czasem, jak zostać samowystarczalnym i samemu pokonywać większość trudności.

Właśnie dzięki tej umiejętności pozbywa się wielu zagrożeń.

Czego głównie obawia się panna BPF? Oto wybór spraw, o które się ona lęka:

◊ że spadek po rodzicach zostanie dotkliwie opodatkowany;

◊ że przyjdzie jej któregoś dnia obniżyć gwałtownie stopę życiową;

◊ że jej biznes upadnie;

◊ że nie będzie jej stać na wygodną, komfortową emeryturę;

◊ że bracia i siostry oskarżą ją o wykorzystywanie rodziców dla własnych celów i niesprawiedliwie wysoki spadek po nich.

Jak pamiętamy z wcześniejszych rozdziałów, większość biznesmenów z grupy ludzi zamożnych obaw panny BPF nie podziela.

Kto ma więcej pewności siebie? Kto jest lepiej przygotowany do przezwyciężania trudności i przeciwieństw? Subsydiowane córeczki w rodzaju panny BPF, czy może dorosłe dzieci uczone od małego niezależności i samowystarczalności? Odpowiedź ciśnie się sama na usta. Sukces osiągają ci, którzy zamiast myśleć o cudzych pieniądzach, czy czekającym ich spadku po rodzicach, skupiają się na samodzielnym osiąganiu sukcesu. Ktoś, kto żyje poniżej swoich możliwości nie musi się obawiać pogorszenia warunków życia i obniżenia stopy życiowej. Rodzice panny BPF zawiedli na całej linii. Ich celem było postawienie córki na nogi tak, aby już nigdy nie potrzebowała niczyjej pomocy. Niestety, użyli niewłaściwego sposobu, stąd osiągnięty rezultat jest odwrotny do zamierzonego. Rodzice starając się chronić dzieci przed twardą rzeczywistością powodują często, że taka ochrona obraca się przeciwko dziecku, czyniąc je zastraszonym i bezradnym.

Dzieci pozbawione AOE

Ile wart jest twój podpis? To zależy kim jesteś, i do czego go używasz. Podpis Paula Orfalea, gdy zaczynał „Kinko's" – swój życiowy biznes – był wart bardzo wiele.

> *Z pożyczką 5 000 dolarów, podżyrowaną przez ojca, wynajął w 1969 roku garaż, z którego sprzedawał pierwsze swoje usługi... Już w tamtym okresie udało mu się wraz z kilkoma przyjaciółmi osiągać obroty rzędu 2 000 dolarów... dziennie.* (Laurie Flynn, *Kinko's adds Internet services to its copying business*, „The New York Times" 19 marca, 1996, str. C5).

Dzisiaj obroty „Kinko's" wynoszą ponad 600 mln dolarów rocznie. Uważacie może, że rodzice pana Orfalea wychowywali go w warunkach podobnych do tych, w jakich wzrastała panna BPF? Bardzo mało prawdopodobne. Gdyby tak było, nie stałby się dzisiaj człowiekiem tak produktywnym. Paul Orfalea posiada cechę charakterystyczną dla większości ludzi sukcesu, a mianowicie: odwagę! To że podjął tak ogromne ryzyko oznaczało, iż jest człowiekiem odważnym. Na jakie ryzyko odważyła się panna BPF? Na żadne!

Słownik Webstera definiuje odwagę, jako „siłę moralną lub psychiczną pozwalającą człowiekowi pokonywać przeciwieństwa, niepowodzenia i niebezpieczeństwa". Odwaga wymaga twardości, stanowczości i silnej woli. Człowiek nie rodzi się odważny; tę cechę można w sobie wyrobić.

Nie można zostać człowiekiem odważnym w środowisku pozbawionym ryzyka, trudności i niebezpieczeństw.

Powyższe twierdzenie wyjaśnia dlaczego panna BPF do odważnych nie należy: brak jej odwagi by opuścić rodzinny dom i pójść na swoje, boi się swój biznes rozwijać, a przede wszystkim boi się zrezygnować z pomocy rodziców i żyć na własny rachunek.

Aby działać na zasadzie: jaka praca taka płaca, czyli zarabiać tyle, ile się samemu wypracowało, potrzeba nie lada odwagi. Wielu zamożnym ludziom odwagi tej nie brakuje. Na jakiej podstawie to twierdzimy? Na tej, że większość bogatych ludzi w Ameryce, to albo przedsiębiorcy prywatni, których zarobki zależą od wyników działania prowadzonej przez nich firmy, albo profesjonaliści opłacani na zasadzie prowizji. Pamiętajmy też, że większość amerykańskich milionerów, niezależnie od tego, czy mieli bogatych rodziców czy nie, dorobiła się majątku własną pracą. Mieli odwagę podjąć wyzwania wymagające dużego ryzyka.

Jeden z najwspanialszych *entrepreneurs* i biznesmenów naszych czasów, Raymond Kroc[2] dobierając współpracowników i menedżerów zwracał uwagę właśnie na ich odwagę. Bardzo chętnie zatrudniał

[2] Polak z pochodzenia, jego prawdziwe nazwisko brzmiało: Kroć – przyp. tłum.

wszelkiej maści salesmanów, a więc ludzi opłacanych w zależności od efektów swojej pracy[3]. Dlaczego? Ponieważ cenił w nich odwagę; zarabiali tyle, ile wypracowali. Nic więcej, bez żadnej „siatki ochronnej".

Pierwszy swój „franchise", poza Kalifornią, sprzedał Kroc za 950 dolarów małżeństwu Sanford i Betty Agate. Betty sprzedawała wtedy Pismo Święte przez telefon. Któregoś dnia zadzwoniła również do Kroca. Zdziwiony założyciel „McDonald's" spytał swoją sekretarkę: „Czy to możliwe, żeby Żydówka sprzedawała Biblię?"

– Musi przecież z czegoś żyć – odpowiedziała sekretarka.

Kroc uznał wtedy, że Betty Agate musi mieć w sobie wiele odwagi i dlatego zaproponował jej kupno jednego ze swoich „franchise".

Do ilu swoich potencjalnych klientów zatelefonowała kiedykolwiek panna BPF? Do żadnego. Większość jej klienteli stanowią znajomi, przyjaciele i partnerzy biznesowi jej rodziców. Tych ludzi nie musi namawiać na biznes.

Rodzice radzą się nas często, co zrobić, żeby wyrobić w dziecku odwagę. Sugerujemy zwykle, żeby jak najczęściej wystawiać dziecko na próby. Zachęcając je do kandydowania na przewodniczącego klasy, zmusza się je by sprzedawało swoje zalety i talenty reszcie uczniów. Innym razem spowodować, by dzieci sprzedawały losy loterii szkolnej czy inne drobiazgi na cele społeczne. Albo znajdźmy dziecku pracę w sklepie czy innym biznesie wymagającym umiejętności sprzedaży. Jakakolwiek okazja jest tu dobra, takich prac nie brakuje[4].

Kobieta wielkiej odwagi

Odbiorca faksu: dr William D. Danko, Albany, New York
Od: dr. Thomasa J. Stanleya, Atlanta, Georgia
Dotyczy: kobiety wielkiej odwagi
Data: rankiem, w Święto Pracy[5]

[3] Większość amerykańskich akwizytorów i komiwojażerów nie otrzymuje pensji, lecz wyłącznie prowizje od sprzedaży – przyp. tłum.

[4] Nawet w Polsce istnieje duże zapotrzebowanie na pracę uczniów i studentów, gorzej jest z chęciami – przyp. tłum.

[5] Pierwszy poniedziałek września – przyp. tłum.

Zgadnij co twój kolega robił dziś o 5:30 rano? Otóż wsiadałem do porannego samolotu. Mimo iż samolot miał ponad setkę miejsc, na pokładzie było niewiele ponad 20 pasażerów. Ledwieśmy się usadowili w fotelach, stewardessa poinformowała nas, że z powodu mgły lot ulegnie opóźnieniu. Zacząłem więc złorzeczyć, że po to człowiek tak wcześnie wstaje, żeby wcześniej lecieć a tymczasem... Usłyszała to siedząca przede mną kobieta. Okazało się, że moje problemy to nic, ona była już w podróży całą noc.

Zaczęliśmy rozmowę. Spytałem ją dlaczego lata w nocy? Odpowiedziała, że nocne loty są tańsze. Jak się potem okazało, tę kobietę stać było na normalny bilet. Korzystała z lotów zniżkowych ze zwykłej oszczędności. Czy wiesz jaki był cel jej podróży? Leciała na konferencję wysokich urzędników branży handlu nieruchomościami, gdzie miała odebrać nagrodę Pracownika Roku. W trakcie pogawędki spytałem ją, w jaki sposób trafiła do tej branży.

– Z konieczności – odparła. Laura opowiedziała mi, jak pewnego dnia znalazła na stole list od męża, a w nim – pozwoliła mi to zacytować:

Droga Lauro,

zakochałem się w swojej sekretarce. Adwokat poinformuje cię o dalszych moich krokach. Życzę Tobie i dzieciom dużo szczęścia.

W jaki sposób ta „kura domowa" z trojgiem dzieci zareagowała na list? Mogła wrócić do swojej dawnej pracy w charakterze nauczycielki szkoły średniej, ale nie chciała. Nie poprosiła też o pomoc swoich dobrze sytuowanych rodziców. Ponieważ wychowała się w atmosferze dyscypliny i odpowiedzialności zdawała sobie sprawę z tego, że jej dyplom nauczyciela języka angielskiego nie na wiele się zda. Ludzi o takich jak jej kwalifikacjach była w owym czasie nadpodaż, co nie wróżyło jakichś rewelacyjnych zarobków. Zwróciła się więc do kilku okolicznych biznesmenów i przedsiębiorców z prośbą o radę. Po dyskusji z nimi doszła do wniosku, że idealnym polem działania będą dla niej nieruchomości. I nie pomyliła się. W ciągu pierwszych czterech miesięcy pracy jako pośredniczka w handlu nieruchomościami zarobiła więcej niż przez cały najlepszy rok pracy w charakterze nauczycielki angielskiego.

Zdaję sobie sprawę, że najbardziej interesuje cię to, jakie czynniki najsilniej wpłynęły na jej sukces. Oto co mi Laura powiedziała:

To doprawdy zdumiewające, ile rzeczy można osiągnąć, gdy się człowiek odpowiednio nastawi. Dopóki nie musiałam, dopóki miałam inne wyjście, przez myśl by mi nie przeszło, iż stać mnie na tyle wysiłku, i tyle udanych transakcji.

Laura zbudowała fundamenty swoich „komiwojażerskich" umiejętności we wczesnej młodości. Staranie się o różne prace wakacyjne wymagało od niej umiejętności właściwego zaprezentowania się przed pracodawcą. Pracowała przez całą szkołę średnią i studia. Nauczyła się zdobywać dobre prace nie tylko dla siebie, ale i dla przyjaciół. Po ukończeniu studiów założyła i prowadziła przez jakiś czas biuro pośrednictwa pracy dla personelu kierowniczego. Działała też społecznie, jako pracownik kampanijny kilku polityków.

Zabrzmi to może jak ironia, ale niefortunnie zakończone małżeństwo z niezbyt uczciwym człowiekiem było nie tylko początkiem sukcesu życiowego Laury, ale także zapewniło jej i jej dzieciom o wiele dostatniejsze życie. Niewierność męża zmusiła ją do sięgnięcia po talenty z okresu młodości. Zresztą Laura zawsze miała większe predyspozycje do biznesu niż jej niesławny małżonek. Dowiodła tego dopiero teraz. Powodzi jej się lepiej niż jej eks-mężowi. Sukces, który osiągnęła jest bowiem pochodną rzetelności i uczciwości, których to cech mężowi było brak.

Po kilku latach w charakterze agenta-pośrednika, Laura założyła własną agencję pośrednictwa w handlu nieruchomościami. Pomimo oszałamiającego sukcesu finansowego wciąż wcześnie wstaje i korzysta ze zniżkowych lotów nocnych. Patrząc na nią, nigdy byś nawet nie przypuszczał, że może mieć tyle energii i odwagi. Drobniutka, niewiele ponad 150 cm wzrostu, waży ok. 45 kg, choć z drugiej strony już nieraz żeśmy się przekonali, że odwaga, dyscyplina i siła woli są w biznesie ważniejsze od wyglądu człowieka.

VI

Wyrównywanie szans w rodzinnym stylu

ICH DOROSŁE DZIECI
SĄ POD WZGLĘDEM MATERIALNYM SAMOWYSTARCZALNE.

Wielu zamożnych rodziców robi wszystko, by jeszcze za swojego życia zmniejszyć wartość masy spadkowej, a tym samym obniżyć wysokość podatku spadkowego. Takie postępowanie ma sens, jako że podatki spadkowe są bardzo wysokie. O ile podzielenie się swoim majątkiem z dziećmi nie sprawia większego kłopotu, o tyle gorzej jest ze znalezieniem sposobu, jak tego podziału dokonać.

Wielu zamożnych rodziców, zwłaszcza gdy dzieci są jeszcze małe, nie podejrzewa nawet, że podział majątku może stwarzać jakieś problemy. Zakładają bowiem, że każde z dzieci otrzyma identyczną „porcję" i to wystarczy. Jeśli więc mają czwórkę, wierzą, że każde z dzieci otrzyma po 25% masy spadkowej.

Ta stosunkowo prosta formuła komplikuje się z chwilą, gdy dzieci dorosną. Wówczas to, do rodziców dociera, że jedne z nich mają większe zapotrzebowanie na pomoc finansową, drugie mniejsze. Które zatem powinno dostać więcej, a które mniej? To jest dylemat, przed którym stają rodzice. Oto kilka prawidłowości, odkrytych przez nas w trakcie badań:

◊ Bogaci rodzice chętniej pomagają niepracującym córkom i czasowo niepracującym synom. Takie dzieci otrzymują z reguły – w postaci spadku – większą część majątku po rodzicach;

◊ Im lepiej sobie dane dziecko radzi materialnie, tym mniejszą otrzymuje pomoc i mniej dziedziczy;

◊ Wiele spośród najbardziej przedsiębiorczych dzieci nie otrzymuje od swoich rodziców żadnej pomocy. I właśnie dzięki temu stają się one później ludźmi zamożnymi!

Niepracująca żona: przypadek A i przypadek B

Zróżnicowanie wielkości otrzymywanej przez dzieci pomocy materialnej ze strony rodziców zależy głównie od rodzaju pracy wykonywanej przez dzieci, a także od ich płci. Odkryliśmy, że spośród wszystkich grup zawodowych największą pomoc otrzymują z reguły niepracujące córki (gospodynie domowe). One też dziedziczą po rodzicach najwięcej, przeważnie trzy razy więcej niż każde z pozostałych dzieci. Sumując, gospodynie domowe otrzymują pomoc najczęściej i największą; najwyższa jest też wartość dziedziczonego przez nie spadku. Większość z nich otrzymuje pomoc finansową przez długie lata, w miarę regularnie – przeważnie co roku.

Spośród gospodyń domowych wyróżniliśmy dwa ich typy – określmy je jako „typ A", i „typ B". Powodem, dla którego obie te grupy najwięcej korzystają z pomocy rodziców jest przeświadczenie tych ostatnich, że niepracująca córka musi mieć „swoje własne pieniądze", że pod względem materialnym kobiety w ogóle znajdują się w gorszej sytuacji, oraz że zięć sam nie jest w stanie zapewnić żonie i dzieciom odpowiedniego poziomu materialnego.

Gospodynie domowe „typu A" i „typu B" różnią się między sobą zasadniczo. Pierwsza z nich poślubia zwykle doskonale zarabiającego człowieka sukcesu. To zazwyczaj ona wraz z małżonkiem opiekują się starzejącymi się, czasem wręcz niesprawnymi rodzicami. Zarówno otrzymywane od nich upominki, jak i spadek są formą rekompensaty za trud i wysiłek, którego pozostałe siostry i bracia starali się unikać. Gospodyni domowa „typu A", to zwykle kobieta dobrze wykształcona, ona też przeważnie jest wykonawczynią ostatniej woli rodziców. Takie kobiety z reguły prowadzą ożywioną działalność społeczną, edukacyjną i dobroczynną.

Córki „typu A" widziane są przez rodziców raczej jako partnerki i powierniczki niż osoby podporządkowane. Są to przeważnie kobiety silne, inteligentne, o cechach przywódczych i opiekuńczych, do których członkowie rodziny zwracają się często po radę w sprawach istotnych, takich jak: kwestie spadkowe, sprzedaż rodzinnego biznesu lub posiadłości czy wreszcie wybór właściwego doradcy finansowego. Są one z reguły biegłe w kwestiach spadkowych i podatkowych. To one są w stanie nakłonić rodziców do zmniejszania masy spadkowej, poprzez dystrybucję majątku w postaci upominków i darowizn dla dzieci. Córka, przedstawicielka „typu A" otrzymuje często pomoc finansową rodziców od młodych lat aż do osiągnięcia wieku średniego; bywa że pomoc ta rozpoczyna się z chwilą zawarcia przez nią związku małżeńskiego. Z czasem darowizny wiążą się z konkretnymi przedsięwzięciami takimi, jak kupno własnego domu, czy niekiedy pomoc przy zakupie nieruchomości inwestycyjnej.

„Typ A" gospodyń domowych to duże szczęście zarówno dla rodziców, jak i reszty rodzeństwa, ponieważ to one właśnie opiekują się rodzicami do ostatnich lat życia.

Przeciwieństwem „typu A", są gospodynie domowe „typu B", które w oczach rodziców uchodzą za osoby materialnie i emocjonalnie niezaradne, przez co wymagają nieustannej AOE. Córki „typu B" poślubiają z reguły mężów, o których trudno by powiedzieć, że są pod względem materialnym samowystarczalni. Są one osobami dającymi się łatwo zdominować i niezwykle rzadko uchodzą za liderów na jakimkolwiek polu. Kobiety „typu B" są znacznie gorzej wykształcone niż kobiety „typu A". Są także adresatkami intensywnej pomocy ze strony zamożnych rodziców, którzy są przekonani, iż bez niej dziecko nie będzie w stanie zapewnić sobie poziomu życia charakteryzującego przedstawicieli klasy średniej (przynajmniej). Córka „typu B" mieszka przeważnie w pobliżu swoich rodziców. Często towarzyszy matce podczas zakupów. Nierzadko też, córka taka otrzymuje od swych zamożnych rodziców, i to do późnych lat, stałe kieszonkowe z przeznaczeniem na zakup odzieży. Rodzice otaczają córki „typu B" szczególną opieką materialną, co uwidacznia się dość mocno w zapisie testamentowym. Takie córki otrzymują systematyczne zastrzyki gotówki, rodzice są bowiem przekonani, że są bez grosza.

Innymi słowy, o ile córki „typu A" opiekują się rodzicami, o tyle w przypadku córek „typu B", to rodzice się nimi opiekują.

Równocześnie, rodzice starają się ograniczać pomoc finansową córkom „typu B", uważają bowiem, że nie potrafią jej one odpowiednio zagospodarować. Pomagają zatem wyłącznie w sytuacjach doraźnych, kiedy pojawia się jakaś konkretna potrzeba, gdy np. mąż córki „typu B" jest w trakcie „zmiany pracy" albo gdy urodziło im się kolejne dziecko. Te upominki i darowizny w postaci gotówki traktowane są jak pogotowie ratunkowe, przy pomocy którego rozwiązuje się nieustanne kryzysy. Raz może to być opłacenie czesnego wnuków, innym razem zapłacenie rachunku za odzież. Gros pomocy rodziców „typ B" otrzymuje dopiero w postaci spadku. Nierzadko w testamencie znajdują się specjalne zapisy dotyczące sposobu i harmonogramu wypłat odnośnie np. potrzeb edukacyjnych wnuków. Rodziny córek „typu B" rzadko kiedy osiągają niezależność materialną. Do wyjątków należy dorosła córka „typ B", nie otrzymująca od swoich rodziców pomocy.

Nie jest też niczym wyjątkowym, że mąż córki „typu B" pracuje w biznesie jej rodziców, otrzymując za to płacę przewyższającą (przeważnie) aktualne standardy rynku pracy. Innymi słowy, zięć otrzymuje za swoją pracę w biznesie teściów więcej, niż by otrzymał za podobną pracę gdzie indziej. Wielu zięciów pracujących poza biznesami teściów udziela się w nich na zasadzie prac zleconych czy niepełnych etatów, otrzymując za te prace wynagrodzenie „subsydiowane".

Córki, które pracują zawodowo, a więc nie są gospodyniami domowymi, otrzymują od rodziców pomoc finansową czy spadek znacznie rzadziej niż ich niepracujące siostry. Ponadto córki pracujące w prestiżowych zawodach i dobrze zarabiające otrzymują bieżącą pomoc rodziców i spadek częściej niż ich bracia dobrze sobie radzący pod względem materialnym.

Dlaczego? Wyjaśnialiśmy już, że zdaniem większości rodziców kobieta, nawet jeśli jest człowiekiem sukcesu, ma się materialnie gorzej niż mężczyzna, w związku z czym „potrzebuje trochę własnej gotówki". Rodzice zakładają też, że zięć nie jest nigdy do końca lojalny i, jeśli chodzi o zapewnienie rodzinie odpowiedniego poziomu życia, tak naprawdę nie można na nim polegać. (Taki pogląd charakteryzuje zwłaszcza rodziców z grupy ludzi zamożnych.) Nasze dane dowodzą, że cztery z dziesięciu takich małżeństw ulegnie prędzej czy później rozpadowi.

Wyrównywanie kobietom szans

Zamożni rodzice uważają, że pod względem szans osiągnięcia odpowiedniego poziomu materialnego, kobieta jest w znacznie gorszej sytuacji. W związku z tym tworzą oni swoje „prywatne programy wyrównywania szans[1]". Rozważmy teraz następujące dane:

◊ Kobiety stanowią 46% siły roboczej Stanów Zjednoczonych, a równocześnie stanowią tylko niespełna 20% populacji ludzi znajdujących się w grupie osób zarabiających powyżej 100 000 dolarów rocznie. W 1980 roku, 100 000 dolarów lub więcej zarabiało mniej niż 40 000 kobiet. Piętnaście lat później w tej kategorii zarobkowej znalazło się 400 000 pań. Oznacza to wzrost dziesięciokrotny. Do roku 2000, dochód sześciocyfrowy i wyższy, powinno osiągnąć co najmniej 600 000 Amerykanek. Nie zmienia to faktu, że w 1995 roku na każdą kobietę w kategorii zarobków 100 000 dolarów i więcej, przypadało aż pięciu mężczyzn.

◊ Pod względem liczby kobiet kończących wyższe studia zawodowe obserwuje się ostatnio ogromny postęp. O ile

[1] Jest to aluzja do federalnego programu „affirmative action", polegającego na wyrównywaniu szans ludzi rzekomo poszkodowanych przez los: Murzynów, ludzi niesprawnych umysłowo i fizycznie, kobiet, imigrantów z Azji pd-wsch.", itp. – przyp. tłum.

w 1970 roku kobiety stanowiły zaledwie 8,4% absolwentów akademii medycznych, o tyle w 1995 stanowiły aż 40% wszystkich absolwentów. W 1970 roku kobiety stanowiły tylko 6% absolwentów wydziałów prawa, ćwierć wieku później było to już ponad 45% wszystkich absolwentów. Jednakże wyższy status zawodowy i wiedza nie oznaczają od razu wyższych zarobków. Dane z przeprowadzonego w 1995 roku spisu powszechnego dowodzą istnienia „przepaści" jeśli chodzi o różnice zarobków pań i panów. Konkretniej, w 1995 roku kobiety zatrudnione w charakterze profesjonalistów[2] zarabiały 49,2% tego, co zatrudnieni na analogicznych stanowiskach mężczyźni.

◊ Porównanie zarobków kobiet i mężczyzn w niektórych profesjach wykazuje, że we wszystkich spośród dwudziestu najlepiej płatnych zawodów USA, kobiety (statystycznie) zarabiają wyraźnie mniej niż mężczyźni. Przykładowo, lekarka zarabia 52% tego co lekarz; dentystka – 57,4% tego co dentysta, ortopeda mężczyzna zarabia o 45% więcej niż kobieta zatrudniona na takim samym stanowisku, kobieta – weterynarz ma 58% tego co jej męski odpowiednik, wreszcie prawniczka, pani sędzia czy pani adwokat zarabia „aż" 57,5% tego co pan sędzia, adwokat czy notariusz.

◊ W 1980 roku, wśród kobiet znajdujących się w grupie ludzi o dochodach 100 000 dolarów lub więcej nie pracowało zawodowo aż 45%. Blisko 55% kobiet w tej samej grupie dochodowej osiągało swój dochód poprzez pracę. Proporcje te nie zmieniły się w ostatnich latach w jakiś wyraźny sposób i nie zmienią się przynajmniej do 2005 roku. W grupie Amerykanów zarabiających 100 000 dolarów lub więcej, ponad 80% to pracujący mężczyźni. Pozostałe 20% to ludzie po sześćdziesiątce i emeryci.

---

[2] Lekarze, adwokaci, architekci, księgowi, itp. pracownicy, od których wymaga się posiadania zawodowej licencji – przyp. tłum.

◊ Znakomita większość kobiet znajdujących się w kategorii dochodów sześciocyfrowych majątek swój odziedziczyła, albo (i) otrzymała w postaci upominków, darowizn i innych form pomocy od rodziców lub dziadków. Osiągany przez nie dochód, to produkt zdobytego tą drogą kapitału – dywidendy, odsetki, renty czy zrealizowany przyrost kapitału.

◊ Kobiety posiadają jedną trzecią tzw. małych biznesów Ameryki[3]. Jednakże dwie trzecie biznesów znajdujących się w rękach kobiet przynosi dochód poniżej 50 000 dolarów rocznie.

◊ Kobiety pracujące porzucają pracę ponad cztery razy częściej niż mężczyźni.

Powyższe dane dowodzą prawdy obiektywnej, a wygląda ona tak: kobiety mają w Ameryce mniejsze szanse zarobienia dużych pieniędzy. Przyczyną zróżnicowania zarobków między kobietami i mężczyznami jest swego rodzaju dyskryminacja. Takie wyjaśnienie nie tłumaczy jednak dlaczego w grupie ludzi najlepiej zarabiających, na jedną kobietę przypada aż pięciu mężczyzn. Jeśli nie dyskryminacja, wobec tego co? Może właśnie powszechna wśród bogatych rodziców tendencja do kierowania nadmiernej pomocy właśnie dla córek?

Córki ludzi zamożnych rzadko kiedy decydują się na samodzielną karierę zawodową. Dlaczego? Ponieważ tak zostały wychowane.

W ciągu ostatnich dwudziestu paru lat, wśród ludzi zamożnych dominował określony model rodziny. W 80% rodzina ta składała się z niepracującej żony (lub pracującej na niepełny etat), pracującego męża i dzieci. Córki z takich rodzin wychowywane były w przekonaniu, że „skoro moja mama nie pracowała i wszystko było dobrze, to być może i ja nie będę musiała pracować". Trudno z taką logiką walczyć, tym bardziej, że obowiązujący w rodzinach ludzi zamożnych

[3] „Mały biznes" to firma, której obroty nie przekraczają 5 mln dolarów rocznie – przyp. tłum.

„system" działa całkiem sprawnie. Ludzie bogaci rozwodzą się dwukrotnie rzadziej niż wynosi norma krajowa.

„Ojciec pracuje, matka matkuje, a poza tym zajmuje się resztą spraw rodzinnych" – to model sprawdzony i dlatego bardzo chętnie kopiowany, zwłaszcza przez córki w nim wychowane. Wielu zamożnych rodziców zniechęca swoje córki do pracy, do kariery zawodowej, narażając je tym samym na uzależnienie psychiczne i ekonomiczne od innych. Przez cały okres wychowywania zaszczepia im się subtelne przekonanie, że takie uzależnienie jest czymś całkiem naturalnym:

Nie martw się, córeczko... Ty nie musisz robić kariery... Pieniądze to nie twoje zmartwienie. W razie czego my ci pomożemy... Jeśli będziesz się starać, pracować, wyżywać zawodowo... jeśli staniesz się materialnie niezależna, nie otrzymasz od nas darowizny ani spadku.

Córka słaba kontra siłaczka

Anna i Beth: córki i gospodynie domowe

Anna ma 35 lat i jest młodszą córką Roberta i Ruth Jonesów. Rodzice Anny są milionerami. Tata prowadzi kilka biznesów, których jest właścicielem. Pani Jones jest typową gospodynią domową. Wprawdzie nie ukończyła studiów i nigdy poza domem nie pracowała, za to jest bardzo aktywna na niwie społecznej. Gdy dzieci były w wieku szkolnym działała w szkolnym komitecie rodzicielskim.

Jej córka Anna, swojego stosunku do rodziców nawet nie ukrywa:

Mogłabym pójść na łatwiznę... wziąć pieniądze od rodziców... kupiliby mi dom... zapłacili za szkołę... Ale nie robię tego, bo zawsze chcą czegoś w zamian... Moja dwa lata ode mnie starsza siostra Beth nauczyła się tego... Poddała się, zrezygnowała ze swojej niezależności, bo wie, że taka jest cena pomocy od rodziców... Zawsze robi to, czego mama od niej oczekuje.

Anna odpowiednio wcześnie zrozumiała, że pomoc rodziców ma swoje złe strony. Zaraz po wyjściu za mąż, spakowali się z mężem i wyjechali, byle z dala od rodziny. Odizolowała się od ingerencji mamy czy taty dystansem dwóch tysięcy kilometrów.

Po urodzeniu drugiego dziecka zrezygnowała z kariery zawodowej, lecz w przeciwieństwie do siostry Beth, nie zdecydowała się przejść na garnuszek mamy i taty. Na przykładzie siostry widziała bowiem jakie są prawdziwe koszty tej pomocy.

Zdaniem Anny, Beth i jej rodzina żyją w swego rodzaju sanatorium. To prawda, rodzice pomogli jej hojnie przy zakupie domu, pompują w nią co roku wiele tysięcy dolarów na utrzymanie domu i inne wydatki. Co roku, na Boże Narodzenie Beth otrzymuje od rodziców 20 000 dolarów. Dom Beth znajduje się w odległości zaledwie 3 km od domu rodziców. (Mieszkanie w pobliżu rodziców, to jeden z zasadniczych czynników sprzyjających zdominowaniu dziecka przez rodziców.) Anna opowiedziała nam o niesnaskach, jakie wybuchły pomiędzy córką a matką w kwestii prawa własności do domu Beth. Matka jest w jej domu na okrągło – czy Beth tego chce, czy nie chce. Zresztą przy wyborze domu, matka miała więcej do powiedzenia niż Beth.

Belh wyszła za mąż i urodziła dziecko jeszcze przed ukończeniem studiów. Przez trzy lata po ślubie mieszkała wraz z mężem u rodziców. Dzięki tej pomocy był on w stanie dokończyć studia. Przez cały ten okres zarówno Beth, jak i jej mąż nie pracowali ani godziny.

Po ukończeniu studiów mąż Beth otrzymał wysokie stanowisko w jednej z lokalnych spółek, lecz w dwa lata później zostało ono zlikwidowane. Ojciec Beth zaproponował zięciowi stanowisko wiceprezesa do spraw administracyjnych w jego własnej spółce. Zgodnie z tym, co nam powiedziała Anna, stanowisko to zostało wymyślone wyłącznie dla zięcia. Poprzednio wystarczał „kierownik biura". Zięć ma nie tylko doskonałą pensję, otrzymuje ponadto szereg „ekstra" dodatków i premii.

Trudno się potem dziwić, że w takich warunkach Beth i jej mąż nie wyrobili w sobie pewności siebie i nie osiągnęli niezależności. Teść nie szanuje zięcia, traktując go zawsze jak kogoś materialnie, intelektualnie i społecznie gorszego od Beth. Dużo lepiej traktują swego drugiego zięcia, męża Anny, który nie tylko ukończył z wyróżnieniem prestiżowe studia, ale co ważne, ukończył je o własnych siłach. Robert i Ruth chwalą się mężem Anny wśród znajomych.

W czasie pierwszej wizyty Robert i Ruth roztoczyli przed Anną i jej mężem świetlane perspektywy. Mąż Anny przypadł im do gustu, zwłaszcza jego osiągnięcia akademickie. Anna opowiedziała nam, że za to męża Beth traktowali (siostra z mężem mieszkała jeszcze z rodzicami) bardziej jak kelnera, niż kogoś z bliskiej rodziny; mąż Beth robił drinki, podawał kanapki, zbierał brudne naczynia. Po kilku głębszych teść bez najmniejszej żenady nazwał go klownem. Anna i jej mąż byli zaskoczeni. Sposób traktowania zięcia przez teścia wywarł na nich trwałe wrażenie, poprzysięgli sobie, że nigdy nie dopuszczą do tego, by mąż Anny miał kiedykolwiek zostać „klownem" w domu jej rodziców. Na razie im się to udaje, pomimo iż rodzicom nie podoba się, że ich druga córka nie chce przyjąć ofiarowanej jej pomocy materialnej. Czy trudno jej się dziwić? Robert i Ruth traktują swojego zięcia bardziej jak darmowego mechanika domowego czy kierowcę, niż męża ich córki.

Dlaczego zięć godzi się na coś takiego? Ponieważ sam postawił się w sytuacji przymusowej. Zarówno on, jak i Beth lubią wystawne życie i konsumpcję na poziomie teściów. Bez pomocy teściów nie byliby w stanie tak żyć. Godzą się zatem na ograniczenie swojej prywatności w zamian za korzyści materialne. Nie przeszkadza im nawet to co mówią o nich rodzice:

Beth, ty i twój maż nie jesteście nawet w stanie zarobić na swoje własne utrzymanie. Jesteście jak dwie ofiary życiowe, ekonomiczni inwalidzi. Założę się, że bez naszej pomocy byście zginęli.

Czy Robert i Ruth nie mają racji? Oczywiście, że mają. Beth i jej mąż potrzebują nieustannej pomocy materialnej. Każdy to widzi. Widzi też, że wcale do tego nie musiało dojść. To Robert i Ruth zrobili wszystko, aby swoją córkę i zięcia doprowadzić do takiego uzależnienia. Wystarczyło zaledwie parę lat intensywnej i hojnej pomocy materialnej, by zarówno Beth jak i jej małżonek stracili ambicje, pogodzili się z uzależnieniem oddając swoją wolność i niezależność w ręce Roberta i Ruth. Nikt się już nie dowie, jak wyglądałoby ich życie, gdyby zostali pozostawieni sami sobie. Beth i jej mąż nie mieli nawet okazji żyć na swoim.

Rolą mądrych rodziców jest leczenie słabości swego dziecka. Robert i Ruth zrobili dokładnie odwrotnie. Nie dość, że dziecka nie wzmocnili. to jeszcze pogłębili jego słabość i robią to nadal. Nietrudno się domyślić, że szkodliwości swego postępowania nawet nie dostrzegają; przecież to oni doprowadzili do utraty niezależności przez Beth i jej męża. Anna ma o to do rodziców uzasadnione pretensje. To że jej siostra nie jest w stanie sama się utrzymać, jest tylko winą rodziców. Anna się wiele nauczyła na przykładzie Beth.

To co ją szczególnie boli, to sposób w jaki dziadkowie zdominowali dzieci Beth. Anna uważa, że w ten sposób błędy popełnione z Beth zostaną powielone na wnukach. Ma nadzieję, że może Beth i jej mąż ockną się w końcu i zrobią coś, by chociaż ich dzieci stały się w przyszłości ludźmi samowystarczalnymi i niezależnymi. Tak jak dzieci Anny, której się nie mieści w głowie, aby były wychowywane przez dziadków a nie własną matkę i własnego ojca.

Kopciuszek imieniem Sara

Sara ma około pięćdziesiątki, pochodzi z rodziny milionerskiej i jest dziś wysokim urzędnikiem pewnej korporacji. Ojciec Sary rozpoczął swoją działalność biznesową jeszcze kiedy Sara była dzieckiem. Sara zwierzyła nam się ze swoich relacji z tatusiem i siostrą.

Ojciec Sary jest człowiekiem o wyjątkowo silnej woli. Jego spojrzenie na rolę kobiety w rodzinie kłóciło się zawsze z poglądami Sary. Uważał bowiem, że po ukończeniu jakichś lekkich studiów artystycznych bądź humanistycznych, wyjściu za mąż i urodzeniu dzieci miejscem kobiety jest dom. Zdaniem tatusia, kariera zawodowa nie jest dla kobiety odpowiednim zajęciem. Kobieta powinna wspierać męża, a jeśli to konieczne, wręcz mu służyć.

Sara już jako nastolatka toczyła na ten temat niekończące się dysputy z ojcem. Nie obyło się przy nich bez awantur, podczas których ojciec wyrażał zaniepokojenie jej przyszłym losem. Groził jej przy tym pozbawieniem posagu i wstrzymaniem pomocy materialnej na studia.

Jakby na przekór groźbom ojca, Sara wcześnie opuściła dom rodzinny. Tatuś dotrzymał słowa pozbawiając córkę jakiegokolwiek wsparcia finansowego. Nie przeszkodziło jej to w osiągnięciu niezależności emocjonalnej i materialnej. Po opuszczeniu domu pracowała jako korektorka w jednej z dużych oficyn wydawniczych, pnąc się po szczeblach kariery aż do stanowisk kierowniczych. Wyszła za mąż dopiero z chwilą zdobycia odpowiedniej pozycji w wydawnictwie.

Siostra Sary, Alice była dokładnym jej przeciwieństwem. Ta gospodyni domowa, „typu B", postępowała w myśl zasad wpojonych jej przez ojca, dzięki czemu stała się pupilką tatusia. Wyszła za mąż za lokalnego kawalera, człowieka z nizin społecznych, któremu wydawanie pieniędzy sprawiało o wiele większą łatwość niż ich zdobywanie. Skutkiem tego, ojciec musiał przejąć całkowitą opiekę materialną nad córką, jej mężem i trójką ich dzieci. Papcio nie pozwoliłby nigdy na to, aby jego ukochane dziecko żyło w warunkach urągających statusowi kobiety z towarzystwa. Wyłożył więc córeczce na kupno wspaniałego domu i całej masy kosztownych cacuszek. Nie zapomniał też o systematycznych zastrzykach gotówki i drogich upominkach, które miały ułatwiać życie „tatusiowej córeczki".

Pomimo tak hojnej pomocy, rodzina Alice nie dorobiła się żadnego znaczącego majątku, a to z prostej przyczyny: wydawali więcej niż posiadali. W razie wystąpienia deficytu, papcio przejmował płatności.

Sara przez cały ten czas zdana była wyłącznie na własne siły. Papcio słowa dotrzymywał, pozbawiając ją jakiejkolwiek pomocy. Miała to być kara za jej zuchwałość, za to że sprzeciwiła się jego woli.

Po śmierci ojca, Alice przypadło wprawdzie w udziale gros spadku, jednakże pomoc otrzymywana przez nią ustała. Mimo iż Sara dostała w spadku bardzo niewiele, to i tak była zaskoczona, że ojciec zapisał jej cokolwiek. Jeszcze na krótko przed śmiercią zaznaczył, że gros schedy przeznaczy Alice. W jego opinii, pomoc potrzebna jest właśnie Alice, gospodyni domowej „typu B". Sara, kobieta niezależna i wykształcona, da sobie radę sama.

W ciągu zaledwie paru lat, ulubiona córeczka Alice i jej beztroski małżonek wydali wszystko, co otrzymali w spadku po jej ojcu. Krótko potem

Alice zmarła. Zaczęły się problemy. Ojciec nie był w stanie utrzymać rodziny na odpowiednim poziomie, dzieciom groziło przerwanie edukacji. I jak myślicie, kto im pomógł? Kto opłacił czesne dzieci? Ciotka Sara! Ta sama biedna, pozbawiona pomocy, traktowana jak Kopciuszek i praktycznie wydziedziczona ciotka Sara! Pomimo całej tej dyskryminacji, Sara nigdy nie okazała siostrze gniewu czy niechęci. Nigdy nie zapomniała o jej urodzinach, o prezencie na Gwiazdkę czy z okazji urodzin dzieci. A później w biedzie, ta niezależna, samowystarczalna i zbuntowana Sara okazała się być wrażliwą, czułą i pomocną kobietą.

Sara dorobiła się milionów. Do jej obowiązków należy prowadzenie rodzinnych finansów. Ufundowała specjalne konto bankowe z przeznaczeniem na edukację nie tylko dzieci siostry, ale i jej przyszłych wnuków. Uważa, że to bardzo ważne, zważywszy, że dzieci Alice nie mają pojęcia o pieniądzach. „Skąd mają mieć – zasępiła się Sara – skoro nie miały się od kogo nauczyć?". Ich wzorem postępowania byli rodzice, typowi przedstawiciele grupy NBB.

Sara jest mistrzynią w akumulowaniu kapitału. Nawet dzisiaj, kiedy jest bogata, jest wciąż osobą gospodarną i zdyscyplinowaną. Wartość jej majątku netto przekracza wielokrotnie jej roczne zarobki. Wyznała nam kiedyś, że...

Ludzie byliby bardzo zdziwieni wiedząc, ile mam pieniędzy... A ja po prostu wiedziałam, jak do nich dojść.

Podobnie jak wielu innych bogatych ludzi, Sara jest na etapie pomagania tym, którzy będąc „produktem" rodziców pozbawionych samodyscypliny i samokontroli konsumpcyjnej nie posiedli umiejętności bogacenia się.

Ludzie się często dziwią, jak to możliwe, że dzieci tych samych rodziców tak bardzo różnią się między sobą. No, bo przecież Sara i Alice to dwie różne osoby. Niektóre z tych różnic pojawiły się z chwilą ich przyjścia na świat, większość jednak, to rezultat odmiennego podejścia rodziców.

O ile postępowanie ojca wobec Sary ukształtowało w niej postawę sprzyjającą gromadzeniu majątku, o tyle w przypadku Alice było odwrotnie. W ten sposób, wzmocnił on pierwszą z córek, a osłabił drugą. Sara opuszczając dom rodzinny spaliła za sobą wszystkie mosty. Nie otrzymawszy od rodziców pomocy sama zmuszona była uczyć się „łowienia ryb", i robiła to po mistrzowsku. Równocześnie, jej siostra popadała w coraz większe uzależnienie od pieniędzy papcia.

Mimo to Sara darzyła swoich rodziców, zwłaszcza ojca, ciepłymi uczuciami. Poświęciła się, ciężko pracowała, aby dojść w końcu do pozycji zamożnego biznesmena. Marzeniem ojca było stworzenie warunków, w których jego córki nie musiałyby ciężko pracować. Zapomniał jednak, że tym co jego samego uczyniło zamożnym i niezależnym materialnie człowiekiem sukcesu była właśnie ciężka praca, ryzyko i wyrzeczenia. Podobnie jak wielu innych zamożnych ojców zapomniał w jaki sposób on sam dorobił się majątku.

Wielu rodziców uważa, że w pomaganiu dzieciom nie ma nic niewłaściwego. To prawda, pod warunkiem, że pomoc tę ofiaruje się dzieciom już ukształtowanym, nauczonym dyscypliny, odpowiedzialności i potrafiącym na siebie zarobić. Przykładowo, jakie byłyby skutki pomocy finansowej dla samowystarczalnej Sary? Prawdopodobnie żadne, albo niewielkie. Sara była osobą dojrzałą, silną, umiejącą radzić sobie, tak z własnymi, jak i z cudzymi pieniędzmi.

Prawdziwym dramatem jest bezradność tych, którzy uzależnili się od AOE rodziców. Bez życzliwości i dobroci ciotki Sary, dzieci jej siostry Alice, po śmierci matki, czekał doprawdy smutny los. Miały szczęście, że ciotka im pomogła. Fundując im specjalne konta zachowała się roztropniej niż jej własny ojciec. Takie konta pomogą im w przyszłości więcej, niż jakiekolwiek zastrzyki pieniężne. Część zgromadzonych na nich pieniędzy przeznaczona jest wyłącznie na edukację. Reszta zostanie wypłacona dopiero po osiągnięciu przez sieroty pełnej dojrzałości. Przez dojrzałość rozumie Sara zdolność utrzymania się na odpowiednim poziomie. Nie chce bowiem doprowadzić do tego, by jej siostrzenice były kolejnym pokoleniem „bezradnych". Sara jest realistką, więc wie jak trudno człowiekowi, zwłaszcza nastolatkom, zmienić wyuczony sposób postępowania. Nie ma pewności, czy jej siostrzenice kiedykolwiek okażą się równie dojrzałe, silne i niezależne jak ich ciotka Sara. Może jest już za późno na zmianę ich charakteru.

Być może przykład matki i ojca ukształtował w nich nieodwracalnie konsumpcyjny, subsydiowany styl bycia? Na szczęście mają ciotkę Sarę, która jest właściwym wzorem do naśladowania. Sara ma nadzieję, że jej przykład będzie miał wpływ na osobowość siostrzenic.

Miłości Sary i jej poświęcenia wobec dziewczynek przeliczyć na pieniądze nie sposób. Nie rozumiał tego do końca jej ojciec. Czego Sara naprawdę od niego oczekiwała? Nie pieniędzy, lecz miłości i uznania dla swoich osiągnięć. Sara nie jest kobietą sentymentalną, z zasady nie rozczula się nad swoją przeszłością. Robi jeden wyjątek; kiedy rozmyśla o swoim ojcu. Mimo iż nadal czuje, że nigdy nie została przez niego zaakceptowana, zdaje sobie sprawę, że właśnie ta potrzeba akceptacji była nie tylko motorem jej działania, ale i źródłem sukcesów. Tak to właśnie bywa z Kopciuszkami, że źródłem ich późniejszych sukcesów bywają trudności i bariery z okresu zanim los się do nich uśmiechnął.

Dorosłe dziecko bez pracy

Prócz gospodyń domowych „typu B", adresatami intensywnej pomocy ze strony rodziców są także niepracujące dzieci. Otrzymują tę pomoc znacznie częściej i w większej wysokości niż rodzeństwo pracujące. Z naszych badań wynika, że częstotliwość pomocy, jak również jej wysokość zostały w ankietach zaniżone, ponieważ 25% dorosłych dzieci płci męskiej (w wieku od 25 do 35 lat) mieszka w domach swoich zamożnych rodziców, nie traktując tego wcale jako pomocy. Dorośli synowie mieszkają z rodzicami dwakroć częściej niż ich dorosłe siostry.

Bezrobotne dziecko ma długą historię zdobywania i tracenia pracy. Bywa, że dziecko takie jest „wiecznym studentem". Bez względu na przyczynę bezrobocia, rodzice uważają, że dziecku bez pracy należy się większa pomoc niż dzieciom pracującym, i to nie tylko teraz, lecz również w przyszłości. Stąd, bezrobotne dzieci dziedziczą z reguły dwa razy tyle, co ich pracujące siostry czy bracia.

Dorosłe dziecko z kategorii „bezrobotnych" posiada z reguły bliskie więzy ze swoimi rodzicami, częściej (od pozostałych dzieci) mieszka w ich pobliżu – w tej samej dzielnicy, na tej samej ulicy, czy wręcz w tym samym domu. Często też dziecko takie, szczególnie gdy jest nim dorosły syn, pełni w domu rodziców funkcję „złotej rączki" czyli pomocnika do spraw wszelakich.

Pierwszą pomoc od rodziców otrzymuje takie dziecko w chwili, gdy okaże się, iż ma trudności ze znalezieniem pracy lub z jej utrzymaniem. Część dzieci znajdujących się na AOE, po ukończeniu studiów powraca do domu rodzinnego. Inne otrzymują pomoc w postaci gotówki na kupno domu, samochodu, żywności, ubrania czy na opłatę czesnego. Nierzadko rodzice pokrywają im koszty ubezpieczenia medycznego. Pieniądze na tę pomoc pochodzą przeważnie z założonego przez rodziców funduszu na edukację dziecka. Z chwilą gdy dziecko nie wykazuje ochoty do nauki, kwoty te stają się ich własnością i służą finansowaniu komfortowego stylu bycia.

Między bezrobociem we wczesnym okresie życia a bezrobociem w późniejszych latach istnieje ścisły związek. Wiele bezrobotnych synów i córek w wieku średnim otrzymuje systematyczne wsparcie gotówkowe od rodziców. Co więcej, im większa i częstsza jest ta pomoc, tym częściej dziecko pozostaje na „bezrobociu". Dzieci z grupy „bezrobotnych" częściej niż ich pracujący bracia i siostry otrzymują nieruchomości w spadku po rodzicach.

ZA ŻYCIA I PÓŹNIEJ

Jedna z ankietowanych przez nas grup miała się składać z dziesięciu milionerów. Sesja przewidziana była na ok. trzy godziny. Poleciliśmy ankieterom, aby wybrali do niej milionerów należących do grupy PBB, posiadających majątek wartości (netto) minimum 3 mln dolarów w wieku co najmniej 65 lat. Za udział w ankiecie respondenci mieli otrzymać po 200 dolarów.

Na dwa dni przed terminem ankiety skompletowana została grupa dziewięciu milionerów. Niestety, tuż przed spotkaniem jeden z nich odwołał swoje przyjście. Dyżurny ankieter obiecał jednak znaleźć substytut, i znalazł, tyle że nie dokładnie „to" o co prosiliśmy. „Substytut" był nieco młodszy. Miał 62 lata, posiadał własny biznes, i wprawdzie zarabiał sporo, nie był to jednak typowy PBB. Tym niemniej zgodziliśmy się na jego udział. Była to decyzja brzemienna w skutki.

Pan Andrews, bo tak nazwaliśmy respondenta, nie został w pierwszej chwili poinformowany, że pozostali ankietowani są milionerami. Być może to wyjaśnia, dlaczego od samego początku zachowywał się jak typowy „szpaner", przechwalający się „czego to on nie ma i ile zarabia". Mimo iż pan Andrews zarabiał naprawdę sporo, wartość jego majątku była raczej skromna. Był to typowy NBB; wyglądał na NBB i zachowywał się jak NBB. Na każdej ręce miał złotą bransoletę, nosił poza tym wysadzany brylantami, wyglądający na bardzo drogi zegarek oraz kilka pierścieni i sygnetów. Na początku ankiety połączonej z rozmową, w czasie której opowiadał reszcie ankietowanych o sobie, pan Andrews tryskał pewnością siebie. Jednakże po trzech godzinach rozmów z ośmioma mądrzejszymi od siebie, śmiałość pana Andrewsa ustąpiła miejsca niepewności. Spotkanie z nami i grupką starszych milionerów było dla niego niewątpliwie ważną lekcją życiową z dziedziny planowania finansowego i racjonalnego „rozprowadzenia" majątku pomiędzy członków rodziny.

Pan Andrews oświadczył na wstępie, że powodzi mu się oczywiście znakomicie, oraz że „można powiedzieć, iż osiągnął swój życiowy cel". Kiedy jednak przycisnęliśmy go pytaniami „do ściany", okazało się, że nie jest nawet w stanie celu tego wyartykułować. Jego główny „plan życiowy" polegał wyłącznie na zarabianiu dużej ilości pieniędzy. Uważał bowiem, że wystarczy mieć dużo pieniędzy, by większość problemów życiowych rozwiązała się sama. Znamy wielu takich jak pan Andrews, przeankietowaliśmy setki podobnych do niego NBB, potrafimy bez względu na treść zadanego im pytania przewidzieć odpowiedź; oto kilka próbek:

Czy wiecie ilu sławnych ludzi mieszka w moim sąsiedztwie?

albo:

Zarabiam fantastyczne pieniądze!
Dwa domy obok mnie mieszka gwiazda muzyki rockowej!

albo jeszcze inaczej:

Mąż mojej córki zarabia prawdziwą fortunę!

Co charakterystycznego znajduje się w tych i innych wypowiedziach przedstawicieli grupy NBB? O czym nam w nich komunikują ludzie w rodzaju pana Andrewsa? Ano mówią o swoich zarobkach, o tym na co ich stać i jakie gadżety już posiadają. Co innego PBB, ci podkreślają swoje osiągnięcia, czy sposób jakim budowali własny biznes. Wkrótce się przekonamy, że orientacja finansowa pana Andrewsa, człowieka z grupy NBB, różni się zasadniczo od tego, co wyznaje pozostałych ośmiu ankietowanych milionerów.

Większość z nich opowiadała o swoich osiągnięciach w niezwykle szczegółowy sposób. Podejrzewamy, że nie zdobyliby się na to, gdyby nie pan Andrews. Jego poglądy, jakże różne od poglądów pozostałych ośmiu osób, wywołały wymianę opinii na takie tematy, jak: darowizny, wybór egzekutora masy spadkowej, spory rodzinne w kwestiach spadkowych, specjalne fundusze i trusty umożliwiające kontrolę nad przekazanym spadkiem nawet jeszcze „zza grobu".

Rozpoczęliśmy sesję prosząc ankietowanych, aby...

zechcieli powiedzieć nam coś o sobie.

Przedstawili się nam mniej więcej tak:

Nazywam się Martin, jestem żonaty od 41 lat z tą samą kobietą. Mamy trójkę dzieci; jedno jest lekarzem, drugie adwokatem, trzecie menedżerem wysokiego szczebla. Mamy też siedmioro wnucząt. Sprzedałem niedawno swoją firmę, stąd mam więcej wolnego czasu. Poświęcam się działalności społecznej, pracując w kilku organizacjach o charakterze religijnym oraz w dwóch, których celem jest wspieranie początkujących biznesmenów.

Wszyscy ankietowani, jak jeden mąż, byli albo właścicielami własnych biznesów, albo właśnie je sprzedali i przeszli na emeryturę.

Z wyjątkiem pana Andrewsa, który miał dopiero 62 lata, wszyscy pozostali ankietowani byli w wieku emerytalnym, powyżej 65 roku życia; najstarszy miał już „pod osiemdziesiątkę". Po tym krótkim przedstawieniu się rozpoczęliśmy rozmowę na temat ich planów i celów finansowych. Jako pierwszy odpowiadał pan Andrews:

Jestem sam sobie sterem, żeglarzem, okrętem... Wstaję wcześnie rano i robię plan... Każdy dzień jest inny, więc i każdy przynosi nowe wyzwania... Przez resztę dnia staram się założony przeze mnie plan realizować... Myślę, że w tym właśnie tkwi źródło sukcesów mojej firmy.

Następnie pan Andrews opowiadał o tym, w jaki sposób przekazuje darowizny i upominki, oraz jak zamierza w przyszłości rozprowadzić swój majątek wśród spadkobierców:

Jeden mój zięć jest lekarzem... drugi, adwokatem. Zarabiają doskonale. Obaj, niestety, w najwyższym przedziale podatkowym... Oni moich pieniędzy nie potrzebują.

Natomiast ich żony, moje córeczki... Im się moja forsa przyda. Obie mają wyjątkowy talent do wydawania pieniędzy. To oczywiście moja wina, ja je tak rozpuściłem, więc muszę teraz ponosić konsekwencje... Tato, zapłać za lekcje fortepianu... tato, kup wnukowi pianino... Innym razem znowu rower na urodziny... Muszę im dawać nieustannie zapomogi, co mi zresztą sprawia przyjemność.

Swoje polisy na życie zapisałem córkom. Wystarczy z pewnością na oplacenie podatku spadkowego i innych wydatków związanych z moim odejściem. Resztę mogą zatrzymać dla siebie.

To, co się stanie z pieniędzmi po mojej śmierci nie interesuje mnie w ogóle. Mogą je sobie zatrzymać, przehulać, wydać, cokolwiek, byle były zadowolone.

Zadowolenie było dla pana Andrewsa tożsame z wydaniem odziedziczonych po nim pieniędzy. Poza tym, jakaż to duma posiadać zięciów, którzy tak doskonale zarabiają! Podkreślił to kilkakrotnie.

Tuż obok pana Andrewsa siedział pan Russell, bardzo zamożny emeryt, który właśnie sprzedał swoją fabrykę. Zaraz po tym, kiedy jego sąsiad wyznał, że rozpuścił swoje córki, pan Russell wstał z krzesła i powiedział mniej więcej tak:

Ja mam trzy córki... wszystkie trzy pracują na stanowiskach. I wszystkie trzy są z tego powodu szczęśliwe. Oby tak dalej... Każda z nich żyje własnym życiem... Nie muszę się obawiać o ich przyszłość... One zresztą też. W ogóle na te tematy nie rozmawiamy. Co nie znaczy, że po mojej śmierci nie otrzymają jakiejś znaczącej sumy.

Inny respondent, pan Joseph, stwierdził:

Mamy dwie córki. Jedna z nich jest wiceprezesem dużej spółki, druga naukowcem... Jesteśmy z nich z żoną naprawdę dumni. Radzą sobie znakomicie, dlatego nie muszę się zastanawiać nad tym, co się stanie z majątkiem po naszej śmierci.

Zarówno pan Russell, jak i pan Joseph przyjęli właściwą formułę.

Jeśli jesteś człowiekiem bogatym i chcesz, żeby twoje dzieci były szczęśliwe i materialnie niezależne, staraj się maksymalnie ograniczać dyskusje na temat pieniędzy „otrzymywanych od innych".

Po tym stwierdzeniu jeden z uczestników ankiety zapytał pana Andrewsa, komu biznes zostanie przekazany po jego śmierci. Pytanie to wywołało ze strony pozostałych respondentów istną burzę opinii. Oto co odpowiedział pan Andrews:

Wszystko, co zarabiam w biznesie, przeznaczam na rzecz córek i wnuków. Ja pieniędzy nie potrzebuję, a im się przydają. Daję im maksimum tego na co zezwala prawo skarbowe.

A jakie ma plany w związku z biznesem? Zamierza go kiedyś sprzedać? Pozostawi dzieciom, żeby go kontynuowały? Czy w ogóle się nad tym zastanawiał?

Mam umowę z najstarszym synem. Billy płaci mi każdego roku pewną sumę, w związku z tym gdy umrę, biznes przejdzie na niego.

Większość uczestników spotkania zakwestionowało plan pana Andrewsa, jako źródło potencjalnych konfliktów w gronie rodziny. W związku z tym, że posiadany przez niego biznes ma charakter usługowy, jego wartość materialna nie jest wysoka. Wiąże się ona raczej z osobą pana Andrewsa i jego współpracowników. Bez Billa Andrewsa firma nie będzie działać, a więc nie będzie warta złamanego szeląga. W związku z tym, jeden z respondentów zadał panu Andrewsowi pytanie:

Ile jest wart ten biznes, gdyby go pan chciał dzisiaj sprzedać?

Pan Andrews przyznał, że bardzo niewiele. Właśnie z tego powodu pragnie, aby firma została kupiona przez syna, Billa, który jest ponadto jej kluczowym pracownikiem. Dlaczego wobec tego nie podarować biznesu synowi? Pamiętamy przecież, że pan Andrews wszystkie dochody z firmy przekazuje córkom. Ma także zamiar przekazać im pieniądze uzyskane ze sprzedaży biznesu synowi. Co więcej, córki pana Andrewsa dostały już od niego masę pieniędzy. Billy nie dostał centa, bowiem zdaniem ojca, syn pieniędzy nie potrzebuje. Radzi sobie sam znakomicie, zarabia wspaniale. O ile Billy jest samowystarczalny, o tyle jego siostry bez wsparcia ojca nie są w stanie żyć na odpowiednim poziomie. Jakże to? Czyż nie chwalił się wspaniale zarabiającymi zięciami?

Tak, ale...

Pan Andrews jest przekonany, że jego zięciowie, mimo wysokich dochodów, nie są w stanie utrzymać rodziny na poziomie na jaki zasługują jego córki. Poza tym sądzi, że:

Zięciom nie można nigdy wierzyć. To obcy ludzie... Dzisiaj rozwody zdarzają się na każdym kroku...

Jak zatem poradzą sobie córki po śmierci ojca? Pan Andrews pomyślał i o tym. Zobowiązał syna, Billa, by po jego śmierci wypłacał córkom zapomogę. Pieniądze te mają pochodzić właśnie z ich rodzinnego biznesu. Czy to nie dziwne? Absolutnie, nie! W podobnej sytuacji znajduje się wielu biznesmenów, przedsiębiorców czy lekarzy.

Na Billu będzie więc spoczywać praktycznie obowiązek utrzymywania sióstr. Obowiązek tym uciążliwszy, że przecież z biegiem lat przywykły one do ekstrawaganckiej konsumpcji. Pan Andrews jest pewien, że syn nie będzie miał problemu z wypełnieniem woli ojca. Być może nie, ale co byś powiedział, gdybyś znalazł się na miejscu żony Billa? Pomyśl chwilę. Twój mąż pracuje na drogie ubrania, luksusowe samochody, wystawne wakacje swoich sióstr etc. Czy to jest fair? Większość żon uważa, że mężowska hojność powinna się zaczynać od jego własnej rodziny. A pamiętajmy, że większość rodzinnych konfliktów na tle materialnym rodzi się właśnie w umysłach synowych.

Pozostali uczestnicy ankiety nie krytykowali planu pana Andrewsa bezpośrednio. Wypowiadali się ogólnie; jeśli cokolwiek krytykowali, to nie człowieka lecz jego poglądy. Jednakże wszyscy zgodnie uznali, że „plan pana Andrewsa" jest dużym nieporozumieniem.

Oto podobny przykład przytoczony przez innego z uczestników spotkania:

Syn pracujący w biznesie ojca, coraz bardziej się niecierpliwił, Chciałby przejąć firmę po ojcu, ale wcale mu się nie uśmiechało czekać, aż papcio zejdzie z tego świata. W końcu nie wytrzymał i otworzył własny interes, stając się konkurentem ojca.

Na to odezwał się pan Andrews:

Mam podpisany z synem kontrakt o „nierobieniu sobie wzajemnej konkurencji"... A poza tym, czyż w rodzinie wszystko nie opiera się na zaufaniu?

Uczestnicy ankiety zamilkli. Pan Andrews także. Po chwili dodał, że egzekutorami jego testamentu będą jego własne dzieci. Przerwał mu pan Harvey, najstarszy i najbogatszy uczestnik naszej ankiety. Zaczął od tego, jak ważne jest zachowanie harmonii i miłości w rodzinie. Stąd, odpowiedni wybór egzekutora masy spadkowej jest tu sprawą najwyższej wagi. Sam pan Harvey służył nie raz jako wykonawca czyjejś ostatniej woli, wie zatem doskonale jak skomplikowana i niewdzięczna jest to rola; ile kłótni między spadkobiercami a wykonawcą testamentu wywołuje, ile konfliktów między spadkobiercami rodzi. Z tego właśnie powodu wybrał egzekutora dla swojego spadku bardzo ostrożnie.

Mam dwójkę dzieci. Są bardzo ze sobą zżyte. Jestem przekonany, że mogłyby śmiało podzielić majątek po mnie, same. Postawiłem jednak warunek, aby zrobiły to w obecności adwokata... Egzekutorami mojego testamentu są moje dzieci plus adwokat... Wszyscy dobrze wiemy, co się może wydarzyć, gdy w grę wchodzą duże pieniądze. Nie mam zamiaru popsuć dobrych stosunków panujących między dziećmi... Ewentualna sprzeczka podczas dzielenia spadku, bez udziału profesjonalisty, mogłaby zatruć atmosferę rodzinną na długie lata.

W tym momencie wtrącił się pan Andrews; jego uwaga miała wyraźnie charakter konfrontacyjny:

Jak pan może używać do takich spraw kogoś z zewnątrz, kogoś spoza rodzinnego kręgu?

Na takie dictum zareagowało aż siedmiu z dziewięciu ankietowanych, oświadczając, że i oni przy wyborze egzekutora testamentu – prócz członków rodziny – posłużyli się przynajmniej jednym człowiekiem z zewnątrz, jako współegzekutorem. Jednym z siódemki był pan Ring, emerytowany przedsiębiorca, dziadek dziewięciorga wnuków, który już nie raz działał jako współegzekutor czyichś testamentów. Pan Ring z własnego doświadczenia wiedział, co się może wydarzyć, gdy spadkobiercami fortuny dziadka są rozpuszczone, pozbawione jakiejkolwiek ambicji i przyzwyczajone do łatwego życia na cudzy rachunek dzieci. Wszystkie one otrzymywały od dziadka hojną pomoc i teraz nagle, gdy okazało się, że „żyła złota" w końcu się wyczerpała, zaczęły się protesty. Z chwilą śmierci bogatego dziadka, rodzina podzieliła się na dwa zwalczające się obozy: rodziców i wnuków. Każde pokolenie uważało, że to jemu właśnie należy się gros spadku.

Te doświadczenia miały na pana Ringa ogromny wpływ. Uświadomiły mu, że powinien zadbać o właściwy wybór egzekutora swego testamentu, na długo przed tym, zanim zejdzie z tego świata. A że przyjaźnił się od lat z pewnym utalentowanym adwokatem oraz wybitnym doradcą podatkowym, postanowił zasięgnąć ich rady. Pod jej wpływem, jeszcze zanim przeszedł na emeryturę, postanowił poprosić obu specjalistów, by po jego śmierci zapobiegli jakimkolwiek walkom czy konfliktom rodzinnym związanym z podziałem testamentu. Wcześniej, pan Ring zatroszczył się jeszcze o to, by pomagając dzieciom i wnukom nie zrobić im niechcący krzywdy.

Pan Ring wciąż pomaga rodzinie, skupiając się akurat teraz na wnukach. Robi to z rozwagą; unika upominków w postaci kosztowności czy przedmiotów zbytku, a poza tym, zanim cokolwiek wnukom podaruje, pyta o zgodę ich rodziców.

Fundusze i depozyty, jakie założyłem dla wnuków są pod kontrolą... Zakładając te konta zastrzegłem, że ich właściciele nie mogą otrzymać centa przed osiągnięciem pełnej dojrzałości... Początkowo nie chciałem tego robić, nie chciałem kontrolować życia rodziny zza grobu... Posłuchałem jednak swojego adwokata i doradcy podatkowego... Wnuki będą mogły skorzystać z moich pieniędzy tylko pod warunkiem, że będą pracowały.

Wygląda na to, że dzięki specjalnym zapisom wnuki pana Ringa nie otrzymają ani centa przed osiągnięciem trzydziestki. O ile inni zamożni dziadkowie darują swoim wnukom gotowe produkty i przywileje, o tyle pan Ring „wyposażył" je wyłącznie w edukację. Przyczyniło się to do wzmocnienia w nich dyscypliny, ambicji i poczucia niezależności.

Następnie mówił pan Graham. Podkreślił, że przy wyborze egzekutora masy spadkowej pomogły mu jego własne doświadczenia, kiedy pełnił rolę czyjegoś współegzekutora:

Nie można niczego robić pochopnie, bez zrozumienia prawdziwych intencji testatora. Byłem kiedyś współegzekutorem sporego testamentu zmarłego przyjaciela. Mogłem podejmować niezależne decyzje, lecz za każdym razem starałem się wyobrazić jaka była jego intencja...

Przykładowo, jakiś czas po śmierci, jego dwudziestotrzyletnia córka wychodziła za mąż. Wiedziałem, że gdyby żył, chciałby pewnie, aby miała piękne wesele... Zrobiłem zatem wszystko, aby jej wesele było naprawdę imponujące...

Mimo ożenku, mimo iż założyła własną rodzinę, nie byłem do końca przekonany, że jest ona osobą już w pełni dojrzałą. Działałem więc ostrożnie; najpierw zezwoliłem jedynie na wypłacenie z konta kwoty, która umożliwiłaby dziedziczce kupno domu... Jakiś czas później, kiedy uznałem, że już można, wypłaciłem resztę pieniędzy...

Pan Graham uznał, że córka przyjaciela jest na tyle dojrzała i niezależna, że może dysponować swoimi pieniędzmi z pełną odpowiedzialnością. Nastąpiło to dopiero wtedy, gdy dochodziła do trzydziestki. Dowodem jej dojrzałości było nie tylko stabilne małżeństwo, macierzyństwo i zdrowa, zgodna rodzina, lecz lakże pełna aktywność zawodowa.

Na egzekutora własnego spadku wybrał pan Graham swojego przyjaciela, adwokata. Odkrył bowiem, że „lepiej jest, gdy dzieci mają za złe egzekutorowi, niż żeby kłóciły się między sobą".

Pan Ward, inny uczestnik naszej ankiety, również był kiedyś współegzekutorem czyjegoś testamentu. Właśnie dlatego nie wybrał na egzekutora własnego wielomilionowego spadku swoich córek czy synów, lecz dwóch młodych prawników – jednego, z którym był spokrewniony, i drugiego – ze znanej firmy adwokackiej.

Wybrałem ludzi młodych, bo oni lepiej zrozumieją potrzeby moich spadkobierców. Obaj są przy tym poważni, uczciwi i utrzymują ze sobą więzi zawodowe.

Przy wyborze nie kierował się li tylko zrozumieniem i uczciwością egzekutorów...

Jeden z prawników, których uczyniłem współegzekutorami mojego testamentu, to człowiek, który mi ten testament przygotował. Pomyślałem więc, że jeśli kiedykolwiek wywiąże się między spadkobiercami konflikt, to kto jak kto, ale on może być naprawdę arbitrem ostatecznym. Poza tym znamy się od lat, jest nie tylko utalentowanym adwokatem, ale i przyjacielem rodziny.

Poglądy pana Warda przystają do poglądów większości ludzi bogatych. Po pierwsze, przedstawiciele grupy PBB utrzymują przez całe lata związki biznesowe z prawnikami i finansistami. Po drugie, wielu z nich posiada w swoich rodzinach i bliskim otoczeniu ludzi, którzy są w stanie doradzić im jak założyć specjalny fundusz, depozyt, jak sporządzić zapis czy darowiznę. Po trzecie, spadkobiercy, którzy sami są specjalistami od finansów przyczyniają się zarówno formalnie, jak i nieformalnie do obniżenia wymiaru podatku spadkowego. Oni również mają wpływ na wybór odpowiedniego doradcy finansowego i podatkowego, na treść testamentu, sposób dystrybucji majątku poprzez darowizny a także wybór egzekutora masy spadkowej.

Z powyższych powodów obecność adwokata w rodzinie przyczynia się do wcześniejszej i intensywniejszej dystrybucji majątku pomiędzy dzieci i wnuków. (W rezultacie tego wcześniejszego „rozdania", masa spadkowa ulega zmniejszeniu. Stąd spadkobiercy dziedziczą mniejsze kwoty, a więc płacą mniejszy podatek.)

Co ci wszyscy ludzie chcieli panu Andrewsowi zakomunikować?

Primo, że jego sprawy spadkowe są bardziej skomplikowane niż mu się wydaje. Pan Andrews twierdził wcześniej, że niektóre postanowienia jego testamentu to obietnice, które nie zostały nawet zapisane, mają więc wyłącznie charakter werbalny. Secundo, że pan Andrews potrzebuje fachowca, który by mu pomógł przygotować testament i postanowienia wykonawcze. Powinien też jak najszybciej wyznaczyć współegzekutora masy spadkowej, w przeciwnym razie doprowadzi niechybnie do wybuchu konfliktu w rodzinie.

Problem w tym, że pan Andrews to najprawdopodobniej typowy NBB, a tacy ludzie nie utrzymują bliskich kontaktów z doradcami finansowymi czy prawnikami. Tym bardziej, że jak wcześniej zaznaczył, nie potrzebuje niczyjej pomocy, bowiem „ma do swoich dzieci zaufanie, a przecież wszystko opiera się na zaufaniu". Niestety, zaufanie w takich sytuacjach nie wystarczy.

Zamożni rodzice i „produktywne" dzieci

Ludzie bogaci, których dorosłe dzieci są niezależne finansowo i osiągnęły sukces zawodowy są skarbnicą nieocenionych informacji. Oto niektóre z rad, które posłużyć mogą innym przy wychowaniu dzieci:

1. Nie mów nigdy swoim dzieciom, że jesteś bogaty.

Jak myślicie, dlaczego dzieci pochodzące z rodziców z grupy NBB mają większą tendencję do wysokich zarobków, niż do gromadzenia majątku? Ponieważ często im się mówiło, że ich rodzice są bogaci. Dorośli osobnicy z grupy NBB, to produkt rodziców żyjących z reguły na poziomie ludzi znacznie od siebie bogatszych. Reprezentują oni ekstrawagancką konsumpcję, jakże popularny dziś w Ameryce styl bycia. Trudno się dziwić, że ich dzieci powielają później model przejęty od rodziców. I odwrotnie, dzieci z grupy PBB, których rodzice byli bogaci, powtarzały wielokrotnie:

Dopóki egzekutor nie odczytał jego ostatniej woli, do głowy mi nie przyszło, że mój ojciec może być człowiekiem bogatym. Zachowanie i postępowanie ojca nigdy na to nie wskazywało.

2. Bez względu na to, jak jesteś bogaty, ucz swoje dzieci gospodarności i dyscypliny.

Pamiętacie pewnie z rozdziału III, przykład dr. Northa, zamożnego lekarza, który wychował swoje dzieci na odpowiedzialnych i zdyscyplinowanych obywateli. Dr North opowiadał nam w jaki sposób on i jego żona wychowywali dzieci: dawali im dobry przykład, ot co. Sami byli przecież ludźmi zdyscyplinowanymi, odpowiedzialnymi i gospodarnymi. Dr North ujmuje to tak:

Dzieci są bardzo bystrymi obserwatorami. Nie zastosują się do zasad, których nie respektują ludzie usiłujący im je wpoić. My, moja żona i ja, sami żyliśmy według reguł, które chcieliśmy zaszczepić w naszych dzieciach. Dawaliśmy im dobry przykład, dlatego się nauczyły...

Między tym, czego rodzice wymagają od dzieci, i czego wymagają od samych siebie musi istnieć zgodność. Dzieci są szalenie wyczulone na niekonsekwencję i dwulicowość.

Dr North otrzymał od jednej ze swych córek (miała wtedy 12 lat) w prezencie urodzinowym ręcznie wykonany plakat zatytułowany: „Regulamin królewski". Dziewczynka wypisała na nim zasady postępowania wpajane dzieciom przez ojca. Dr North z dumą zawiesił ten plakat w swoim gabinecie.

Dzieci potrzebują reguł postępowania i dyscypliny, czego dowodem jest właśnie ten plakat. Dzieci trzeba uczyć jak brać odpowiedzialność za własne czyny. Dzięki takiej lekcji, i naszemu przykładowi, moje dzieci są dzisiaj zdyscyplinowane i gospodarne. Czyny przemawiają do człowieka skuteczniej niż słowa.

Czy chcieliby Państwo znać zbiór reguł, które dwunastoletnia córka dr. Northa wypisała na plakacie?

◊ Bądź twardy, bo życie jest twarde. Innymi słowy, życie nie jest usłane różami.

◊ Nigdy nie lituj się nad sobą.

◊ Nie chodź na obcasach, bo je niszczysz... Innymi słowy, szanuj rzeczy, które do ciebie należą, bo w ten sposób będziesz mógł z nich dłużej korzystać.

◊ Zamykaj drzwi... żeby nie marnować pieniędzy wydawanych przez rodziców na ogrzewanie mieszkania.

◊ Zawsze kładź rzeczy na swoje miejsce.

◊ Zmywaj po sobie.

◊ Pomagaj ludziom, zanim o twoją pomoc poproszą.

3. Zrób wszystko, aby dzieci nie korzystały z twojego dorobku zanim same nie staną się dojrzałe, odpowiedzialne i zdyscyplinowane; innymi słowy, zanim nie staną na własnych nogach.

Jeszcze raz posłużmy się słowami dr. Northa:

Rozpisałem na dzieci cały swój majątek... zrobiłem tak ze względu na pewne korzyści podatkowe. Zrobiłem jednakże zastrzeżenie, że nie mogą z tych pieniędzy skorzystać przed osiągnięciem czterdziestego roku życia. W ten sposób moje pieniądze będą miały niewielki wpływ na ich własne życie. W tak dojrzałym wieku dzieci będą żyły już własnym życiem.

Dr North wyznał też, że nawet teraz, gdy jego dzieci są już dorosłe nie daje im pieniędzy.

Gotówka daje dziecku, szczególnie w młodym wieku, zbyt dużo możliwości. Nie zapominajmy, że żyjemy w wieku telewizji, która w zbyt dużym stopniu dyktuje własny system wartości. System ten, niestety, kładzie ogromny nacisk na konsumpcję i właśnie z tego powodu nie daję dzieciom pieniędzy. Tłumaczę im, że jeśli chcą sobie coś kupić, muszą, wpierw zastanowić się, skąd wezmą na to pieniądze.

4. Unikaj dyskusji na temat tego, co twoje dzieci czy wnuki dostaną po tobie w spadku.

Nigdy nie obiecuj: „Bili dostanie nasz dom; Bob domek wakacyjny; Barbara – srebrną zastawę" – zwłaszcza podczas rodzinnych spotkań i uroczystości. Możesz później o swoich obietnicach zapomnieć i zrobi się w rodzinie zamęt; dzieci takich obietnic nie zapominają. Wystarczy, że coś zmienisz, a będą miały do ciebie żal i pretensje.

5. Staraj się unikać negocjacji z użyciem pieniędzy między tobą a twoimi dziećmi.

Jeśli dajesz, to dawaj z miłości, życzliwości czy nawet obowiązku. Nigdy nie handluj z dziećmi swoimi obietnicami czy majątkiem. Dorosłe dzieci tracą często szacunek i miłość do rodziców, którzy używają wobec nich metod „kupieckich". Przymus bywa stosowany w „negocjacjach" z małymi dziećmi. Nawet wobec nastolatków metoda ta jest szkodliwa. Jeśli obdarowujemy dziecko, róbmy to szczerze i z miłości, w przeciwnym razie dzieci dochodzą do wniosku, że wystarczy ojca czy matkę nacisnąć („Jeśli mi kupisz rower, to poprawię stopnie w szkole."), by osiągnąć to czego się pragnie. Poza tym „kupiecki" sposób postępowania powoduje konflikty pomiędzy rodzeństwem; dzieci stają się swoimi adwersarzami, przeciwnymi stronami przetargu.

Niektórzy rodzice mają tendencję do powodowania konfliktów między swymi dorosłymi dziećmi. Wystarczy niewiele...

Pomogliśmy twojemu bratu przy remoncie domu, siostrze opłaciliśmy polisę na życie, więc tobie się też coś należy. Co byś powiedział, gdybyśmy ci dali 5 000 dolarów, wystarczy?

Oferta niby niewinna, a jednak... Obdarowywany uważa, że rodzice chcą mu coś podarować pod przymusem; nie dlatego, że chcą, lecz na skutek wyrzutów sumienia.

6. Nie mieszaj się w sprawy rodzinne swoich dorosłych dzieci.

Rodzicu, pamiętaj, że twoja wizja świata może się diametralnie różnić od sposobu patrzenia na życie twojej córki, syna czy co gorsza zięcia albo synowej. Dorosłe dzieci nie lubią, gdy rodzice wtrącają się do ich życia. Pozwól im żyć po swojemu. Jeśli chcesz im dać dobrą radę, spytaj o pozwolenie. Pytaj również, czy życzą sobie, abyś obdarował je, lub ich dzieci jakimś wartościowym upominkiem.

7. Nie konkuruj ze swoimi dziećmi.

Nie przechwalaj się nigdy jaki to ty jesteś bogaty. Wprawisz tym swoje dzieci w zakłopotanie. Dzieci często nie są w stanie konkurować z rodzicami, jeszcze częściej konkurować nie chcą. Nie musisz się przed dziećmi przechwalać swoimi osiągnięciami. One same potrafią je właściwie ocenić. Nigdy nie zaczynaj rozmowy od stwierdzenia: ja w twoim wieku miałem już to, czy potrafiłem tamto...".

Dla wielu dzieci, pochodzących z zamożnych rodzin, gromadzenie majątku nie musi być najważniejszym celem życiowym. O wiele ważniejsze może być dla nich dobre wykształcenie, uznanie otoczenia czy wysoka pozycja społeczna. Dla wielu milionerskich synów i córek takie kategorie, jak wartość majątku czy wysokość dochodu mogą znaczyć mniej, niż znaczyły one dla rodziców. Typowy amerykański milioner „w pierwszym pokoleniu", to z reguły właściciel biznesu. Dość często zdarza się, iż jego poczucie własnej wartości nie nadąża za ilością posiadanych pieniędzy. Majątek, pieniądze mogą być swego rodzaju rekompensatą za stosunkowo niski status społeczny. Z dziećmi tych ludzi jest inaczej; są one z reguły dobrze wykształcone, w związku z czym posiadają wysoki status społeczny i zawodowy. Prawidłowość ta ujawnia się w większości rozmów z ludźmi, którzy dorobili się majątku własną pracą. Oto co na swój temat mówi pan Ross, typowy przedstawiciel tej grupy:

Byłem jeszcze nastolatkiem, gdyśmy się pobrali... Nie zdążyłem nawet skończyć szkoły średniej. Zaraz po ślubie zacząłem działać w biznesie. Dzisiaj moja firma kwitnie, pracuje dla mnie kilkudziesięciu absolwentów wyższych uczelni...

Byłbym zapomniał, moja córka kończy właśnie z wyróżnieniem prestiżowy Barnard College.

Pan Ross nie chce, żeby dzieci poszły w jego ślady i zostały przedsiębiorcami. I to się sprawdza; większość dzieci z rodzin milionerów nie zajmuje się biznesem. Na ich skali celów i wartości, pieniądze zajmują drugą a niekiedy dopiero trzecią pozycję.

8. Pamiętaj zawsze, że twoje dzieci to niezależne jednostki.

Każde dziecko jest inne; różnią je między sobą motywy i osiągnięcia. Wystarczy spojrzeć na problem nierówności przez pryzmat AOE. Czy jakakolwiek pomoc wyrównuje szanse dziecka? Bardzo mało prawdopodobne. Wspieranie dziecka radzącego sobie gorzej doprowadzić może do powstania jeszcze większych różnic w stosunku do innych. Szczególnie, że takie wyrównywanie różnic poprzez upominki i zastrzyki gotówki może być źródłem niesnasek w rodzinie, zwłaszcza ze strony rodzeństwa, które radzi sobie samo i wsparcia nie otrzymuje.

9.Podkreślaj zawsze osiągnięcia dziecka – bez względu na ich wielkość czy znaczenie; unikaj natomiast chwalenia się symbolami swojego (lub dziecka) sukcesu.

Ucz swoje dziecko osiągania celów i zamiarów, a nie konsumpcji. Zarabianie pieniędzy po to, by je potem wydać nie może być celem samym w sobie. Tego właśnie uczył Kena ojciec. Ken ukończył niedawno z wyróżnieniem wydział biznesu i administracji. Ojciec Kena był lekarzem, pełną gębą członkiem grupy PBB. Często uczył syna:

To, co ludzie posiadają nie robi na mnie najmniejszego wrażenia. Tym, co robi na mnie wrażenie są ich osiągnięcia. Jestem dumny z tego, iż jestem lekarzem. Traktuję ten zawód poważnie w związku z czym zawsze starałem się być najlepszym w swojej specjalności... Zarabianie pieniędzy mnie nie interesowało. Wiedziałem, że jeśli będę w swojej pracy dobry, pieniądze przyjdą same.

Ojciec Kena postępował w myśl zasady, którą wpajał synowi. Nigdy nie żył ponad stan, dużo inwestował. Oto co na ten temat mówi Ken:

Ojciec kupował nowego buicka raz na osiem lat. Mieszkał w tym samym domu przez 32 lata. Normalny dom, nic specjalnego, choć przyjemny, ładna działka... coś koło 4 000 m² Mieliśmy cztery sypialnie i dwie łazienki na sześć osób... Jedna była dla rodziców, a druga dla nas, czwórki dzieci...

Co, zdaniem Kena, ojciec podziwia w nim najbardziej?

To, że przez całą szkołę średnią pracowałem na pół etatu w restauracji. Po drugie, że nigdy nie zwróciłem się do niego o pieniądze. Owszem, pożyczył mi bez słowa kilka tysięcy, ale to było na start w biznesie, tuż po ukończeniu studiów. Po trzecie, po sprzedaży interesu został mi tak znaczny zysk, że oddałem ojcu nie tylko pieniądze, które mi pożyczył, ale także to co wydał na moje studia...

Ken jest również zorientowany na osiągnięcia. Pracuje jako wysoki urzędnik w pewnej dużej spółce. Intensywnie inwestuje, głównie w nieruchomości i na giełdzie. Podobnie jak jego ojciec, Ken jest niekwestionowanym PBB. Mieszka w całkiem przeciętnym domu, jeździ używanymi samochodami...

Ojciec był dla Kena nie tylko znakomitym nauczycielem, lecz także wzorem do naśladowania. Ken uważa, że duży wpływ na jego późniejszą osobowość wywarła praca w restauracji:

Miałem tam kontakt z tłumem ludzi... widziałem jak inni żyją. Poznawałem ich problemy, jak trudno jest dziś utrzymać rodzinę na przyzwoitym poziomie... Na własnej skórze przekonałem się ile pracy, ilu żmudnych godzin i wysiłku wymaga zarobienie minimalnej choćby stawki godzinowej... Nabrałem wtedy szacunku do pieniędzy... Bez względu na to ile się zarabia, nie wolno ich marnować.

10. Przekonaj swoje dzieci, że w życiu jest cała masa rzeczy, które liczą się bardziej niż pieniądze.

Zdrowie, szczęście, kochająca i kochana rodzina, wiedza, przyjaciele... Jeśli masz ich wielu, jesteś bogatym człowiekiem... Za pieniądze nie kupisz szacunku dla siebie, reputacji, uczciwości, nie kupisz też własnych osiągnięć. Pieniądze są jak lukier na torcie życia... Żeby je zdobyć nie trzeba wcale kraść czy oszukiwać... nie trzeba popełniać przestępstw czy oszukiwać na podatkach.

W tym kraju[4] *najłatwiej robić pieniądze uczciwą drogą. Ktoś kto oszukuje, czy jest nieuczciwy, długo w biznesie nie pozostanie. Pamiętajmy o tym, bowiem nieuczciwość ma krótkie nogi, a żyje się na długą metę.*

Od trudności uciec nie sposób. Nie sposób też uchronić dzieci przed przeciwnościami losu. Pokonają je tylko wtedy, gdy będą wiedziały jak to robić, gdy nauczą się je pokonywać od najmłodszych lat. Osiągnięcia są dziełem tych, którzy mieli okazję zmagać się z przeciwnościami od małego. Ci, którzy tej sposobności nie mieli, zostali właściwie oszukani. Rodzice, którzy robili wszystko, by ochronić swoje dzieci przed problemami, którzy pozbawili własne dzieci możliwości zmagania się z losem, zrobili im tylko krzywdę.

[4] Reguła ta sprawdza się wszędzie. Problem w tym, że tylko mądrzy i uczciwi ludzie w nią wierzą – przyp. tłum.

VII

ZNAJDŹ SZANSĘ DLA SIEBIE

NAUCZYLI SĘ ZNAJDOWAĆ WŁAŚCIWĄ OKAZJĘ

Dlaczego nie jesteś człowiekiem bogatym? Być może dlatego, że nie potrafisz znaleźć dla siebie właściwego miejsca. W przedsięwzięciach ukierunkowanych na ludzi zamożnych i ich dzieci leży mnóstwo okazji do zrobienia pieniędzy. Zaspokajanie potrzeb ludzi zamożnych samo prowadzi często do zamożności. Wielu biznesmenów, komiwojażerów i innych pracowników nie potrafi zarobić wiele, ponieważ klientela, którą obsługują niewiele posiada!

Jak w takim razie pogodzić to z wcześniejszymi tezami, mianowicie, że ludzie bogaci są bardzo gospodarni, żeby nie powiedzieć... dusigrosze? Dlaczego nie skupić się na tych, którzy dużo zarabiają, i dużo wydają? Jak tu zarobić na facecie, który liczy każdego centa, który zastanowi się dziesięć razy zanim wyda pieniądze na wakacje czy na samochód?

To wszystko prawda, z tym że ludzie zamożni są oszczędni wyłącznie, gdy chodzi o tzw. dobra czy usługi konsumpcyjne. Co innego, gdy w grę wchodzą usługi finansowe, doradztwo inwestycyjne, prawne, opieka zdrowotna czy dentystyczna dla nich, i dla ich rodzin, wykształcenie oraz wszystko co wiąże się z mieszkaniem, z domem – na to ci ludzie pieniędzy nie żałują. Ponieważ znakomita większość ludzi zamożnych to właściciele biznesów, są oni również nabywcami produktów i usług przemysłowych; „konsumują" je, począwszy od powierzchni biurowej, na wyposażeniu komputerowym i telefonicznym kończąc. Ludzie zamożni przestają być gospodarni, gdy w grę wchodzą produkty lub usługi przeznaczone dla ich dzieci czy wnuków. Podobnie jest z dziećmi ludzi zamożnych, gdy w grę wchodzi wydanie pieniędzy otrzymanych właśnie w upominku od rodziców czy dziadków.

PODĄŻAJ ZA PIENIĘDZMI, CZYLI PO NITCE DO KŁĘBKA

W ciągu następnych dziesięciu lat przybędzie Ameryce rekordowa liczba ludzi bogatych. Pojawia się więc doskonała sposobność zatrudnienia się w branży, która dla bogatych produkuje, lub dostarcza im usług. Zwróćmy w tym kontekście uwagę na następujące dane:

◊ w 1996 roku na 100 mln gospodarstw domowych było w Ameryce 3,5 mln milionerów. Wartość ich majątku stanowi blisko połowę tego, co posiadają łącznie wszyscy obywatele Stanów Zjednoczonych.

◊ w dekadzie 1996 – 2005 tempo przyrostu wartości majątku znajdującego się w rękach Amerykanów będzie sześciokrotnie szybsze niż ogólne tempo przyrostu ludności. Do 2005 roku wartość majątku znajdującego się w prywatnych rękach Amerykanów wyniesie ok. 27,7 bilionów dolarów, czyli będzie o 20% wyższa niż w 1996 roku.

◊ W roku 2005 populacja milionerów wyniesie ok. 5,6 mln. Oznacza to, że ponad połowa majątku znajdującego się w prywatnych rękach Amerykanów (16,3 bln dolarów z 27,7 bln dolarów) znajdzie się w posiadaniu 5,3% gospodarstw domowych o wartości 1 mln dolarów lub więcej.

Należy się spodziewać, że w latach 1996–2005 spadek w wysokości 1 mln dolarów lub więcej pozostawią po sobie 692 493 osoby.

Wartość tej masy spadkowej wyniesie (w cenach stałych z 1990 roku) w przybliżeniu 2,1 bln dolarów! Około jedna trzecia tego majątku przejdzie w ręce współmałżonków (z czego wdowy odziedziczą 80% tej kwoty). Otóż, wdowy otrzymają w spadku 560,2 mld dolarów, podczas gdy dzieci – 400 mld dolarów[1]. Oznacza to, że każde z 2 077 490 (statystycznych) dzieci zmarłego rodzica-milionera otrzyma w spadku po 189 484 dolary. Spadkobiercy zamożnych rodziców mają większą skłonność do rozrzutności niż ich rówieśnicy z tej samej grupy zarobkowej, którzy spadku nie otrzymali.

Co więcej, aby zmniejszyć wartość masy spadkowej, a tym samym późniejszego podatku spadkowego, wielu rodziców dokonuje transferu swojego majątku jeszcze za życia. Przewiduje się, że w dekadzie 1996–2005 przekazane zostanie tą drogą dzieciom i wnukom ponad 1 bln dolarów. Darowizny te przybierać będą różne formy, od gotówki, poprzez pomoc w spłacaniu kredytu hipotecznego, kolekcje znaczków czy obrazów, samochody, na domach i papierach wartościowych kończąc. Ten 1 bln dolarów oznacza w przeliczeniu na jednego obdarowanego syna czy wnuka z rodziny milionerskiej, ok. 600 000 dolarów (w stałych cenach z 1990 roku)! Pamiętajmy, że 1 bln to jest szacunek bardzo ostrożny. Ponieważ w 2005 roku łączna wartość majątku znajdującego się w rękach amerykańskich milionerów wyniesie ok. 16,3 bln dolarów, ten 1 bln dany dzieciom w formie darowizn czy upominków, to raptem 6,3% wartości tego, co milionerzy posiadają.

Jak wspomnieliśmy wcześniej, większość tych darowizn jest wolna od podatku spadkowego. Dla przypomnienia, każde z rodziców może przekazać dzieciom czy wnukom, bez konsekwencji podatkowych, do 10 000 dolarów rocznie. Tak więc rodzina składająca się z trojga dzieci i sześciorga wnucząt może otrzymać wolne od podatku 180 000 dolarów rocznie.

---

[1] Resztę pochłoną podatki spadkowe, opłaty sądowe i adwokackie – przyp. tłum.

Biznesy i zawody utrzymujące się z ludzi zamożnych

Takich zawodów i interesów jest wiele. W ciągu najbliższych 20 lat nastąpi gwałtowny wzrost zapotrzebowania na usługi związane z rozwiązywaniem problemów ludzi zamożnych, a także ich dzieci i wnuków.

Wyspecjalizowani adwokaci

Pewien ojciec zapytał nas kiedyś, jakie zajęcie byłoby naszym zdaniem najlepsze dla jego syna. Rozmowa nasza miała miejsce w chwili, gdy chłopak był na drugim roku studiów, z przeciętną ocen 5,0. Czy wiecie jak zareagował ojciec, gdy doradziliśmy mu, aby syn został adwokatem? Powiedział, że adwokatów jest „jak mrówków". Miał prawdopodobnie na myśli absolwentów wydziałów prawa, których rzeczywiście jest zbyt wielu. Tymczasem na dobrze wyszkolonych, wyspecjalizowanych prawników zapotrzebowanie jest wciąż ogromne, zwłaszcza na takich, których usługi przyczyniają się do poprawy funkcjonowania biznesu i wzrostu jego dochodów. Ojciec spytał wtedy, jakie specjalności mamy na myśli. Wymieniliśmy mu trzy:

Adwokat, specjalista od spraw spadkowych

Dlaczego właśnie prawo spadkowe? Ponieważ w latach 1996–2005, łączna wartość honorariów adwokackich związanych z przygotowaniem testamentu i spadku wyniesie ok. 17,1 mld dolarów. Wielu adwokatów będzie ponadto uczestniczyć w tych czynnościach w roli wykonawców testamentu, za co również wezmą pieniądze. Co prawda pobierane przez nich honoraria stanowią zaledwie ułamek wartości masy spadkowej, pamiętajmy jednak, że mamy do czynienia z bezprecedensowym bogactwem, a zatem nawet ułamek wartości przekłada się na ogromne honoraria: 22,3 mld dolarów za usługi „egzekutorskie" oraz 16,9 mld dolarów za administrowanie spadkiem.

Reasumując, adwokaci zajmujący się sprawami spadkowymi milionerów zarobią w latach 1996–2005 ponad 25 mld dolarów. Oznacza to, że tylko ta grupa prawników, tylko na sprawach spadkowych zarobi w ciągu 10 lat więcej niż zarobili łącznie wszyscy adwokaci amerykańscy w 1994 roku! Rzecz jasna, te 25 mld dolarów to zaledwie ułamek tego, co w postaci podatków spadkowych otrzyma w tym samym okresie amerykański fiskus; łączna wartość podatku spadkowego wyniesie wę wspomnianej dekadzie ok. 270 mld dolarów

Honoraria za przygotowanie, czy nadzorowanie testamentu, to tylko ułamek korzyści. Część tych adwokatów służyć będzie później w roli doradców, także dzieciom i pozostałym spadkobiercom. Wymagać to będzie od nich szczególnej znajomości problemów wdów i wdowców, pozostałych po ich klientach. Pamiętajmy, że ze względu na specyfikę amerykańskiego prawa spadkowego[2] większość spadków dziedziczyć będą współmałżonkowie (wdowy i wdowcy).

Wdowy po milionerach znajdą się w dość trudnej sytuacji. Ponad polowa z nich przeżyła w tym samym związku małżeńskim ponad 50 lat. W latach 1996 – 2005, na jednego wdowca, będą przypadać cztery wdowy. Głównym czynnikiem powodującym ten fakt, jest różnica w długości życia kobiet i mężczyzn. Jeśli chodzi o populację milionerów, średnia długość życia mężczyzny wynosi 75,5 roku, podczas gdy kobiety żyją przeciętnie 82 lata. Z reguły też, mężczyźni żenią się z kobietami średnio dwa lata od siebie młodszymi. A zatem statystyczny 75,5 letni mąż umiera w chwili, gdy jego małżonka ma ok. 73 lata, czyli 9 lat życia przed sobą. Większość z tych kobiet (wdów) nie wychodzi ponownie za mąż. Spędzają te dziewięć lat dzielące je od śmierci, mniej lub bardziej samodzielnie.

Szacuje się, że we wspomnianej dekadzie wdowami po milionerach zostanie 296 000 kobiet. Każda z nich odziedziczy statystycznie 2 mln dolarów. W tym samym okresie wdowcami zostanie 72 000 Amerykanów. Szacuje się, że każdy z nich odziedziczy 1,7 mln dolarów, łącznie więc ok. 125 mld dolarów.

---

2 Małżonek pozostający przy życiu dziedziczy całość majątku po współmałżonku bez konieczności płacenia podatku spadkowego, który jest dopiero obowiązkiem spadkobierców dziedziczących po drugim z rodziców – przyp. tłum.

W których stanach zaistnieje największe zapotrzebowanie na adwokatów specjalizujących się w problematyce spadkowej? Przede wszystkim w Kalifornii, na Florydzie, w stanie Nowy Jork, Illinois, Teksasie i w Pensylwanii.

Dochód czy majątek

Co jest największą pozycją w wydatkach ludzi zamożnych? Podatki! Ludzie zarabiający w USA 200 000 dolarów lub więcej stanowią zaledwie 1% populacji, płacąc równocześnie aż 25% wszystkich podatków[3]. W przyszłości będą więc robić wszystko, by kwotę tę zmniejszyć.

Czego się można spodziewać w 2005 roku, gdy ludzie bogaci kontrolować będą 59% całego majątku Ameryki? Że rząd zrobi wszystko, by nałożyć dodatkowe podatki, opodatkowując przykładowo ich majątek. Świadomość tego spędza sen z powiek ludzi zamożnych. Coraz to wyższe podatki na pokrycie wydatków rządowych oraz na redukcję zadłużenia to jedno z największych zmartwień amerykańskich milionerów. W niektórych stanach wprowadzono już podatek od majątku. Rezydenci tych stanów muszą każdego roku sporządzać listę posiadanych przez siebie zasobów (z wyszczególnioną ich wartością), na które nakładany jest podatek. Czy to aż taki problem opodatkować majątek również na szczeblu federalnym? Żaden problem! Zwłaszcza, że te kilka stanów dało „dobry przykład".

Uważamy, że w ciągu najbliższych 20 lat ludzie zamożni zrobią wszystko, by w ramach obowiązującego prawa, nie przestali być ludźmi zamożnymi. Jednego możemy być pewni, że ta grupa społeczeństwa znajdować się będzie pod ciągłym obstrzałem lewicujących polityków, populistów i ich wiernych przyjaciół z... urzędu skarbowego. Milionerom potrzebni będą zatem specjaliści: doradcy podatkowi i finansowi. Stąd, drugą specjalnością prawną, jaką zarekomendowaliśmy ojcu dla syna, są właśnie adwokaci specjalizujący się w kwestiach podatkowych.

---

[3] Konkretnie chodzi o podatek dochodowy – przyp. tłum.

Ameryka wciąż ziemią obiecaną!

Trzecią specjalnością prawną jaką byśmy rekomendowali, jest prawo imigracyjne. Adwokaci specjalizujący się w tej problematyce mają świetlane perspektywy. Wiąże się to z ostatnimi zmianami w prawie imigracyjnym, które – co tu ukrywać – znacznie utrudniło możliwość osiedlenia się w Ameryce. Równocześnie, „zapotrzebowanie" na Amerykę nie tylko nie maleje, lecz wręcz rośnie, zwłaszcza wśród zamożnych obcokrajowców. Zastanówmy się przez moment, jakie są perspektywy życiowe przedsiębiorczego milionera, zwolennika gospodarki rynkowej, zamieszkałego na Tajwanie. Zdaje on sobie sprawę z tego, że komunistyczne Chiny mają na jego wyspę chrapkę. Chiny robią zakusy nie tylko na Tajwan; Filipiny z bogatymi złożami ropy naftowej również stanowią atrakcyjny kąsek. Dobrze wiemy, czego może się nasz milioner spodziewać z chwilą przejęcia Tajwanu przez komunistyczne Chiny. Groźba represji wobec ludzi bogatych jest bardzo realna. Dlatego wielu Tajwańczyków marzy o osiedleniu się w Stanach Zjednoczonych, a ponieważ nie jest to wcale takie łatwe, będą potrzebować dobrego adwokata, specjalisty od prawa imigracyjnego.

> *Ludzie nie czują się bezpiecznie – mówi Chris Chiang z tajwańskiej agencji Pan Pacific Immigration Company. „Marzą o tym, by osiedlić się w USA. Od czasu ostatnich manewrów komunistycznej floty chińskiej u wybrzeży Tajwanu, wyciekło z wyspy kilka miliardów dolarów... Chiny wciąż traktują Tajwan jak swoją, zbuntowaną wyspę".* (Darryl Fears, *Taiwanese Talk Deal on Blighted Area,* „Atlanta Journal – Constitution", 27 kwietnia, 1996 str. 1).

Miarą strachu czy zagrożenia bogatych tajwańskich przedsiębiorców jest ilość pieniędzy transferowana z wyspy do Ameryki. W ciągu ostatnich paru lat, tajwańscy biznesmeni zainwestowali w samej tylko Kalifornii ponad 10 mld dolarów. W najbliższym czasie, tajwańskich inwestycji spodziewa się Atlanta. Czym ten fenomen wyjaśnić? Jaki jest powód tego gwałtownego zainteresowania się Stanami Zjednoczonymi?

Uchwalony przez Kongres USA specjalny program umożliwia uzyskanie prawa osiedlenia się w Stanach Zjednoczonych z chwilą zainwestowania tutaj co najmniej 1 mln dolarów, pod warunkiem, że inwestycja ta stworzy co najmniej 10 nowych miejsc pracy. (John R. Emshwiller, *Fraud Plagues US Programs That Swap Visas for Investments*, „The Wall Street Journal", 11 kwietnia 1996, str. Bl)

Zapotrzebowanie na pomoc adwokata imigracyjnego nie ogranicza się bynajmniej do bogatych przedsiębiorców zagranicznych. Amerykańskie korporacje coraz częściej rozglądają się za wysoko wykwalifikowanymi specjalistami i pracownikami naukowymi z zagranicy, których chciałyby u siebie zatrudnić. Tym ludziom również potrzebna będzie fachowa ekspertyza adwokacka i pomoc w legalizacji pobytu w USA.

Specjaliści od ochrony zdrowia i dentyści

Z ogromnych pieniędzy, jakie ludzie bogaci wydadzą w najbliższej dekadzie na ochronę zdrowia, skorzysta wielu lekarzy i specjalistów służby zdrowia. Coraz więcej ludzi bogatych będzie pokrywać koszty opieki medycznej i dentystycznej swoich dzieci i wnuków. Już dzisiaj, za opiekę zdrowotną i wydatki dentystyczne swoich dorosłych dzieci i ich dzieci płaci czterech na dziesięciu milionerów. Szacujemy, że w ciągu najbliższych dziesięciu lat milionerzy wydadzą na opiekę zdrowotną i dentystyczną swoich dorosłych pociech ponad 52 mld dolarów.

W większości tych wydatków firmy ubezpieczeniowe partycypować nie będą. W związku z tym, wzrośnie zapotrzebowanie na wysokokwalifikowanych lekarzy specjalistów, którzy leczyć będą pacjentów płacących bezpośrednio, z pominięciem zbiurokratyzowanej machiny ubezpieczeniowej. Już dziś, coraz większa liczba lekarzy orientuje się właśnie na tę bogatą, płacącą z własnej kieszeni grupę pacjentów. Specjaliści posiadający odpowiednie umiejętności i reputację mogą bez trudu przejąć duży segment tego rynku. Za ich usługi trzeba będzie płacić więcej niż płaci się poprzez system ubezpieczeń, ale ludzie bogaci zapłacą bez problemu. Mają bowiem sposobność pomóc swoim bliskim bez konieczności wyszczególniania tej formy pomocy (darowizny) w zeznaniach podatkowych. Również sami ludzie zamożni w wielu przypadkach skorzystają z możliwości leczenia się bezpośrednio, z pominięciem firm ubezpieczeniowych[4].

Oto kilka specjalności, które na tej tendencji skorzystają najwięcej:

◊ **Dentyści** specjalizujący się w kosmetyce dentystycznej, a w szczególności w wybielaniu zębów, nadbudowie uszkodzonych zębów, w dyskretnej ortodoncji, korekcie szczęk, policzków, dziąseł etc.

◊ **Chirurdzy plastyczni** wyszkoleni w korygowaniu kształtu nosa i uszu, w usuwaniu tatuażu, kształtowaniu rysów twarzy, usuwaniu odbarwień skóry a także zbędnego owłosienia.

◊ **Dermatolodzy** wyspecjalizowani w usuwaniu pieprzyków, leczeniu łupieżu, usuwaniu zmarszczek i pielęgnacji skóry przy pomocy elektrolizy.

◊ **Alergolodzy** leczący stany zmęczeniowe, wysypki, pokrzywki, swędzenia, stany nerwowe na tle alergicznym, trudności w uczeniu się, uczulenie na żywność oraz inne czynniki środowiskowe.

◊ **Psychologowie** zajmujący się doradztwem zawodowym, oceną możliwości intelektualnych, leczeniem trudności skupienia uwagi, nieśmiałości, schorzeń związanych z odżywianiem się takich jak bulimia, anoreksja itp., uczący asertywności oraz przygotowujący do testów na inteligencję.

◊ **Psychiatrzy** specjalizujący się w leczeniu stanów lękowych, stresów, zajmujący się leczeniem odwykowym w zakresie

[4] W USA również pokutuje przekonanie, że drogi lekarz czy drogie lekarstwo, to warunek wyleczenia – przyp. tłum.

alkoholizmu i narkomanii, a także terapią w przypadkach depresji i stanów obsesyjnych.

◊ **Ortopedzi** specjalizujący się w przynoszeniu ulgi stopom, szyi, potrafiący leczyć bóle krzyża, dyskopatie i inne schorzenia kostno-mięśniowe.

Likwidatorzy majątku i rzeczoznawcy

Nie wszystkie darowizny przekazywane są pomiędzy pokoleniami w formie gotówki czy jej ekwiwalentów. Wiele spadków czy darowizn cedowanych jest w postaci kolekcji monet, znaczków pocztowych, dzieł sztuki, kamieni i metali szlachetnych, ziemi ornej, lasów, nieruchomości, praw do wydobycia bogactw mineralnych, porcelany, różnego typu nieruchomości dochodowych i rezydencyjnych, pojazdów, antyków, mebli itp. Nierzadko zdarza się, że adresat tych darowizn czy spadkobierca nie jest wcale ich posiadaniem zainteresowany, w związku z czym chce je jak najszybciej spieniężyć. Tym ludziom potrzebni będą eksperci, którzy pomogą przedmioty wycenić i ewentualnie sprzedać, a jeśli jest to w danej chwili niemożliwe, potrafią właściwie o nie zadbać; właściwie – to znaczy tak, aby nie straciły na wartości.

Do tego typu specjalistów należeć będą:

◊ **Rzeczoznawcy i aukcjonerzy** – zajmujący się wyceną i sprzedażą większości wymienionych powyżej przedmiotów i ruchomości.

◊ **Dealerzy monet i znaczków pocztowych** – potrafiący kolekcję właściwie wycenić i znaleźć na nią nabywcę.

◊ **Właściciele lombardów i zakładów zastawnych** – ludzie ci, przynajmniej na szczeblu lokalnym, potrafią być doskonałymi fachowcami gdy chodzi o wycenę biżuterii, porcelany, mebli antycznych i współczesnych, broni palnej i białej, drogich zegarków, wyrobów ze srebra i innych metali szlachetnych.

◊ **Administratorzy i menedżerowie nieruchomości** – zajmujący się zarządzaniem nieruchomościami typu komercyjnego, wynajmowaniem i prowadzeniem dzierżawy budynków apartamentowych, inkasowaniem czynszu i utrzymaniem budynków w odpowiednim stanie technicznym i sanitarnym.

Instytucje zajmujące się wychowywaniem i kształceniem

Ponad 40% amerykańskich milionerów opłaca prywatną edukacje swoich wnuków, począwszy od szczebla przedszkolnego, na wyższych uczelniach kończąc. Gwałtowny wzrost populacji ludzi zamożnych sprawi, że w ciągu najbliższych 10 lat powstanie zapotrzebowanie na kilka milionów nowych miejsc nauczania w prywatnych szkołach i uczelniach wyższych, za które płacić będą zamożni dziadkowie. Pociągnie to za sobą także zapotrzebowanie na nauczycieli, psychologów od nauczania a także korepetytorów. Równocześnie, przewiduje się znaczny wzrost czesnego. Dlaczego? Raz, że przy dużym popycie, wciąż wyprzedzającym podaż usług, ceny muszą rosnąć. Dwa, że rodzicom tych dzieci nie będzie zależało na obniżaniu ceny, gdyż to nie oni, lecz dziadkowie będą za tę edukację płacić.

Skorzystają na tym przede wszystkim:

◊ **Właściciele i nauczyciele szkół prywatnych,** a więc ludzie dostarczający płatnej edukacji na wszystkich szczeblach, już od przedszkola począwszy.

◊ **Właściciele i nauczyciele szkół artystycznych oraz specjalnych –** chodzi głównie o szkoły muzyczne, aktorskie, nauczające sztuk pięknych, a także szkoły zajmujące się młodzieżą specjalnej troski, dziećmi opóźnionymi w rozwoju itp.

Licencjonowani specjaliści

Jak już wcześniej zaznaczyliśmy, kluczową rolę w przekazywaniu majątku pomiędzy pokoleniami spełniają prawnicy. Niezwykle pomocni są w tej materii także biegli księgowi i specjaliści podatkowi. Fachowcy ci odgrywają w życiu ludzi bogatych bardzo ważną pozycję. Ich rady i usługi nie ograniczają się tylko do pokonywania kolejnych barier prawnych. Bardzo wielu z tych specjalistów to główni doradcy w dziedzinie sposobów przekazywania darowizn i spadków oraz sprawujący nadzór nad ich wykonaniem. Klienci widzą w nich także ostatnią instancję broniącą ich przed nieposkromionym fiskusem. Nabrawszy do nich zaufania przez lata współpracy, czynią ich powiernikami swojej ostatniej woli. Ci profesjonaliści to często powiernicy najbardziej skrytych tajemnic i spraw. Służą rodzinie nieraz przez kilka pokoleń.

Specjalistami, którzy na boomie wśród milionerów skorzystają najwięcej, są:

◊ **Biegli księgowi,** których zadaniem jest właśnie czuwanie nad podatkami i ograniczanie zaborczości urzędu skarbowego, planiści finansowi, specjaliści od zapisów i trustów, kont emerytalnych i innych usług finansowych.

Specjaliści od nieruchomości, budownictwa i wnętrz mieszkalnych

Ponad połowa ludzi bogatych pomaga finansowo swoim dzieciom przy zakupie domu. Ten procent jest zresztą zaniżony, bowiem przy nabywaniu nieruchomości wykorzystuje się także inne darowizny czy upominki przekazywane dzieciom bez jasno określonego celu czy adresu. Tak się „dziwnie" składa, że ci, którzy otrzymali od krewnych subsydium na kupno domu, jakby mniej zwracają uwagę na jego cenę. (W porównaniu do tych, którzy kupują dom wyłącznie w oparciu o własne środki, co dowodzi starej prawdy, że cudze pieniądze wydaje się chętniej niż własne). Taka tendencja powinna przynieść korzyść ludziom zatrudnionym w sektorze nieruchomości oraz związanym z udzielaniem pożyczek hipotecznych.

Pomoc przy kupnie domu nie wyklucza wcale pożyczki hipotecznej. Zwykle bowiem obejmuje ona tylko część ceny nieruchomości, reszta jest finansowana przez banki[5]. Co więcej, pomoc rodziców sprawia, że ich synowie i córki łatwiej decydują się na kupno domu większego i droższego,

Oto grupa specjalistów, która może na tej tendencji skorzystać najbardziej:

- ◊ **Budowniczowie domów;**
- ◊ **Firmy zajmujące się finansowaniem kupna nieruchomości;**
- ◊ **Firmy budowlano – remontowe;**
- ◊ **Firmy konserwatorskie;**
- ◊ **Deweloperzy w zakresie nieruchomości rezydencyjnych;**
- ◊ **Pośrednicy w handlu nieruchomościami rezydencyjnymi;**
- ◊ **Właściciele sklepów z farbami, tapetami i innymi materiałami dekoracyjnymi;**
- ◊ **Projektanci wnętrz i dekoratorzy.**

SPECJALIŚCI OD ZBIERANIA PIENIĘDZY

- ◊ **W najbliższym czasie wzrośnie zapotrzebowanie na ludzi zajmujących się zbieraniem pieniędzy na cele charytatywne,**

[5] Lub innych pożyczkodawców – przyp. tłum.

polityczne, dla fundacji, szkół oraz różnego rodzaju doradców od zbiórek, kwest itp.

AGENCJE PODRÓŻY, AGENCI I DORADCY

Ludzie bogaci lubią spędzać wakacje z rodziną i nie żałują na ten cel pieniędzy. Ok. 55% z nich wydaje na wakacje ponad 5 000 dolarów. Jeden na sześciu potrafi wydać nawet ponad 10 000 dolarów Z tendencji tej skorzystać powinni:

- **Organizatorzy wypoczynku rodzinnego;**
- **Firmy zajmujące się organizowaniem rejsów wakacyjnych, podróży po świecie oraz bardzo modnych ostatnio tzw. podróży z dreszczykiem – z takimi atrakcjami jak wspinaczki, nurkowanie, spływy górskimi rzekami, eksploracja wulkanów itp.**

GDZIE TEJ OKAZJI SZUKAĆ?

Ludzie, którzy chcieliby się poświęcić zawodowo specjalnościom zorientowanym na najbogatszą część populacji muszą znać rozkład geograficzny tej populacji, innymi słowy muszą wiedzieć, gdzie milionerów szukać. Szacuje się, że w roku 2005 najwięcej milionerów, bo prawie 774 000 mieszkać będzie w Kalifornii; na drugim miejscu znajdzie się: Nowy Jork – 434 000, następnie Teksas – ok. 365 000, potem Floryda – 289 000; Illinois – 283 000; na szóstym miejscu znajdzie się New Jersey – z 259 000 milionerów, potem będzie Pensylwania – ok. 238 000; następnie Michigan – 202 000; Ohio – 197 000 i dziesiąta Wirginia z 171 000 milionerów. Najmniej milionerów, bo po ok. 10 000 zamieszkuje w stanach: Wyoming, Północna Dakota, Południowa Dakota i Vermont. Największą koncentracją milionerów w przeliczeniu na km^2 może się poszczycić Connecticut.

Wprawdzie z naszych badań wynika, że w ciągu najbliższych 10 lat, z pokolenia na pokolenie przejdzie ogromna ilość majątku, to jednak pamiętajmy, że na jednego zmarłego milionera, przypadać będzie czterdziestu milionerów żywych. Dla wielu z tych, którzy chcieliby się nastawić na pracę z bogatymi, żyjący milionerzy stanowią znacznie większą i lepszą szansę. Mając właśnie to na myśli, przedstawiliśmy powyższą prognozę dotyczącą populacji ludzi bogatych, do roku 2005.

VIII

Pracować dla milionerów czy ich spadkobierców

CL LUDZIE WYBRALI SOBIE ODPOWIEDNIE ZAJĘCIE

Mniej więcej dziesięć lat temu zatelefonowała do nas reporterka jednego ze znanych periodyków z pytaniem:

Kim są ci najbogatsi?

Odpowiedź na to pytanie nie przysparza nam dzisiaj żadnego problemu. Wiadomo, że większość ludzi zamożnych, to właściciele prywatnych biznesów oraz licencjonowani profesjonaliści; słowem ludzie pracujący dla siebie. Prawie 20% gospodarstw rodzinnych o majątku powyżej 1 mln dolarów stanowią emeryci. Z pozostałych 80% dwie trzecie to właściciele biznesów. Gdy chodzi o populację Amerykanów jako całości, tylko ok. 18% gospodarstw rodzinnych, to gospodarstwa oparte na pracy profesjonalisty, lub posiadające własny biznes. Szansa zostania milionerem jest w tej grupie ludzi czterokrotnie wyższa niż w pozostałych.

Następne pytanie zadane nam przez reporterkę brzmiało:

Jaki rodzaj biznesów ludzie ci posiadają?

Na takie pytanie odpowiadamy zawsze identycznie:

Rodzaj posiadanego biznesu nie wystarczy do ustalenia, czy ktoś jest milionerem, czy nie jest.

Po dwudziestu latach badań, ankiet i studiów możemy z całym przekonaniem stwierdzić, że „do określenia poziomu zamożności ważniejsza jest analiza charakteru i osobowości właściciela biznesu, niż rodzaj wykonywanej przezeń działalności".

Takie postawienie sprawy nie zadowala reporterów. Im powyższe stwierdzenie nie wystarcza, potrzebują uproszczeń, w związku z czym upierają się, żeby im mimo wszystko podać:

Dziesiątkę najpopularniejszych biznesów wśród milionerów!

Zdarliśmy głos na powtarzaniu reporterom, że nie ma jakiejś jednolitej recepty na zostanie milionerem. Niestety, żurnaliści bardzo często fakt ten ignorują. Dla nadania informacji posmaku sensacji potrafią nawet „poprawiać" wyniki naszych badań. To prawda, ktoś kto pracuje „na swoim", ma większe szansę zostać milionerem. Ale to nie wszystko. Znakomita większość właścicieli prywatnych biznesów nie tylko milionerami nie zostanie nigdy, ale nawet nie zbliży się do tej granicy zamożności.

Mówimy więc reporterom, że pewne gałęzie produkcji, pewne specjalności są bardziej od innych zyskowne, ale znowu, prowadzenie bardziej zyskownej działalności nie jest jeszcze gwarancją zrobienia milionów. Można przecież więcej zarabiać i nie być wcale milionerem. Dlaczego? Bo chociaż ktoś zarabia krocie, może jeszcze więcej wydawać na konsumpcję, która jak wiadomo stoi w sprzeczności z gromadzeniem bogactwa. Ktoś, kto się rozwiódł trzy razy, kto gra na wyścigach konnych milionerem najprawdopodobniej nie będzie. Podobnie jak ktoś, kto nie posiada funduszu emerytalnego, inwestycji na giełdzie czy innej korzystnej lokaty pieniędzy. To samo, jeśli człowiek nie odczuwa potrzeby bycia bogatym i uważa, że „pieniądz to rzecz nabyta, której się trzeba jak najszybciej pozbyć". Tacy ludzie z reguły więcej wydają, niż inwestują.

Jeśli jednak jesteś człowiekiem rozsądnym, gospodarnym, a przy okazji posiadasz zyskowny biznes, masz ogromną szansę zostać milionerem.

W pewnych gałęziach gospodarki zarabia się więcej i łatwiej, w innych nie. Badaliśmy poszczególne specjalności biznesowe właśnie pod kątem ich zyskowności czy opłacalności. Nie chcemy jednak, żeby ktoś na podstawie tej klasyfikacji wyciągał zbyt pochopne wnioski. Prostej odpowiedzi na te pytania nie ma. Wszelkie uproszczenia zniekształcają i zaciemniają obraz. Niedawno otrzymaliśmy od pewnego finansisty informację, że:

> *Ktoś wydał niedawno broszurę, w której powołując się na badania panów profesorów stwierdził, że 20% amerykańskich milionerów stanowią właściciele pralni chemicznych... Czy to prawda?*

Oczywiście, że nieprawda! Owszem, w połowie lat osiemdziesiątych odkryliśmy, że pralnie chemiczne to jeden z najbardziej intratnych małych biznesów w Ameryce, ale powtarzamy, zysk nie przekłada się automatycznie na bogactwo. To tak, jakby nasz syn spodziewał się, że wystarczy kupić sobie parę butów Air Jordan, by grać jak sam Michael Jordan. Sama etykieta nie czyni z gracza mistrza. Podobnie jak i rodzaj biznesu nie czyni z jego właściciela człowieka sukcesu czy milionera. Do tego potrzebny jest przede wszystkim talent i dyscyplina. Dlatego obrażają nas ludzie, którzy twierdzą, iż:

> *Do osiągnięcia sukcesu wystarczy kupić sobie samouczek do prowadzenia biznesu. Zacznij swój interes dzisiaj – będziesz milionerem jutro. Nam się to udało. Tobie to także wystarczy, to przecież bardzo łatwe!*

Powtarzamy: ani samouczek, ani dobry pomysł, ani nawet zestaw znakomitych reguł nie uczynią z nas ludzi sukcesu. Przykładowo, po przeanalizowaniu danych sprzed 20 lat, dotyczących zyskowności sklepów ze sprzętem hydraulicznym czy tartaków, można by dojść do wniosku, że nie są to interesy intratne. Spójrzmy jednak, do czego doszli właściciele niezwykle dobrze prosperującej firmy „Home Depot"! Oni wręcz zmienili obraz tej gałęzi handlu. Zanegowali istniejące standardy, jeśli chodzi o jakość czy sposób obsługi klienta, zmienili metody prowadzenia interesu i inwestowania weń, i właśnie dzięki temu osiągnęli sukces. Nie tylko sami stali się ludźmi bogatymi, ale pomogli też zrobić pieniądze wielu swoim pracownikom i inwestorom. Wielu ludziom powiodło się w biznesie tylko dlatego, że odważyli się przełamać istniejące standardy i stworzyć własne.

TYLKO ZMIANY SĄ DO PRZEWIDZENIA

Wszystko się zmienia, nawet nasz własny interes. Weźmy na przykład, wspomniane wcześniej, pralnie chemiczne. Oto co na temat tej branży pisał w 1988 roku Tom Stanley;

> *W 1984 roku istniało 6 940 spółek. Prawie 92% z nich zarabiało pieniądze. Średnia zyskowność dla całej branży wynosiła 23,4%* (Thomas J. Stanley, *Marketing to the Affluent* [Homewood, Illinois; Irwin, 1988, str. 190]).

Co można powiedzieć na temat zyskowności branży pralni chemicznych w latach dziewięćdziesiątych? Analizowaliśmy dane na ten temat, zgromadzone przez IRS i na ich podstawie stwierdziliśmy, że w 1992 roku było w USA 4 615 spółek prowadzących pralnie chemiczne; tylko 50,5% przynosiło jakikolwiek dochód, średnia zyskowność dla całej branży wynosiła ok. 13%. W tym samym roku, prywatnie (indywidualnie) posiadanych pralni było w USA 24 186 i każda z nich zarabiała statystycznie 5 360 dolarów rocznie. Stawiało to „pralnictwo chemiczne" (pod względem dochodu) na 116 miejscu, pośród 171 indywidualnie posiadanych gałęzi biznesu. Jeśli chodzi o zyskowność, pozycja ta była jeszcze gorsza, bo 119, ze średnim zyskiem ok. 8%. Jaki procent pralni chemicznych przynosił dochód przynajmniej 1 dolara? Prawie trzy na cztery, dokładniej 74,1% Pod tym względem „pralnictwo" znalazło się na 92 miejscu pośród 171 analizowanych branż.

Wystarczyło osiem krótkich lat, a jakie zmiany. Pralnie chemiczne to nie jedyna branża, która uległa w tym czasie tak dużym zmianom. Zmieniła się zyskowność wielu innych gałęzi gospodarki. Przykładowo, w latach 1984 – 1992 liczba sklepów z odzieżą męską i chłopięcą podwoiła się. W 1984 roku wszyscy właściciele takich sklepów notowali zysk, w osiem lat później zyskownych było już tylko 82,7% sklepów. Na liście 171 analizowanych przez nas branż gospodarki, sklepy z odzieżą męską i chłopięcą spadły z miejsca pierwszego na 57. W tym samym czasie firmy zajmujące się budową dróg i ulic przesunęły się pod względem zyskowności z miejsca 8 na 138, zaś górnictwo węgla, z 14 na 165 pozycję.

Na zyskowność jakiejś gałęzi gospodarki ma wpływ szereg czynników zewnętrznych i wewnętrznych. Bardzo często wysoka zyskowność jakiejś branży przyciąga do niej wielu inwestorów, co zwiększa jej konkurencyjność, a przez to wpływa na spadek zyskowności. Duży wpływ na zyski mają także zmiany w preferencjach konsumentów, jak również działania rządu. Gdyby Biały Dom prowadził politykę energetyczną faworyzującą węgiel, górnictwo byłoby znacznie bardziej zyskowne i liczba firm, zajmujących się wydobywaniem węgla nie spadłaby w ciągu ośmiu lat z 717 do 76. Zwróćmy uwagę, że tylko 34,2% kopalń węgla przynosi dzisiaj profit, pomimo to statystyczny właściciel kopalni węgla (czy to będzie osoba czy spółka) zarabia na niej rocznie, na czysto 196 618 dolarów. Mniejszość posiadaczy kopalń ignoruje aktualne trendy w tej dziedzinie gospodarki i jakby na przekór panującym przekonaniom wierzy w przyszłość węgla. Ta ich wiara i upór zostają nagrodzone. Wielu doskonale prosperujących biznesmenów przyznaje, że „te krótkie okresy zmagań i trudności są dla ich biznesu bardzo zdrowe", bowiem w tym czasie wykrusza się konkurencja. Tak się właśnie dzieje w górnictwie węglowym. Pośród tych 34,2% kopalń wydobywających węgiel, przynoszących profit, statystyczny zysk wynosi ok. 600 000 dolarów rocznie w przeliczeniu na biznes.

Pytają nas ludzie: „Czy ja rzeczywiście powinienem otworzyć własny biznes?" Przecież większość prywatnych interesów to „żaden biznes". Statystyczny dochód każdego z piętnastu milionów biznesów w USA wynosi zaledwie... 6 200 dolarów rocznie! Co czwarty właściciel biznesu nie osiąga ani centa zysku! Jeszcze gorzej jest ze spółkami cywilnymi, których aż 42% nie przynosi żadnego zysku. A spółki akcyjne? Tylko 55% z nich odnotowało jakikolwiek dochód do opodatkowania.

Licencjonowani profesjonaliści kontra posiadacze biznesów

Tylko jeden na pięciu milionerów przekazuje swój interes na własność dzieciom. Dlaczego? Doceńmy bogatych rodziców za ich rozsądek. Oni znają cenę sukcesu w interesach, wiedzą że nie ma biznesu, który nie musiałby się zmagać z konkurencją, z trendami konsumpcyjnymi, wysokimi wydatkami czy nieoczekiwanymi zmianami.

Czego ci milionerzy – właściciele biznesów uczą swoich dzieci? Żeby zostawały licencjonowanymi profesjonalistami takimi jak lekarze, adwokaci, księgowi, planiści finansowi, architekci, inżynierowie, dentyści czyli – aby trzymały się od biznesu z daleka.

Jak już zaznaczyliśmy wcześniej, dziecko z rodziny milionerskiej ma pięć razy większą szansę znaleźć się na akademii medycznej, niż dzieci z innych rodzin. W przypadku wydziałów prawa stosunek ten wynosi jak cztery do jednego.

Ludzie bogaci znają poziom ryzyka towarzyszącego prowadzeniu interesu, wiedzą jakie niebezpieczeństwa czyhają na właścicieli prywatnych firm. Wiedzą równocześnie, że problemy z zarobieniem dużych pieniędzy ma tylko niewielki procent profesjonalistów, oraz że gros z nich zarabia znacznie więcej niż statystyczny właściciel biznesu. Za chwilę pokażemy to na liczbach, na razie jednak skupmy się na pozostałych aspektach bycia licencjonowanym profesjonalistą.

Załóżmy przez moment, że nazywasz się Carl Johnson i jesteś właścicielem firmy „Johnson Spółka Węglowa". Twoja firma należy do grupy 26 kopalń węgla, które w zeszłym roku odnotowały zysk. Nie tak dawno działało w branży 717 kopalń. Więcej niż dziewięć kopalń na dziesięć przynosiło zysk. Dzisiaj górnictwo skurczyło się o blisko 90%. Ale cóż to dla ciebie, ty jesteś twardy, pomysłowy i inteligentny.

Na przekór ogólnej tendencji, nie wycofujesz się z biznesu. Czekasz! I dlatego dzisiaj zbierasz owoce swojej cierpliwości. Twój zysk netto za ubiegły rok wyniósł 600 000 dolarów! Ten rok również zapowiada się pomyślnie.

Załóżmy ponadto, że masz dwójkę dzieci na studiach. Nauka idzie im znakomicie, więc zadajesz sobie pytania:

◊ Czy powinienem zachęcać Dawida i Christy, żeby zajęli się górnictwem?

◊ Czy powinienem ich przygotować do przejęcia mojej kopalni?

◊ Czy kopalnia węgla to właściwe miejsce dla moich dzieci?

Większość ankietowanych przez nas milionerów nie zachęca swoich dzieci do przejmowania biznesu rodzinnego. Dzieje się tak zwłaszcza wtedy, gdy dzieci są dobrymi studentami. W takiej sytuacji, ojciec Dawida i Christy pozostawi swoim dzieciom decyzję odnośnie kariery zawodowej.

Większość współczesnych interesów pociąga za sobą konieczność kupienia ziemi, budynków oraz maszyn i urządzeń. Spółka Węglowa Johnsona posiada na własność ogromną górę zawierającą węgiel. Posiada również narzędzia i maszyny ogromnej wartości, zatrudnia wielu wykwalifikowanych górników, którym musi zapewnić warunki pracy zgodne z obowiązującymi przepisami i wymaganiami. Interes taki podlega wahaniom cen i rynku, na które nie ma żadnego wpływu. Musi również być czujna, jeśli chodzi o konkurencję, która tylko czyha na klientów. Na bieżąco musi obserwować zmiany w rządowej polityce energetycznej, a także dbać aby robotnicy byli w pracy bezpieczni a z pracy zadowoleni. Musi być przygotowana na wybuchy gazu i tąpnięcia, które w każdej chwili mogą zatrzymać działalność kopalni. Wreszcie, kopalnia jest przywiązana do stałego miejsca. Góry nie sposób przenieść do cieplejszego klimatu, albo w pobliże sieci kolejowej czy drogowej, a to ma znaczenie zwłaszcza wtedy, gdy odbywa się strajk członków związku zawodowego transportowców.

Już choćby z powyższych względów widać, że znajdujesz się w naprawdę ryzykownej sytuacji. Co z tego, że twój biznes jest wielki i ważny? Jakie to ma znaczenie? Przecież rynek czy wymienione czynniki mogą w każdej chwili uczynić twoją działalność nieopłacalną. W tych okolicznościach zarobione przez ciebie 600 000 dolarów nie wydaje się wcale kwotą wygórowaną. Co więcej, jaką masz pewność, że w kolejnych latach również zarobisz co najmniej 600 000 dolarów? A jeśli czynniki, na które nie masz wpływu zmuszą cię do bankructwa? Czy twoja wiedza wystarczy do objęcia stanowiska wykładowcy górnictwa na lokalnej uczelni? Prawdopodobnie nie. Twoja wiedza jest raczej praktyczna, brak ci wiedzy teoretycznej.

Jednemu z naszych respondentów, człowiekowi, który opuścił Europę z powodu Holocaustu zadaliśmy pytanie, dlaczego woli, aby jego dorosłe dzieci były profesjonalistami, a nie biznesmenami? Oto jego odpowiedź:

Biznes możesz stracić, a tego co masz w głowie – nie!

Rząd, bank, wierzyciele mogą ci zabrać ziemię, budynki, szyby, maszyny. Nie są jednak w stanie zabrać twojej wiedzy, twoich umiejętności. Profesjonalista nie sprzedaje węgla, cegieł czy pizzy. Profesjonalista sprzedaje swoją wiedzę, swój intelekt.

Lekarz może wziąć swój intelekt i przenieść go w dowolne miejsce w Ameryce. Jego „biznes" jest przenośny. To samo odnosi się do dentystów, adwokatów, architektów, weterynarzy itp. I właśnie te zawody reprezentuje przeważająca liczba synów i córek pochodzących z rodzin ludzi zamożnych Ameryki.

Jak wygląda porównanie dochodów profesjonalistów z dochodami właściciela Spółki Węglowej Johnsona? Tylko bardzo niewielka grupa profesjonalistów była w stanie osiągnąć w ubiegłym roku dochód w wysokości 600 000 dolarów lub więcej. Ich praca wymaga ponadto wielu lat nauki, co nie tylko pociąga za sobą wysiłek, ale i kosztuje ogromne pieniądze. Tym niemniej, większość rodziców dzieci będących profesjonalistami uważa, że to i tak jest opłacalne, że w skali życia korzyści przewyższają nakłady. Pamiętajmy, że większość zamożnych rodziców płaci za całą edukację swoich dzieci, albo przynajmniej za jej część. Ci ludzie wiedzą ile wysiłku kosztowało ich zdobycie tych pieniędzy.

Zauważmy, że górnictwo – statystycznie – przynosi posiadaczowi kopalni wyższy dochód (ok. 197 000 dolarów) niż wynosi średnia zarobków profesjonalistów. Pamiętajmy jednak, że w praktyce dochód ten osiąga zaledwie jeden na trzech (34,2%) posiadaczy kopalń. Kontrastuje to z zyskownością pracy profesjonalistów. Zysk przynosi ponad 87% prywatnych praktyk lekarskich, prawie 95% przychodni dentystycznych, 92,5% przychodni weterynaryjnych oraz 87% kancelarii prawniczych i adwokackich.

Przeanalizujmy także przeciętną stopę zysku, czyli stosunek zysku netto do uzyskanego obrotu. O ile w kopalni węgla wynosi on ok. 8,2% (197 000 dolarów przy obrocie rzędu 2,4 mln dolarów), o tyle w gabinecie lekarskim zarabiającym przeciętnie netto 87 000 dolarów rocznie aż 56,2% (obrót całkowity prawie 158 000 dolarów). Zachowując tę proporcję można wyliczyć, że aby praktyka lekarska przyniosła dochód równy temu, który zarabia się posiadając kopalnie (czyli 197 000 dolarów) musi wygenerować „zaledwie" ok. 350 000 dolarów, a więc znacznie mniej od kopalni, której potrzeba było aż 2,4 mln dolarów obrotu. Efektywność specjalisty ortopedy jest jeszcze wyższa – jest on w stanie zarobić 197 000 dolarów przy obrocie „zaledwie" 340 000 dolarów. Kancelarie adwokackie są nieco bardziej kosztochłonne i dla zrównania się w dochodach z kopalnią, wymagają dochodu 414 000 dolarów rocznie.

A zatem co byśmy doradzili Dawidowi i Christy? O ile sami jesteśmy dobrymi i prosperującymi biznesmenami, o tyle dzieciom radzimy poświęcić się konkretnej specjalności zawodowej. Podobnie doradza swoim dzieciom większość zamożnych rodziców w Ameryce. Pierwsze pokolenie milionerów to przeważnie biznesmeni. Udało im się pokonać przeciwności, osiągnąć sukces w interesach i zostać ludźmi zamożnymi. Źródłem ich sukcesu jest głównie skromne i oszczędne życie przynajmniej w okresie budowy biznesu. Mieli ponadto szczęście, które również jest warunkiem powodzenia. Rozumieli też, że nic nie dzieje się automatycznie, że zawsze coś złego może się wydarzyć.

Ich dzieci będą miały życie łatwiejsze. Przede wszystkim nie będą musiały podejmować tak wielkiego ryzyka. Poza tym będą dobrze wykształcone. Zostaną lekarzami, adwokatami, architektami i księgowymi. Ich kapitałem będzie ich intelekt. W przeciwieństwie do swoich rodziców aktywność zawodową rozpoczną dość późno, bo około trzydziestki. Najprawdopodobniej też, zaraz gdy tylko zaczną pracować, będą prowadzić życie na poziomie charakterystycznym dla klasy wyższej. Zupełnie inaczej niż ich oszczędni i gospodarni rodzice, którzy na początku swej kariery w interesach wiedli życie bardzo, bardzo skromne.

Dzieci zamożnych rodziców nie zawsze są gospodarne. Jakże to możliwe? To proste, żyją przecież na wysokim poziomie, zaś utrzymanie takiego stylu bycia wymaga dużej konsumpcji, ta z kolei pochłania środki, które przeznaczyć by można na inwestycje. W konsekwencji takiego stanu rzeczy pojawia się AOE. Pomimo stosunkowo wysokich dochodów, charakteryzujących „zawodowców" zmuszeni są oni do ciągłego wydawania. Z powodu wysokich wydatków, towarzyszących różnorakim przedsięwzięciom biznesowym, trudno jest niekiedy przewidzieć poziom zamożności ludzi w nich zatrudnionych, tylko na podstawie wysokości ich zarobków.

SZARY, NUDNY BIZNES A BOGACTWO

Oto wstępny akapit interesującego artykułu z magazynu „Forbes":

> *Szare, banalne, żeby nie powiedzieć nudne gałęzie biznesu nie stanowią może atrakcyjnego tematu do rozmowy podczas przyjęć i rautów, lecz na dłuższą metę są jedną z najkorzystniejszych lokat kapitału* (Fleming Meeks and David S. Fomdiller, *Dare to be dull*, „Forbes", 6 listopada, 1995 str. 228).

W dalszym ciągu tego samego artykułu autorzy twierdzą, że w długim przedziale czasu firmy zaawansowane technologicznie nie tylko mogą podupaść, ale i bardzo często podupadają. Branżami, które charakteryzują się stałym i systematycznym wzrostem są biznesy określane mianem mało atrakcyjnych, normalnych czy jak już wspomnieliśmy, nudnych. „Forbes" wymienia szereg branż, które w ostatnich dziesięciu latach miały tendencję do stabilności i dobrych wyników ekonomicznych. Należą do nich m.in. przemysł materiałów budowlanych, sklepy z aparaturą elektroniczną, fabryki domów z prefabrykatów i wytwórnie części samochodowych.

Żadna z nazw tych gałęzi nie brzmi imponująco, uczyniły one jednak wielu swoich właścicieli ludźmi zamożnymi. Takie na pozór mało atrakcyjne branże nie przyciągają z reguły dużej konkurencji, i co ważne, zapotrzebowanie na ich usługi nie zmienia się z dnia na dzień. Sami sporządziliśmy własną listę biznesów posiadanych przez milionerów najczęściej. Znalazły się na niej takie branże, jak: firmy księgowe, agencje reklamowe, rolnictwo, prywatne pogotowia medyczne, sprzedaż antyków, nieruchomości (wycena, zarządzanie kompleksami apartamentowymi, pośrednictwo przy kupnie-sprzedaży), kancelarie adwokackie, hodowla cytrusów, aukcjonerzy, branża budowlana, stołówki i zakłady zbiorowego żywienia, firmy architektoniczne i dekoratorskie, hodowcy koni, agencje ubezpieczeniowe, planiści finansowi, producenci zasłon do okien, sklepy z materiałami biurowymi, placówki edukacyjne i szkoły, sklepy spożywcze, firmy przeprowadzkowe, domy starców, laboratoria medyczne i chemiczne, stacje benzynowe i hurtownie paliw płynnych, domy pogrzebowe, firmy malarskie, sklepy z farbami i artykułami chemicznymi, tartaki, restauracje, skupy złomu, firmy eksportowo-importowe, sieci sklepów odzieżowych, firmy wydawnicze, hodowle drobiu, apteki i hurtownie leków, remonty statków, doradcy podatkowi, zakłady pogrzebowe i wiele innych normalnych, prozaicznych specjalności, z których korzystają rzesze klientów i konsumentów.

Ryzyko a wolność

Dlaczego ludzie decydują się na prowadzenie samodzielnych biznesów? Po pierwsze, dlatego, że własny biznes daje jego posiadaczowi stosunkowo dużą wolność i swobodę. Potwierdzi to każdy szanujący się biznesmen. Właściciel biznesu jest swoim własnym szefem. Po drugie, praca dla siebie wiąże się z mniejszym ryzykiem, niż praca dla innych.

Pewien wykładowca zadał swoim studentom, wysokim urzędnikom dużych spółek akcyjnych następujące pytanie:

Czym jest ryzyko?

Jeden z pytanych studentów odparł:

Ryzykiem jest być przedsiębiorcą!

Reszta słuchaczy zgodziła się z tą definicją. Wykładowca przedstawił wówczas własną odpowiedź, posługując się cytatem z wypowiedzi pewnego przedsiębiorcy:

Czym jest ryzyko? Ryzykiem jest posiadanie jednego źródła dochodu. Pracownicy najemni ryzykują... Przedsiębiorca, właściciel firmy zajmującej się sprzątaniem biur posiada setki klientów... każdy z nich to źródło dochodu, a zatem posiada on setki źródeł dochodu.

W istocie rzeczy, zdecydowanie się na własny interes pociąga za sobą mimo wszystko ryzyko finansowe. Jednakże właściciele biznesów wyznają szereg zasad, które pomagają im to ryzyko (lub przynajmniej strach przed nim) minimalizować. Oto kilka z nich:

◊ Mam wpływ na swój własny los.

◊ Ryzykiem jest praca dla srogiego i bezwzględnego pracodawcy.

◊ Własne problemy potrafię rozwiązywać sam.

◊ Jedynym warunkiem zostania prezesem firmy jest jej posiadanie.

◊ We własnym biznesie nikt nie ogranicza mojej pensji.

◊ Z każdym dniem nabieram doświadczenia i wiedzy ryzykując i walcząc z przeciwnościami.

Żeby mieć własny biznes, trzeba tego chcieć. Jeśli ktoś nie cierpi samodzielności, jeśli lubi mieć nad sobą parasol ochronny w postaci aparatu zarządzającego spółką, niech o własnym biznesie zapomni. Większość z ankietowanych przez nas, dobrze prosperujących biznesmenów charakteryzuje się tym, że kochają to, co robią. Są dumni z tego, że sami są sobie sterem, żeglarzem, okrętem.

Zacytujmy tu słowa pewnego prywatnego przedsiębiorcy:

Coraz więcej ludzi wykonuje dziś pracę, której nie lubi. To bardzo złe. Człowiek, który nie lubi swojej pracy, którego praca nie cieszy i nie pasjonuje, nigdy nie osiągnie sukcesu. Ja zawsze robiłem tylko to, co mi sprawiało radość; nie mogłem się doczekać, kiedy rano wstanę i znajdę się w swoim biurze.

Dla tego człowieka (bezdzietnego wdowca) praca nie ograniczała się wyłącznie do robienia pieniędzy. Dowodem tego może być jego testament; wszystko co posiadał, zapisał na rzecz uczelni, którą kiedyś ukończył.

W jaki sposób ludzie tacy jak on wybierają biznes, w którym chcą się realizować? Miał szczęście trafić na swoich studiach politechnicznych na profesorów, którzy sami byli ludźmi interesu. I oni stanowili dla niego wzór. Wielu prosperujących biznesmenów zna swoje przeznaczenie na długo, zanim otworzą własną firmę. Larry, na przykład, pracował przez kilkanaście lat jako salesman usług drukarskich. Był w swojej firmie jednym z najlepszych pracowników. Spalał go jednak ciągły niepokój, że któregoś dnia jego pracodawca pójdzie z torbami. I właśnie ten lęk o pracę sprawił, że Larry zaczął myśleć o otwarciu własnej drukarni. Zwrócił się w tej sprawie o poradę do nas.

Zadaliśmy Larry'emu proste pytanie: „Czego każda drukarnia potrzebuje najbardziej?" Odpowiedział bez namysłu: „Więcej klientów, więcej zleceń, więcej dochodu". Larry tym samym dał swojemu biznesowi wytyczne na przyszłość. Otworzył własną firmę, ale nie była to drukarnia, lecz pośrednictwo w usługach drukarskich; jego biznes polegał na szukaniu drukarzom klientów. Dzisiaj Larry reprezentuje szereg renomowanych firm drukarskich i utrzymuje się z prowizji płaconej mu za każde załatwione zlecenie. Jego biznes ma bardzo mało wydatków.

Zanim zdecydował się pracować na swoim, wyznał nam, że właściwie to nie ma odwagi zostać biznesmenem. Ilekroć myśli o swoim własnym biznesie, tylekroć oblatuje go strach. A przecież – tłumaczył sobie Larry – dla właściciela interesu strach jest czymś nieznanym...

Wyprowadziliśmy go z błędu. Wytłumaczyliśmy mu, że odwaga w biznesie nie polega wcale na braku strachu, lecz na nieustannym mierzeniu się z nim i pokonywaniu go. To prawda, Larry, ludzie odważni, przedsiębiorcy i biznesmeni potrafią dostrzec strach w tym co robią, lecz nie dają mu się. Pokonują go swoim uporem i pracą. I dlatego są ludźmi sukcesu.

Badaniom zachowań ludzi odważnych poświeciliśmy dużo czasu i uwagi. Wiemy, przykładowo, że Raymond Kroc, decydując się na ekspansję „McDonald's" na świat musiał mieć wiele odwagi. Przypomnijmy, że w czasie I wojny światowej był kierowcą ambulansu zbierającego rannych z pola walki. Podobnie jak Walt Disney. Lee Iacoca musiał mieć wiele śmiałości i odwagi gwarantując Kongresowi, że jeśli pomoże jego firmie, Chrysler odbije się od dna i wróci do świetności. Co prawda Iacoca to nie *entrepreneur* w naszym rozumieniu, ale w tym co robił było wiele z ducha przedsiębiorczości i woli walki.

Strachu w Ameryce nie brakuje. I jak Państwo myślicie, kto się boi mniej: właściciel zapisu gwarantującego mu 5 mln dolarów w ciągu 50 lat czy przedsiębiorca wart kilka milionów, których dorobił się sam? Z naszych badań wynika, że ten drugi, a więc przedsiębiorca, biznesmen, dla którego strach i zmaganie się z nim jest codziennością. Dzięki tej nieustannej walce potrafi strach pokonywać.

Ten przykład zachowaliśmy sobie na koniec, bowiem jak żaden inny ilustruje on różnicę pomiędzy osobnikami z grupy PBB i NBB. W niniejszej książce, w wielu miejscach podkreślaliśmy, że różnica między tymi dwoma grupami polega na różnicy potrzeb. Potrzebą PBB są osiągnięcia, tworzenie majątku, niezależność materialna, budowanie wszystkiego od zera. Dla NBB o wiele ważniejszy jest styl życia i eksponowanie go na każdym kroku. Co się dzieje, gdy przedstawiciele obu tych grup znajdą się równocześnie w tym samym miejscu? Nasz przykład dowodzi, iż najprawdopodobniej wybuchnie między nimi konflikt.

Pan W. dorobił się milionów sam; ostrożnie licząc, wartość jego majątku wynosi dziś 30 mln dolarów. Pan W., typowy PBB, jest właścicielem firmy produkującej urządzenia przemysłowe, aparaturę badawczą i sprzęt pomiarowy. Aktywnie inwestuje, sporo lokat posiada w nieruchomościach.

Pan W. mieszka w dzielnicy typowej dla klasy średniej. Jego sąsiadami są ludzie przeciętni, posiadający ułamek tego co posiada on sam. Zarówno pan W. jak i jego małżonka jeżdżą czterodrzwiowym sedanem General Motors, żyją i konsumują jak przedstawiciele klasy średniej. Pan W. nie chodzi do pracy w garniturze czy pod krawatem.

Radością pana W. jest inwestowanie w luksusowe posiadłości:

> *Zarabiam również poza biznesem... inwestuję w nieruchomości... Bóg daje nam coraz więcej ludzi, lecz nie daje coraz więcej ziemi, na której mogliby mieszkać...Na nieruchomościach pieniądze robią się prawie same, wystarczy tylko wybrać właściwą lokalizację.*

Pan W. jest pod tym względem szalenie wybredny. Kupuje nieruchomości (sam albo do spółki) wyłącznie w najlepszej okolicy i tylko wtedy, gdy trafi na odpowiednią cenę. Sprowadza się to zwykle do kupowania od budowniczych czy deweloperów, którzy znaleźli się w tarapatach finansowych.

Ostatnio odkrył na przykład w Arizonie całkiem nowy sposób szukania okazji:

> *Jakiś niezbyt majętny deweloper próbuje zbudować kompleks apartamentowy... Żeby rozpocząć budowę, musi sprzedać co najmniej 50% mieszkań... Składam mu więc ofertę... kupuję wszystkie mieszkania danego typu... Tak szeroka oferta daje mi oczywiście okazję do targowania się... kupuję więc mieszkania po bardzo atrakcyjnej cenie... Ponieważ wykupiłem wszystkie mieszkania danego typu, każdy kto szuka właśnie takiego mieszkania, musi je*

kupić ode mnie... Jestem monopolistą, nikt ze mną nie konkuruje, stąd tylko ja ustalam cenę... Jedno zostawiłem dla siebie...

Nie na długo zresztą. Rodzina korzystała z apartamentu raz czy dwa razy, kilka razy gościli tam także znajomi i przyjaciele. Przez większość czasu apartament był wynajęty, po jakimś czasie został sprzedany. Dlaczego pan W. nie zatrzymał go dla siebie? Bo to nie w jego stylu.

Większość nabywców mieszkań sprzedawanych przez pana W. to przedstawiciele klasy średniej, typowi NBB. Między nimi a panem W. nie raz wybuchały nieporozumienia. W wielu kompleksach, w które pan W. niegdyś inwestował, nowi właściciele powprowadzali szereg takich reguł i zakazów, które zniechęcały pana W. do korzystania z własnego apartamentu, nawet podczas wakacji. Właśnie z tego powodu zdecydował się swoje mieszkanie w końcu sprzedać.

Mamy psa... drogiego, rasowego psa... Musiałem swoje mieszkanie sprzedać, bo mieszkańcy uchwalili, że psom wstęp na teren kompleksu wzbroniony... Kazali mi sprzedać psa... Wolałbym się pozbyć całego tego kompleksu, niż sprzedać swojego psa.

Pan W. przeczuwał, że jego pies może się stać w przyszłości kością niezgody między nim a ewentualnymi nabywcami mieszkań, a ponieważ kocha swoje zwierze miłością bezgraniczną, zrobił w deklaracji członkowskiej zastrzeżenie, że każdy nabywca apartamentu musi się pogodzić z tym, że on, pan W. będzie mieć w swoim apartamencie psa. Nikt z tego powodu zastrzeżeń przy kupnie nie robił. Dopiero później, gdy już wszystkie mieszkania zostały sprzedane, członkowie kompleksu powołali specjalny komitet, którego zadaniem było „stworzenie regulaminu współżycia", w tym i prawa zakazującego mieszkańcom kompleksu posiadania psów. Pan W. się wcale tym nie zmartwił, gdyż prawo do posiadania psa gwarantowała mu deklaracja członkowska, którą wszyscy nabywcy w momencie kupna podpisali.

Wprawdzie „komitet" nie miał wyjścia i musiał się z oryginalną deklaracją zgodzić, zastosował jednakże sprytny wybieg; co prawda zezwalano na posiadanie psa, ale pod warunkiem, że nie będzie on ważyć więcej niż 7 kg. Drogi, rasowy pies pana W. ważył dwukrotnie więcej. Nawet drastyczna dieta nie byłaby go w stanie odchudzić do 7 kg. Pan W. się bardzo oburzył, zwłaszcza o to, że na posiedzenie komitetu nie został nawet zaproszony. Postanowił jednak nie reagować, i ani psa, ani mieszkania nie sprzedawać. Był tu w końcu inwestorem, jeszcze zanim zaczęła się budowa...

Wtedy „komitet" przysłał mi list, w którym zażądano pozbycia się psa, gdyż waży on 15 kg... Poszedłem na zebranie... prosiłem, groziłem... nie pomogło. Wszyscy byli przeciwko mnie.

Zanim pan W. opuścił salę zebrania, wykrzyknął pod adresem komitetu:

A skąd wy wiecie, ile waży mój pies?! Może jest w środku pusty... Nigdy się go nie pozbędę. Nigdy!

Kilka dni po zebraniu, szef komitetu natknął się na panią W. spacerującą z pieskiem. Tonem nie znoszącym sprzeciwu zażądał od niej pozbycia się psa, gdyż „posiadanie go jest równoznaczne z pogwałceniem reguł panujących na naszym osiedlu". Po powrocie do domu, mocno podenerwowana pani W. powiadomiła męża o tym nieprzyjemnym spotkaniu. Poradził jej, aby uzbroiła się w cierpliwość.

Kilka tygodni później, pan W. otrzymał list od komitetu, w którym żądano usunięcia psa z terenu kompleksu podległego komitetowi. W przeciwnym razie, grożono panu W. konsekwencjami prawnymi z tytułu pogwałcenia ugody mieszkańców. W ślad za tym listem przyszły jeszcze dwa inne. Następowała eskalacja gróźb.

Na panu W. żądania komitetu mieszkańców większego wrażenia nie robiły. Ich autorem był przewodniczący komitetu, z zawodu adwokat. Pan W. odkrył był, że przewodniczący nie posiada licencji na prowadzenie praktyki adwokackiej w stanie, w którym znajdował się kompleks apartamentów. Mógł więc śmiało pisma przewodniczącego ignorować.

Z czasem jednak pan W. i jego rodzina zaczęli się w osiedlu źle czuć, nawet podczas krótkich pobytów wakacyjnych. Uświadomili sobie w końcu, że pies jest tylko pretekstem, dla którego chciano się ich stamtąd pozbyć. Pan W. zrozumiał, że to nie miejsce dla nich; że jego rodzina to nie tacy „piękni ludzie", jak reszta mieszkańców osiedla, których pan W. nazywał „największymi pętakami, jakich w życiu widział".

Napięcie rosło, podobnie jak wzajemna niechęć pana W. do reszty członków komitetu. Czuł, że wkrótce wyprowadzi ich z równowagi i wyjdzie szydło z worka...

Szczególnie drażniło go zachowanie przewodniczącego, który na oczach mieszkańców zrobił pani W. kilkakrotnie awanturę. Pan W. nie dawał jednak za wygraną. Opracował pewien plan...

W czasie walnego zebrania mieszkańców wstał, przedstawił się i oświadczył:

To ja jestem tym facetem, do którego od pewnego czasu przysyłacie listy w sprawie... mojego psa... Rozważyłem wasze argumenty i zdecydowałem, że mimo wszystko nie pozbędę się swojego psa, nie mam też zamiaru sprzedawać mieszkania.

Zgodnie z przewidywaniami, oświadczenie to wywołało na sali burzę gwizdów i protestów. Pan W. odczekał spokojnie aż gwar ucichnie i wstał ponownie. „Wobec takiego stanu rzeczy – zaczął spokojnie – mam dla was kontrpropozycje. Otóż postanowiłem właśnie, że swoje mieszkanie przekażę na własność funduszu socjalnego mojego zakładu. Będzie ono służyło przez okrągły rok załodze na wypoczynek. Czy to państwu odpowiada?"

Sala jęknęła. Nikt nie spodziewał się takiego obrotu spraw. „W porządku, może pan zatrzymać psa! Niech już będzie ten pies![1]" – zaczęli wykrzykiwać zebrani. Wiedzieli bowiem, czym pachnie na ich terenie inwazja robotników przez 52 tygodnie w roku. Prowadzący zebranie przewodniczący komitetu zarządził przerwę. Ścisłe kierownictwo zebrało się na nadzwyczajną naradę w sąsiednim pokoiku. Po pięciu minutach w drzwiach ukazał się przewodniczący i zakomunikował decyzję „wysokiego komitetu".

Po rozważeniu wszystkich za i przeciw, komitet mieszkańców osiedla zdecydował, że pan W. może ostatecznie zatrzymać swojego psa. W związku z tym, w regulaminie osiedla poczynione zostaną stosowne poprawki...

Wkrótce potem, pan W. sprzedał swój apartament. Zrobił tak, ponieważ:

Nie chciał mieć nic wspólnego z ludźmi, którzy nie kochają psów.

Dla pana W. pies był tak cenny, że zdecydował się na sprzedaż mieszkania poniżej jego aktualnej wartości rynkowej. Podobnie zresztą postąpił z innymi mieszkaniami w kompleksach, w których większość mieszkańców była wrogo nastawiona do zwierząt.

Ile wart jest pies?

Dla pana W. co najmniej kilkadziesiąt tysięcy dolarów. Tyle bowiem stracił łącznie, sprzedając swoje apartamenty w pośpiechu, z powodu nieprzyjaznej psom decyzji tego czy innego komitetu mieszkańców. Wrogie, agresywne środowisko nie jest właściwym miejscem dla zwierząt – dla Przodowników w Budowie Bogactwa również.

W JAKI SPOSÓB SZUKALIŚMY MILIONERÓW

Na pytanie: Gdzie właściwie powinno się szukać milionerów do naszej ankiety?" pewien średnio rozgarnięty student odparł, że należy kupić listę adresową ludzi posiadających luksusowe samochody. Jak już Szanowni Czytelnicy wiedzą, jest to rozwiązanie błędne, gdyż milionerzy stosunkowo rzadko poruszają się samochodami luksusowymi, których posiadacze rzadko kiedy zostają milionerami. Szukanie według marki samochodu jest więc zawodne...

SZUKANIE WG ADRESU

Metoda wykorzystana w naszych (i nie tylko) najnowszych badaniach opracowana została przez naszego przyjaciela, Jona Robbina, wynalazcę „geokodowania". Pan Robbin był autorem pierwszego sklasyfikowanego spisu (to był właśnie „geokoding") wszystkich amerykańskich dzielnic i osiedli, a jest ich ok. 300 000. Wykorzystując jego system, udało nam się zlokalizować ponad 90% ze 100 mln amerykańskich gospodarstw domowych.

Klasyfikacja pana Robbina opierała się na kilku kryteriach. Pierwszym z nich był przeciętny dochód, następnie, przeciętna wartość majątku z podziałem na następujące kategorie: ilość pieniędzy zarobionych z tytułu odsetek w banku, z wynajmu nieruchomości czy generowanych przez inne źródła. Znając poszczególne składniki „bogactwa", pan Robbin był w stanie (wykorzystawszy specjalny model matematyczny) ekstrapolować spodziewaną wartość poszczególnych gospodarstw; jaki musi być majątek, który wytwarza określony dochód. Z chwilą wyliczenia przeciętnej wartości dla poszczególnych dzielnic, przypisywał im specyficzny kod. I tak, dzielnica o najwyższej przeciętnej wartości netto miała kod „l", druga w kolejności miała „2", potem „3" itd.

Wykorzystaliśmy tak stworzoną skalę do odnalezienia milionerów, których poddaliśmy później badaniom ankietowym. Zaczynaliśmy od wyboru dzielnicy (osiedla) znajdującego się na skali wartości stosunkowo wysoko. Dopiero wówczas korzystaliśmy z ogólnie dostępnych list adresowych. Na ich podstawie docieraliśmy do głównego żywiciela rodziny, którego właśnie poddawaliśmy ankiecie.

W naszych ostatnich badaniach przeprowadzonych pomiędzy czerwcem 1995 a styczniem 1996 wybraliśmy ok. 3 000 takich respondentów. Każdy z nich otrzymał ośmiostronicowy kwestionariusz, któremu towarzyszył list zachęcający do wzięcia udziału w ankiecie i gwarantujący anonimowość, poufność zebranych informacji a także obiecujący – w zamian za wypełnienie ankiety – gratyfikację. We wspomnianym okresie otrzymaliśmy 1 115 odpowiedzi. W pozostałych 156 przypadkach posiadaliśmy nieaktualny adres, 122 ankiety były niekompletne zaś 44 przysłano nam już po zamknięciu badań. Ogólnie więc, otrzymaliśmy 45% odpowiedzi. Na 1 115 respondentów, 385 a więc 34,5% było posiadaczami gospodarstw rodzinnych o wartości netto powyżej 1 mln dolarów.

Szukanie na podstawie wykonywanego zajęcia

Uzupełniliśmy naszą ankietę, ankietą dodatkową. Powstała ona *ad hoc* i polegała na ankietowaniu ludzi ze stosunkowo wąskich segmentów populacji. Kryterium doboru tych segmentów był rodzaj wykonywanej pracy, a więc byli to: rolnicy, adwokaci, nauczyciele, wykładowcy wyższych uczelni, menedżerowie wysokiego i średniego szczebla, specjaliści od ochrony zdrowia, inżynierowie, architekci, księgowi, prywatni przedsiębiorcy i inni.

Metoda ta okazała się w praktyce niezwykle skuteczna, bowiem w przypadku „geokodowania" pomija się niemal całą populację ludzi zamożnych zamieszkałych na terenach wiejskich.

FijoR PUBLISHING

Wydawca Mądrych Książek

Thomas J. Stanley

Przestań zgrywać milionera

Kolejny bestseller wybitnego socjologa amerykańskiego specjalizującego się w zachowaniach i zwyczajach ludzi bogatych. Podobnie jak pierwsza książka Stanleya, ***Sekrety amerykańskich milionerów***, również ta przedstawia zaskakujące konkluzje, obalając mity na temat ludzi zamożnych. Jest to nie tylko lektura pasjonująca, ciekawa, ale i wyjątkowo pożyteczna. Czytając poznajemy obyczaje liderów, a nic tak nie sprzyja osiąganiu sukcesu, jak podążanie drogą, która jest sprawdzona i skuteczna.

Więcej na: **www.fijor.com**

FijoR PUBLISHING

Wydawca Mądrych Książek

Mark Skousen

Inwestowanie w jednej lekcji

Inwestowanie w jednej lekcji to jeden z najlepszych podręczników inwestowania na rynku finansowym, jakie się kiedykolwiek ukazały. Książka ta zawiera kanon wiedzy o giełdzie i budowie fortun. Zawdzięcza to nie tylko intelektualnej przenikliwości autora, jego prawie 40. letniemu doświadczeniu w charakterze maklera i doradcy finansowego, lecz także, a może przede wszystkim, za sprawą stosowania przez Skousena austriackiej teorii ekonomicznej. Autor pokazuje wprost, jak budować łatwe i skuteczne portfele inwestycyjne, zapewniające stosującym je inwestorom dostatnią przyszłość i to w stosunkowo krótkim czasie.

Więcej na: **www.fijor.com**

FijoR PUBLISHING

Wydawca Mądrych Książek

Henry Hazlitt

Siła woli

„Siła woli to **umiejętność wizualizacji odległego od nas celu** – wizualizacji tak wyraźnej i zdeterminowanej, że wszelkie potrzeby czy zachcianki, które mogłyby z tym celem kolidować, nie są w stanie go wyprzeć". – Henry Hazlitt

Pośród wszechobecnej paplaniny samozwańczych motywatorów i coachów biznesu, warto docenić przemyślenia i sugestie dotyczące siły woli człowieka, który w trakcie swojego wybitnie produktywnego życia zdążył opublikować 25 książek na wymagające tematy, zaś uwzględniając krótsze teksty – jak sam oszacował – przelać na papier około 10 milionów słów, czyli mniej więcej 150 przeciętnych rozmiarów tomów..

Więcej na: **www.fijor.com**

FijoR PUBLISHING

Wydawca Mądrych Książek

Thomas Sowell

Ekonomia dla każdego

„Większość z nas, co zrozumiałe, jest ignorantami w zakresie wielu skomplikowanych dziedzin, od botaniki po anatomię mózgu. Będąc tego świadomi, nie próbujemy podejmować w tych dziedzinach żadnych działań, ani nawet wypowiadać się na temat zagadnień, które obejmują. Inaczej jest w przypadku ekonomii – każdy wyborca [...] ma wpływ na politykę gospodarczą. Od zagadnień i decyzji ekonomicznych nie da się uciec. Jedyne opcje, jakimi dysponujemy [...] to być: poinformowanym, niepoinformowanym lub źle poinformowanym. Celem *Ekonomii dla każdego* jest ułatwienie drogi do tej pierwszej grupy".

Więcej na: **www.fijor.com**

FijoR PUBLISHING

Wydawca Mądrych Książek

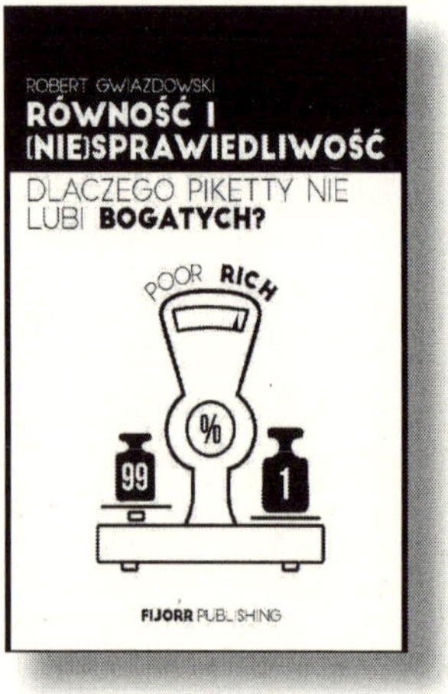

Robert Gwiazdowski

Równość i (nie)sprawiedliwość

Rozmaite zagadnienia ekonomiczne na przemian zyskują i tracą na popularności w zależności od aktualnych polityczno-intelektualnych nastrojów. Obecnie, w dyskusjach na temat gospodarki, na absolutnym topie jest „problem" nierówności społecznych. Robert Gwiazdowski w swojej niezwykle interesującej i błyskotliwie napisanej książce, zdejmuje z nierówności społecznych swoistą aurę mistyczności, która sprawia, że duża część społeczeństwa za ich przyczynę uznaje „spisek bogatych". Otóż prawda jest taka, że równość i nierówność mają charakter moralnie neutralny, zaś przyczyn nierówności na świecie było i jest multum. A co najważniejsze – nierówności pełnią bardzo ważną, korzystną rolę w rozwoju gospodarczym i poprawie standardu życia.

Więcej na: **www.fijor.com**